# 日本語学の教え方
## 教育の意義と実践

Teaching Japanese Linguistics:
Why and How

［編著］
福嶋健伸・小西いずみ

［著］
前田直子
山内博之
小田 勝
金 愛蘭
茂木俊伸
中俣尚己
高田三枝子
高山知明
日高水穂
森 篤嗣
金水 敏

くろしお出版

Teaching Japanese Linguistics:
Why and How

© Takenobu FUKUSHIMA and Izumi KONISHI, 2016

First published 2016

All rights reserved. No part of this publication may be reproduced, stored in a retrieval system, or transmitted in any form or by any means, without the prior permission in writing of Kurosio Publishers.

Kurosio Publishers
3-21-10, Hongo, Bunkyo-ku, Tokyo 113-0033, Japan

ISBN 978-4-87424-698-6
printed in Japan

# 目 次

はじめに ... iii

**chapter 1**
プレゼンテーションを通して文法リテラシーを身につけよう
............................................................................前田直子　1

**chapter 2**
クイズで教える日本語教育文法 ............................山内博之　21

**chapter 3**
大学での古典文法教育 ............................................小田　勝　39

**chapter 4**
語彙の体系性・多様性を意識し相対化する ......金　愛蘭　55
事前課題とグループワークを取り入れた授業実践

**chapter 5**
グループワークで行う意味分析の授業実践 ......茂木俊伸　75
「ことば」の意味を考える教材と活動を中心に

**chapter 6**
日本語学だからこそできる国際交流 ..................中俣尚己　93
Skypeを利用した日中合同演習授業

## chapter 7
「初めて学ぶ日本語音声学」をどう教えるか ...... 高田三枝子　115
「日本語の音声」授業実践報告

## chapter 8
「日本語学」でなければ面白いことができる ...... 高山知明　135
音韻史から何を学ぶか

## chapter 9
アンケート調査実習を通して
日常の言葉を日本語学の俎上にのせる ...... 小西いずみ　155

## chapter 10
「空から見る日本語」の授業実践 ...... 日高水穂　175
「方言」を通して日本語と日本社会を俯瞰する

## chapter 11
日本語学教育に英語の多読教育を応用する ...... 福嶋健伸　195
もう二度と「日本語学の本を読むと眠くなる」とは言わせない

## chapter 12
教養としての「役に立つ日本語」の授業実践 ...... 森　篤嗣　213
保幼小教員養成現場における「日本語学」の意義

## chapter 13
大学での日本語史入門 ...... 金水　敏　233
私はこんな授業をしている

おわりに ...... 251
執筆者紹介 ...... 254

# はじめに
「日本語学の教え方」について、皆で話し合っていきませんか

**企画の意図と執筆者、及び本書が想定している読者**

　「日本語学の教え方」について皆で話し合っていくきっかけを作りたい、本書の目的は、この一言に尽きます。

　日本語学界の未来も、日本語学関係の教員ポストの増減も、良い教育ができるか否かにかかっているといっても過言ではないでしょう。しかし、これまで、日本語学の教育について、皆で話し合う機会は、ほとんどありませんでした。情報を共有する場も極めて少なかったと思います。このような状況を踏まえ、日本語学会2015年度秋季大会では、「「日本語学」をどのように教えるか」というテーマで、シンポジウムが開催されました。予想以上の方がご来場下さり、教育への関心の高さを改めて認識しました。

　言うまでもないことですが、やはり日本語学は面白いのです。そして、やり方次第で、その面白さを学生達に伝えることは十分に可能なのだと思います。一人一人の工夫では限界があるかもしれません。しかし、教育について皆で考えて話し合い、知恵と経験を集めれば、より良い授業を行うことはできると思われます。よって、大切なのは、教育について情報を共有し合う場を作ることでしょう。

　このような思いのもと本書は編集されました。本書の執筆者は、前述のシンポジウムのパネリストであった、小田勝氏（國學院大學）・日高水穂氏（関西大学）・山内博之氏（実践女子大学）、その企画者であった福嶋健伸（実践女子大学）と小西いずみ（広島大学）、さらに、興味深い授業を意欲的に展開していると評判の、前田直子氏（学習院大学）、金愛蘭氏（広島大学）、茂木俊伸氏（熊本大学）、中俣尚己氏（京都教育大

学)、髙田三枝子氏(愛知学院大学)、高山知明氏(金沢大学)、森篤嗣氏(帝塚山大学)、金水敏氏(大阪大学)、計13名です。執筆者の専門は、文法・語彙・音声など様々です。勤務先の部局も、国語科教員養成や日本語教員養成、保幼小教員養成等から文学部の日本文学科に至るまで、かなりのバラエティがあります。また、世代にもかなりの幅を持たせています。このように広い範囲をカバーしていますので、参考になる考え方や授業に出会える確率は、かなり高いのではないかと考えています。

　本書は、日本語学や言語学の関係者を読者として想定しています。日本語学や言語学の授業実践を読む機会は滅多にありませんので、ご自身の教育の意義や方法を相対化する機会になるのではないかと考えています。なお、教壇に立って日が浅く(あるいは、教壇に立った経験がなく)、「就職面接の際の模擬授業が不安」「授業評価に自信が無い」という方には、特に有効な内容になっていると思います。加えて、本書は、小学校・中学校・高等学校等の先生方にも是非読んで頂きたいと思っています。大学の教員はあまり授業の工夫をしないというイメージがありますが、決してそうではありません。私共も良い授業を行うにはどうすればよいか常に試行錯誤を重ねており、色々な方からご意見を頂ければと考えています。また、若干、恥ずかしくはあるのですが、学部生の方にもご一読頂ければと思います。授業とは学生との協力関係で成立するものだということが分かって頂けると思いますし、何より、舞台裏を覗くことで、教員への距離感が大きく変わってくることでしょう。

## 情報を共有するための4つの編集方針

　本書では、効率よく、かつ、深く楽しく情報を共有できるように、以下の方針に沿って編集しました。

1：「学部生の教育」にテーマを絞りました。本書は、「学部の学生にどのように日本語学に興味をもってもらうか」ということに、重点をおいて編集しています。

2:「日本語学を学ぶことの意義」と「教育の実践」の両方を必ず示してもらうことにしました。「意義」のレベルや方向性は人によって大きく異なっています。しかし、様々な意義について考えることも大切だと判断し、方向性の統一はとらず、執筆者の思いを存分に綴ってもらうことにしました。

3:紹介する授業の位置づけと前提を明確にしてもらいました。カリキュラム中の位置づけを明確にしてもらい、授業のシラバスと授業対象の学生（どのような授業か）を示してもらいました。さらに、授業全体の90分の流れも示してもらいました。読者は、当該授業の位置づけや前提、90分の流れ等がよく分かると思います。

4:実際の授業が目に浮かぶように、教材等を具体的に示してもらいました。また、デス・マス体を使用し、できるだけ話し言葉に近い表現を用いてもらいました。これらの工夫により、読者は、執筆者の授業を見学しているような、あるいは、教育についての立ち話をしているような感覚をもって、楽しく読み進めることができます。

**各章の紹介**

　以下では各章の内容を紹介します。編者の独断と偏見に基づく紹介ですので、執筆者の意図を正しく汲み取れていない場合もあると思います。紹介文の妥当性は、当該の章を実際に読んで判断して頂くほかありませんので、少しでも気になるところがありましたら、是非、お読み頂ければと思います。

　第1章は、前田直子氏の「プレゼンテーションを通して文法リテラシーを身につけよう」です。本章は、「社会に出てから必要な力を、日本語学を通して身につけさせたい。そのためには、どのような授業をすればよいか」という課題に真っ向から取り組んだものです。直球も直球、まさに正統派といえる内容ですが、それだけに、日本語学教育の最

も重要な部分を端的に示しているといえます。データは日本語、よって、基本的に誰でも分かるし、その点、ハードルは低い。しかし、文法的に考え（物事を、相対的・客観的に捉え）、プレゼンテーションを行おうとすると、うまくはいかない。さて、どうするか。この点に、日本語学教育の意義と妙味があることは疑いありません。気になる方は、是非、第1章をお読み頂ければと思います。

　続く第2章、山内博之氏の「クイズで教える日本語教育文法」は、打って変わって、かなりの変化球です。「日本語教育」と「日本語学」の融合を目指した新しいタイプの授業を提案しているのですが、これが新鮮かつ強力なのです。モチベーション重視の（なぜその文法事項を学ぶのかということが明確な）シラバスを作成する方法も興味深いのですが、さらに、注目したいのが、授業で教える際に「クイズ→解説」というスタイルをとっていることです。このスタイルは、日本語文法以外の授業でも効果的で、特に、「就職面接時の模擬授業／高校への出張授業／外国語での授業」等、すぐに成果が求められる場面（あるいは、教授者に強いストレスのかかる場面）において優れた効果を発揮します。編者としては、このスタイルは、もっと普及してもよいのではないかと考えています。

　第3章である小田勝氏の「大学での古典文法教育」は、古典文法教育という最大の難関の一つにチャレンジしたものです。この章では、古典文法をリテラシーとして捉えます。その上で、実例を駆使し、教育上の7つの工夫を示しています（本章の6節です）。本章を読むにあたって、特に注目して頂きたいのは、「古典文法と現代日本語文法を、それぞれ共時的な体系として捉え、両言語の体系的差に着目する」という手法です。分かりやすい例を挙げましょう。例えば、古典語と現代語では「ばかり」の用法が異なるというような、要素のみに注目した教え方では、どうしても限界があります。そこで、本章では、優れた先行研究を参考に、「ばかり」「のみ」／「だけ」「ばかり」等で形成される体系を示し、

両言語の体系の違いとして教えるのです。こう書いてしまうと、何やら簡単なことのように思われますが、これをほぼ古典文法全般に当てはめようというわけですから、各分野の重要かつ最新の知見を押さえていなければなりません。この意味で、「優れた教育を行うためには、研究者としての日々の研鑽が重要なのだ」ということを改めて痛感させられる内容でもあります。

　これまでは文法が話題の中心でしたが、続く第 4 章、金愛蘭氏の「語彙の体系性・多様性を意識し相対化する：事前課題とグループワークを取り入れた授業実践」は、語彙に関するものです。語彙教育は、その重要性の割には、やや軽視されがちな傾向があります。しかし、本来は最も身近で楽しい話題のはずなのです。本章では、語彙教育が本来もつ、「（普段は気にしていない）単語を意識化すると、体系が見えてくる」という魅力を、事前課題やグループワークを通して、上手に引き出していきます。また、「語釈を聞いて語を当てるクイズ」等、具体的な工夫が随所に見られるところにも、注目して頂ければと思います。

　ところで、かつて国語教育界に優れた教育者がいました。「大村はま」という人物です。国語教育を研究するもので、その名を知らぬものは、まずいません。大村氏の手法を大学の授業に応用してみたい。きっと大きな効果があるに違いない。同氏の実績を知る者であれば、誰しもそう思ったことでしょう。編者（福嶋）も、2008 年に、鳴門教育大学の「大村はま文庫」を調査した際、心底そう思ったものです。これを実現することは、なかなかに難しいのですが、第 5 章、茂木俊伸氏の「グループワークで行う意味分析の授業実践：「ことば」の意味を考える教材と活動を中心に」では、大村氏の手法を大学の授業用に慎重にアレンジし、見事にそれを成功させています。また、本章では、4.2 節において、大学で日本語学を学ぶ意義について、分かりやすくまとめています。是非、読んで頂きたいところです。

今後、国際化の波は避けられないわけですが、日本語学者は、どのように、この荒波に立ち向かえばよいのでしょうか。その答えの一つが、第6章、中俣尚己氏の「日本語学だからこそできる国際交流：Skype を利用した日中合同演習授業」にあります。英語はいりません。お金もかかりません。必要なのは、教育への情熱と、ちょっとした工夫と、そして「友」とのことです。日本語学というと、どうしても国際化とは逆の方向を連想してしまいがちですが、実はそうではないと、本章は主張します。「日本語学はある意味では国際交流に非常に適したテーマなのです。日本語学の授業をする上で、この特性を活かさない手はありません。(p. 110)」という本章の姿勢と実践に、日本語学の未来を垣間見る研究者も少なくないと思います。

　第4章～第6章は、語彙の話題が中心でした。第7章である高田三枝子氏の「「初めて学ぶ日本語音声学」をどう教えるか：「日本語の音声」授業実践報告」では、音声・音韻の教育に話題が移ります。本章では、「音声を見る」という発想のもと授業を組み立てています。それだけでも興味深いのですが、学生を巻き込んでいく本章の手法にも注目してもらいたいと思います。最初はハードルを低く設定して授業に参加させ、徐々にハードルを上げていき、学生達を巻き込んでいくわけですが、その手法が非常に巧みなのです。また、本章の根底にある、「個人と個人としての対話を大切にしたい」という姿勢も見逃してはならないと思います。授業も、やはり最後は人と人との関係なのです。そのことを踏まえているからこそ、本章で紹介される手法や教材は、多くの学生の心を引きつけているのでしょう。この意味でも、非常に重要なことを示しているといえます。

　続く第8章、高山知明氏の「「日本語学」でなければ面白いことができる：音韻史から何を学ぶか」は、日本語学を教える上で、最大の難関の一つといえる、歴史的な音声・音韻に関するものです。やや挑発的なタイトルではありますが、これは、「この機会に日本語学が果たす教育

上の役割をより明確にしたい (p. 135)」との思いからです。本章の2節において、教育の意義をめぐる考察が行われていますので、是非、ご覧下さい。管見の限り、日本語学を教育することの意義について、ここまで考察をしているものは他にないように思います。意義を押さえた上で、本章では、「体験型」の授業を提案します。「歴史的な音声・音韻の授業なのに、体験型とはどういうことだ？（何を体験するのだ？）」と疑問をもつ方も多いと思います。答えは第8章をお読み頂くほかないのですが、教材としては『捷解新語』（原刊本）等を用いて、巧みに授業を展開していきます。本章を読み終えると、「「日本語学」でなければ面白いことができる」というタイトルで主張したかったことがよく分かる仕掛けになっています。

第9章からは、社会言語学・方言学に話題が移ります。小西いずみの「アンケート調査実習を通して日常の言葉を日本語学の俎上にのせる」では、実際の調査を通して、日本語学の知識の定着をはかるとともに、その有用性を学生に認識してもらうことを目指しています。調査対象は、「大学生の日常の言語表現・言語行動」で、学生達も興味を持って取り組める内容になっています。本章を読むと、アンケートの作成から、実施・分析までの作業を通して、学生達の成長していくさまが見て取れると思いますが、この流れは、アクティブ・ラーニング（能動的学修）の一形態といえるでしょう。ここでは、日本語学で従来行われてきたアンケート調査の方法を授業に取り入れることで、アクティブ・ラーニングの実践がなされているといえます。一方、本章の2.2節や注6では、調査・研究の倫理に関する問題にも言及しています。人を対象とした調査を授業に取り入れる際には、その倫理上の問題について、授業者が気を配るだけでなく、学生にも目を向けさせる必要があります。

続く第10章、日高水穂氏の「「空から見る日本語」の授業実践：「方言」を通して日本語と日本社会を俯瞰する」では、方言がもつとされる「劣位・周辺」という側面を逆に強みと捉え、方言学教育の意義を示し

ています。社会的に軽視されがちな対象を学ぶからこそ、得られるものがあると考えるわけです。今後、教育環境が一層厳しくなっていくことを考えると、マイナスをプラスに転換しようとする本章の姿勢から学ぶことは多いように思われます。また、方言の強みとして、次の二つのことに言及しています。まず、一つは、方言地図により日本語の分布を空から見ることができる（データを可視化することで、日本の全体像を把握できる）という点です。もう一つは、ヴァナキュラー性という言葉で示されていますが、方言はその土地に根付いているものなので、「その地域の学問」としての強みがあるという点です。この意味で、方言学は、民俗学等と連携を取りやすく、学際的な教育の可能性を秘めた分野といえるでしょう。

　第11章である福嶋健伸の「日本語学教育に英語の多読教育を応用する：もう二度と「日本語学の本を読むと眠くなる」とは言わせない」は、英語の学習方法を、日本語学の教育に応用したものです。英語教育等の分野では教授法の開発が研究対象となっていることもあり、優れた教授法や教材が数多く存在します。その中で、日本語学の教育に応用できるものがあれば、積極的に応用してみるのもよいのではないでしょうか。本章では特に読書の方法に注目しました。良い日本語学の教育のために授業が大切であることは言うまでもないことですが、（あまり議論されることのない）授業時間外での読書も、教育の成否を分けると判断したためです。学生の読書活動を楽しくするためには、どうしたらよいのか。学生が、自分にあった日本語学の入門書を、自分で見つけるためには、どのような方法が有効か。本章では、これらの問題に取り組んでいます。また、本章末尾では、メタ日本語学（メタ言語学）の必要性を主張しています。日本語学（あるいは人文科学）にとって、厳しい時代が来ることは、すでに分かっていることですから、状況をメタ的に捉え、今から対策を考えておくべきではないでしょうか。

第12章である森篤嗣氏の「教養としての「役に立つ日本語」の授業実践：保幼小教員養成現場における「日本語学」の意義」は、日本語学の実学的側面に光をあてたものです。さらに本章では、（良い意味での）笑いのある教室を目指して授業を組み立てており、その実践報告は、「アカデミック・エンターテイメント」とでも呼べるような明るい雰囲気を醸しています。しかし、本章を読む際には、それ以外のことも読み取る必要があるでしょう。（研究分野に誇りを持つことは大切だが）日本語学が世の中に貢献できることを具体的に分かりやすくアピールしていくという見方も大切ではないか。巨額の税金が投入されている現実を考えれば、国公私立を問わず大学における公益性について無視することはできないのではないか。象牙の塔の住人が最も嫌いなこれらのフレーズが、本章には散見されます。残念なことに「紅旗征戎」は他人事ではないのです。象牙の塔はグラついているのです。第12章の明るさは、厳しい現実に向き合ってこその明るさといえるでしょう。

　本書の最後を飾るのは、第13章、金水敏氏の「大学での日本語史入門：私はこんな授業をしている」です。希代の研究者にして名伯楽、金水敏氏の授業を覗いてみたいという方は少なくないはずです。一体どのように意義を考え、一体どのような授業を展開しているのでしょうか。これらの疑問に、「私はこんな授業をしている」と回答が示されます。シラバスに加えて、（一部ではありますが）実際の使用教材と学生からのリアクションペーパーも示されており、臨場感のある内容です。さらに、学生の評価方法について、詳しい情報が示されていることも大変参考になります。金水氏の教育実践が読めるのは、現在のところ、本書だけでしょう。是非ともご覧頂ければと思います。また、「10年以上も同じ授業をしていますが、飽きることはありません。むしろ、話したいことはいくらでも涌いてきます。（p. 249）」という金水氏の言葉は、教育で最も大切なことを端的に示しているといえます。「話したいことが湧いてくる」という自発の境地に達することが、教育者としての目標と思

われるからです。

　実際には、それぞれの章をお読み頂くのが一番です。各執筆者の授業を覗く心持ちで、どうかお気軽にお読み頂ければと思います。では、「日本語学」の教育について、一緒に話し合っていきましょう。

福嶋健伸、小西いずみ

# chapter 1　プレゼンテーションを通して文法リテラシーを身につけよう

前田直子

## 1. はじめに：日本語教師養成と日本語学

　外国人に対する日本語教育の専門家育成を意識した国立大学の課程誕生は、1985年、東京外国語大学外国語学部日本語学科への日本人学生入学、および筑波大学の第二学群日本語・日本文化学類設置、この2つが始まりかと思いますが、その後、多くの国公私立大学に同様の学科が作られ、大学入学時から日本語教師を目指す学生も出現しました。私が所属する大学も1987年、「国文学科（1991年に日本語日本文学科と改称）」に「国語国文学系（1991年に日本語日本文学系と改称）」と「日本語教育系」の2つの系（コース）を設置し、2年次進級時にどちらかの系を選択することになりました。

　しかし、それから30年が経過した現在、こうした日本語教育のコースは岐路に立っていると言えます。日本語教育を専攻しても、必ずしも日本語教師になるわけでもなく、また、なれるわけでもありません。

　そのような中、日本語教育の観点から現代語文法を学び、研究してきた私自身も、授業では日本語教育を前面に出すことが減りましたが、一方で、学生には「外国人（非日本語母語話者）が見た日本語」という視点のおもしろさを伝えたいという思いは強く、「日本人が日本語文法を

学ぶ意味」とは何かを、前田（2014）で考えました。本稿では、それを目指した授業の詳細と試行錯誤を、具体的に報告したいと思います。

## 2. 授業の位置づけ

　私が所属する文学部日本語日本文学科では、1年次には多人数の概論、クラス分けが固定された必修の講義、一般教養、外国語・体育・情報処理などが履修の中心で、2年次から学科の専門科目としての講義や演習を履修します。2年生から4年生までが、同じ講義・演習に参加するため、教員側にはやりにくい面もある一方で、学生にとっては早い段階で専門の授業を受けられるというメリットもあります。

　そして、私自身が担当する授業、つまり現代日本語の文法に焦点を当てることができる授業が、次のように3科目（いずれも2016年現在、通年科目）あることは、教員としても恵まれた環境だろうと思っています。

① 　日本文法（主に1年生対象の日本語文法概説。履修者150人程度）
② 　現代日本語研究Ⅲ（2年生以上が対象の講義。60人程度）
③ 　日本語学演習（2年生以上、30人程度）

　このうち「現代日本語研究Ⅲ」は「日本語教育系」の講義として位置づけられ（ただし、日本語日本文学系の履修も可能であり、実際に履修者数も多い）、私自身も「日本語教育能力検定試験」を意識した授業運営を行っています。本稿では、この授業の内容を紹介したいと思います。

## 3. 授業のシラバスと授業の進め方
### 3.1 「現代日本語研究Ⅲ」のシラバス

　シラバスは次の通り、ごくごくありふれた日本語文法書の内容です。大まかに言えば、前期は「品詞論」、後期は「構文論」という構成で、オーソドックスに過ぎるかもしれませんが、1年間の授業を通じて、文

法の「全体像」を学び、日本語について（できるだけ）客観的に説明できるようになることが目的であり、文法を専門的に学びたい学生には、ぜひ1度ではなく2度、受講することを進めています（単位にはなりませんが）。また本学出身ではなく他大学から進学してきた大学院生にも、必ず出るよう指導しています。

（1）「現代日本語研究Ⅲ」のシラバス

| | |
|---|---|
| 1　品詞とは（このテーマのみ、教員が担当） | 16　テンス（単文） |
| | 17　テンス（複文） |
| 2　品詞の分類と転成 | 18　アスペクト |
| 3　動詞 | 19　アスペクト形式の歴史と地理的分布 |
| 4　動詞の活用 | |
| 5　動詞の様々な分類（自動詞・他動詞） | 20　ボイス（受身） |
| | 21　ボイス（使役） |
| 6　形容詞と形容動詞 | 22　ボイス（やりもらい） |
| 7　名詞（名詞文） | 23　モダリティの分類 |
| 8　連体詞・副詞・接続詞・感動詞 | 24　判断のモダリティ |
| 9　助詞 | 25　伝達のモダリティ |
| 10　「は」と「が」 | 26　複文の分類 |
| 11　「こ・そ・あ」 | 27　連体的複文 |
| 12　授受動詞（本動詞用法） | 28　連用的複文 |
| 13　授受動詞（補助動詞用法） | 29　待遇表現 |
| 14　授受動詞の歴史と方言 | 30　まとめ |
| 15　まとめ | |

### 3.2　授業の進め方：講義方式から演習方式へ

　この授業を担当し始めた当初は、さまざまなテキストを毎年とっかえひっかえ使い、講義をしました。この時期を「第Ⅰ期」としておきます。それまでは単に「自分一人が読んで理解する」だけで済んでいた本を、「初学者に解説する」ために読み、授業準備をすることは簡単なことではありませんでしたが、この過程は私自身にとって非常に得るものが多く、ほとんど私自身の勉強のためにやっていたような気えさします。大学教員になって最初の数年にこうした機会が持てたことはとても

幸運なことだったと思います。

　しかし、数年経つと、私自身が一方的に話をすることに疑問を感じるようになりました。学生の主体性が感じられないようになってきたためです。そこで、テキストの内容を学生（グループ）に分担して解説させ、私が補足するという、一種の演習形式で行うことにしました（第Ⅱ期）。演習方式の長所は、グループで話し合い、テキストの内容を理解し、発表資料（パワーポイントを使用）を作り、発表（プレゼンテーション）を行うという過程を経ることにより、自分の発表箇所のみであっても、その分野について深く知ることができることがまず挙げられ、自分が担当した箇所から卒業論文のテーマを選ぶ学生は少なくありませんでした。

　なお、この方式の問題点としてしばしば指摘されるのは、発表を聞いている学生が授業に参加しなくなるという点です。それを解決するために、聞いている学生からは必ず質問を出させるようにしました。

　一方、この演習方式には教員側にもメリットがあります。学生が理解できなかった箇所がはっきりわかるということです。それにより、各テーマの中で焦点を当てるべき部分に時間を使うことができるようになりました。何が重要で、何がそうでないか、メリハリをつけて学生に講義を行うことができるようになったということです。

　しかし、数年経つと、再び問題が生じてきました。学生主導の演習方式で行うと、どうしても進度が遅くなり、すべてのテーマを扱えなくなること、また、学生の発表は常に適切なものとは限らず、的外れな場合も多々あることでした。そのため、再び数年間、講義形式に戻しました（第Ⅲ期）。

　そして、現在（第Ⅳ期）、この授業は再び演習方式に戻しています。その理由は、講義形式に戻してから、卒業論文のテーマで現代日本語研究を選びたい学生が、適切なテーマを選べなくなったということがあったからでした。多少進度が遅くても、また、たくさんのテーマの中のたった一つであっても、何か一つをじっくり学んだ記憶と経験が重要なのではないかと考えたのです。そして、演習（第Ⅱ期）の問題点、すな

わち「進度確保」と「的外れな発表の回避」のために、発表する場合に必ず参照すべきテキスト一式を、学科の共同閲覧室に用意し、(他の資料も使ってもよいが) 必ずこの一式はチェックするように指導しました。その結果、学生の発表内容は、おおむねこちらが期待するものになってきました。

参照テキスト一式は、次の通りです。

・日本語記述文法研究会 (編)『現代日本語文法 1 〜 7』
・益岡隆志・田窪行則『基礎日本語文法　改訂版』
・庵功雄『新しい日本語学入門』
・村田美穂子 (編)『文法の時間』
・高橋太郎 (編著)『日本語の文法』

これら 5 種類のテキスト (文法書) を比較することにより、文法には (にも)、複数の考え方や「答え」があることを理解してもらいたいという意図もあります。

こうして、はからずも現在推奨されている「アクティブ・ラーニング」形式に落ち着いたことになります。そして現在、私は第Ⅳ期に生じた新たな問題にぶつかっているのですが、それについては 5 節で述べることとし、この授業での具体的な取り組みを先に述べたいと思います。

## 4. 発表 (プレゼンテーション)
### 4.1 担当者と担当テーマを決める：自主性が大切

毎年 4 月の最初の授業で、学生には発表グループを構成させ、シラバスに書かれたテーマの中から担当したいものを、順位をつけて複数選ばせ、クラス内の調整を経て、決定します。学生のグループは 4 名が基準で、自主的に組ませることを原則とします。

グループは自分たちで組めても、テーマの選択は、それほど考えて選べているわけではないようです。学生の選定基準の重要なものは「何を担当するか」ではなく「いつごろ担当するか」という時期の問題でしょ

う。発表（プレゼンテーション）というものがよくわからない2年生グループはたいてい後期にまわり、「ボイス」だの「テンス」だの「アスペクト」だの「モダリティ」だのを担当するのですから、当然、十分な発表にはなりませんが、必要な資料は与えられているのですから、それなりの発表を行うことは問題なく可能です。

　発表はうまくできればもちろんよいのですが、うまくできなくてもかまわない、発表するまでのプロセスが大切なのだと考えるのは、多くの先生方と同じではないでしょうか。

### 4.2　「定義」を理解することの重要性

　発表（プレゼンテーション）の際に毎回、注意させていることがあります。それは、各テーマの内容について、「定義」をきちんとすること、そして定義には「内包的定義」と「外延的定義」の両方があることを意識させるということです。

　最初のテーマである「品詞」を例に挙げると、「品詞」とは何かを調べると、「単語の意味的・文法的な分類である」（『日本語文法事典』p. 524）、「文法的な働きや形によって語を分類するものである」（同 p. 526）などと書いてあります。これだけを見てもピンと来ない学生も、その後ろに「動詞、名詞、形容詞、形容動詞、副詞…」と続けば、「こういうものをまとめて品詞というのだな」ということはわかります。前者が内包的定義、後者が外延的定義で、一般的に後者の方がわかりやすいのですが、文法書は必ず前者で始まり、学生たちはそれだけで「わからない」感にとらわれます。しかし、①そこは最初はわからなくてもいいこと、②でもなぜ書いてあるのかというと、それが（内包的）定義だからであること（定義に過ぎないこと）、③内包的な定義は研究者や研究書によって異なることを知ることが重要であること、④内包的な定義の違いはよくわからなくても、外延的な定義の違い（例えば、品詞をいくつ立てるか）は、数えればすぐにわかること、⑤そしてその外延的定義の違いがなぜ生じるかは、内包的定義がそもそも異なるからなのだ、

ということを繰り返し伝えます。

　これは、最初の「品詞」の時にまず説明します。その際、辞書（電子辞書）で「文房具」「果物」「犬」「スポーツ」などの基礎語彙がどう記述されているのかを見させ、辞書の中での言葉の説明（定義）に、内包・外延の両定義があること、2つあることで必要にして十分な理解ができるようになることを意識させます。

　非常に簡単なことだと思われるかもしれませんが、この意識、この理解を定着させることは簡単ではありません。学生たちは発表資料の内容をそのままパワーポイントに貼り付けて説明しますが、自分が今、何を話しているのかよくわからない場合がとても多いのです。その時に「今、自分はコレの内包を説明しているのだ」「今は、これの外延を説明しているのだ」ということを意識させるだけでも、新しい概念の理解には非常に有効です。

　この「外延と内包を意識する」ことは、発表する以前に、専門書（概説書）を読む段階でも重要であり、また、これはどの学問分野においても役に立つ学習ストラテジー・理解ストラテジーであると思います。

### 4.3　課題（宿題）

　この授業は基礎的知識を身につける講義であるということもあり、試験を行うこともありましたし、レポートで評価を行ったこともありますが、現在は試験やレポートではなく、代わりに、ほぼ毎回何らかの「課題」を出しています。要するに「宿題」です。

　毎週の宿題を用意することは大変なように思うかもしれませんが、年間28回分の「課題」を用意するだけですし、近年は問題集タイプの文法書が続々と出ていますので、教員にとっては新しい文法書に触れるよい機会になります。

　宿題というと、「採点」の負担があると思われるかもしれませんが、この授業の場合、宿題の採点は一切しません。全問にきちんと答えを書いているかのみをチェックし、提出した学生には「模範解答」を返却時

に配布して、自己採点させます。これも主体性の尊重の一端ですが、「課題」については「参加することに意義がある」という方針で臨み、じっくり勉強したい学生にはその機会も与えられるように配慮する意図もあります。大学の授業でも予習や復習をさせることが重視される昨今ですが、学問とはそもそも楽しんでやるものであり、やりたい人だけがやればよいのだという旧来の理想主義的な考え方にも真理があると思います。学生には自分の学びたいことを自己選択し、実行してもらうことを望んでいます。

## 5. 第Ⅳ期の問題点
### 5.1 概説書を読むことの難しさ：文法リテラシーを身につける

このような方式を進める現在、新たな「課題」が出てきました。まず第一に、学生たちには「文法書が読めない」ということです。

専門の文法書といっても、すべて概説書であり、いわゆる研究書、すなわち、それまでの研究では指摘されてこなかった新たな言語現象を説明する、というようなものではありません。概説書の読者として想定されているのも、研究者ではなく、まさに大学生を中心とした、その分野を初めて学ぶ人々でしょう。しかし、読めないのです。

もちろん、読む側の基礎的な学力の問題もあります。本の書き手側の問題もあるでしょう。初学者向けの本といっても、さっと読んでわかるものではありませんから、高校までの国語の授業のように、あるいは大学受験の国語の長文問題のように読み解けばよい、というのが当初の目論見でした。すなわち、ある程度の範囲の文章について、一つ一つの語の意味を確認し、よくわからない語があれば調べ、当該範囲の文章の構成（段落間の関係）をつかむ、ということです。しかしどうやらそれがこちらが思っているほど簡単ではないということがわかってきました。

一つ例を挙げます。次は「条件表現（と・ば・たら・なら）」について発表した学生のパワーポイントスライドのうちの連続する2枚です。

（2） 学生作成のパワーポイントスライド（順接条件節）

## 3. 順節条件節のタイプ

▸ <u>仮説条件文</u>…まだ起こっていない事態の仮定的な因果関係を予測する。
　○「この薬を飲め<u>ば</u>、熱が下がるだろう」

▸ <u>反事実条件文</u>…現実とは逆の事態が起こっていれば別の結果が起こったであろうということを予測する。
　○「この薬を飲め<u>ば</u>、熱が下がったのに。」

▸ <u>一般条件文</u>…因果関係が一般的に常に成立することを示す。
　○「解熱剤を飲め<u>ば</u>、熱が下がる」

▸ <u>反復条件文</u>…反復的な因果関係を表す。
　○「私は、この薬を飲め<u>ば</u>、熱が下がる」

▸ <u>事実条件文</u>…原因も結果も事実。
　○「この薬を飲ん<u>だら</u>、熱が下がった」

【発言の前置き】
順節条件節は「思う」「考える」「言う」などの思考や発言を表す動詞に接続して、発言の前置きとして機能する場合がある。
「思えば、あなたとの付き合いも随分長くなりましたね」

---

## そのほかの用法（モダリティ）

☆評価：「<u>と</u>いい」、「<u>ば</u>いい」、「<u>たら</u>いい」、「～<u>なら</u>（ば）いい」
（例）明日が（晴れる<u>と</u>いい／晴れれ<u>ば</u>いい／晴れ<u>たら</u>いい／晴れ<u>なら</u>いい）。

「いい」に意味的な焦点

「～ば」、「～たら」によって受けられた
事態に意味的な焦点

↳前件に焦点のある条件文には「～と」を用いることができない
（例）
A「どこへ（行く<u>と</u>／行け<u>ば</u>／行っ<u>たら</u>）、いい夜景が見られますか」
B「六甲山へ（？行く<u>と</u>／行け<u>ば</u>／行っ<u>たら</u>）、見られます」
☆評価・行為要求：「～<u>ば</u>？」、「～<u>たら</u>？」
（例）帰れ<u>ば</u>？／帰っ<u>たら</u>？

このスライドを作成した学生は、『現代日本語文法6』（日本語記述文法研究会（編）2008）の次の箇所をまとめたようです（pp. 98–99）。

（3）　元のテキスト

> 1.3 順接条件節のタイプ
> ［順接条件節の基本的なタイプ］
> 　順接条件文には、まだ起こっていない事態の仮定的な因果関係を予測する仮説条件文、原因も結果も事実に反する事態であり、現実とは逆の事態が起こっていれば別の結果が起こったであろうということを予測する反事実条件文、因果関係が一般的に常に成立することを示す一般条件文、反復的な因果関係を表す反復条件文、原因も結果も事実である事実条件文がある。これらの条件文の従属節を順接条件節という。
> ・この薬を飲めば、熱が下がるだろう。（仮説条件文）
> ・この薬を飲めば、熱が下がったのに。（反事実条件文）
> ・解熱剤を飲めば、熱は下がる。（一般条件文）
> ・私は、この薬を飲めば、熱が下がる。（反復条件文）
> ・薬を飲んだら、熱が下がった。（事実条件文）
>
> ［発言の前置き］
> 　順接条件節は、「思う」「考える」「言う」などの思考や発言を表す動詞に接続して、発言の前置きとして機能する場合がある。
> ・思えば、あなたとのつきあいもずいぶん長くなりましたね。
> ・考えてみれば、この何年も映画を見ていない。
> ・鈴木君と言えば、最近見かけないけど、元気なのかな？
> ・どちらかと言ったら、私は犬より猫が好きです。
> ・はっきり言うと、あなたの考え方は変だ。
>
> ［そのほかの用法］
> 　このほか、順接条件節は、次のような用法に用いられる（⇒モダリティについては第8部を参照）。
> ・男もいれば女もいる。（並列・列挙）
> ・帰ればいい。／帰ったらいい。／帰るといい。（評価のモダリティ）
> ・帰れば？／帰ったら？（行為要求のモダリティ、評価のモダリティ）
> 　複合格助詞、接続表現、副詞的表現となる場合もある（⇒複合格助詞については第3部第1章、接続表現については第12部第3章を参照）。
> ・名詞＋によれば／によると、にしてみれば／にしてみたら（複合格助詞）
> ・そうすれば／そういえば／ひょっとすると／もしかしたら（接続表現）
> ・ことによったら／いうなら／本当なら（副詞的表現）

1枚目のスライドにはあまり問題はないように見えますが、気になるのは、2枚目のスライドです。このスライドを発表した学生に、次の3つの質問をしました。

・「そのほかの用法」とあるが、何と何の「ほか」ということか？
・「そのほかの用法」の中にはいくつの用法があるのか？
・順接条件文（と・ば・たら・なら）には、結局、いくつの用法があるのか？

3つ目の問いには、例えば「8つの用法」のような答えは簡単にはできないかもしれませんが、本に書かれた情報を整理して読み取るということは、わずか1ページほどの分量でさえも難しい場合があるようです。
　その難しさはもちろん、単に読むだけでは終わらないところにも理由があります。学生たちは日本語は読めますから、文章を読んでわかった気になることはできるのです。しかしそれを、他の学生の前で発表するとなると困ってしまうわけです。発表するとなって初めて、自分たちが理解できていなかったということに気付くのでしょう。「日本語について日本語で書いてあるのに、何を言っているのか全然わかりません」と正直に助言を求める学生グループもありました。
　文法についての複数の情報をそれぞれ、まず正確に理解し、次にその中に矛盾や問題点がないか、批判的に検討する能力を「文法リテラシー」と呼びたいと思いますが、この授業の最終的な目的は、日本語の文法リテラシーを獲得することにあると考えています。
　とはいえ初学者が正確に読み取ることができないこと自体に問題があるわけではありません。私自身も、3.2節で「それまでは単に「自分一人が読んで理解する」だけで済んでいた本を、「初学者に解説する」ために読み、授業準備をすることは簡単なことではありませんでした」と書いたように、受動的な「理解」と能動的な「産出」では、後者の方が圧倒的に難しいことは明らかで、誰しも「わかっていると思っていたのに、うまく説明できない」ということはよくある経験でしょう。

ではそれを解決するには、どうしたらよいのでしょうか。

もちろん、訓練あるのみ、です。

まずは、「日本語について日本語で書かれているのだから、読めばわかる」とは単純に考えることはできないこと、理解したと思っていても本当に理解したとは言えないことがあるということ、わかったと思っていたのに、説明しようとするとうまくできないとしたら、それは本当にわかったとは言えないのだ、ということを、まず認識してもらうことが重要だと思われます。

次に、本当に理解するためには、「部分」の理解と「全体」の理解の両方が必要であり、この授業（「現代日本語文法の全体像を知る」）では、特に後者が重要であることを理解してもらうことです。先のテキストの引用部分について言えば、次のように理解することが必要だということです。

（4） 新しい整理の仕方

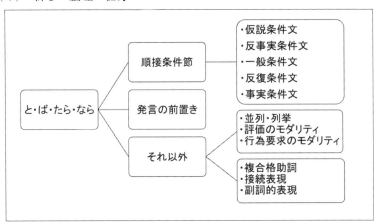

こうした整理・分類の仕方を提示するとともに、さらに言えば、この部分は次のように2項分類で考えていくこともできる（個人的にはこの方が望ましいと考える）ということも示しました。

(5) さらに別の整理の仕方

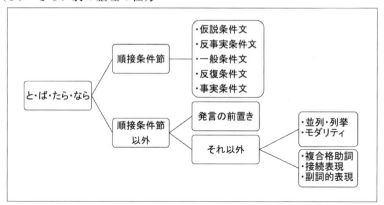

　このように、一定範囲の文章の内容を、自分自身が納得できるまでじっくり考えて理解すること、そしてそれを、わかりやすく示すことは、どのような分野を学ぶにあたっても、またどのような社会的活動においても、必要となる能力でしょう。大学では、どの分野でもいいので自分が好きな分野の中で、こうした理解と産出の能力を磨いてほしいと思います。

## 5.2　日本語学を通して、プレゼンテーションを学ぶ

　読みなれない文法概論書を読み、他の学生に解説するにあたり、内容理解に苦戦する学生たちですが、発表に関しては人前に立って堂々と行う人が多いことは喜ばしいことです。しかしここで問題にしたいのは、一般にプレゼンテーションで重視される「話し方」等の口頭能力の問題ではなく、「発表資料作り」の問題であり「書き言葉の表現力」です。

　「書き言葉の表現力」というと、「文章表現能力」と思われがちで、確かにそれも非常に重要だと思いますが、この授業で重視しているのはそれとはやや異なります。

　この授業では、例えば「受身」とは何か（内包）、日本語の受身にはどんなタイプがあるのか（外延）、タイプに分類する時の基準は何か（基

準によって分類は、複数ありうる)、ある受身の文を見た時に、どのタイプであるかが判定できるか (基準を理解すれば判定できる)、といったことを、まず学びます。それを調べたグループが発表するのですが、その際「内容を正確に伝え、理解・納得させるためにはどのように表現するのがよいのか」ということを常に考えてもらいます。

　例えば、「連体的複文 (名詞修飾節)」を扱ったグループが、次のような「分類」をしてきました。

(6)　学生作成のパワーポイントスライド (名詞修飾節)

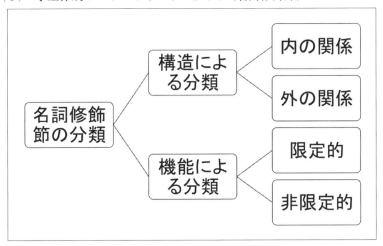

そのうえで「構造による分類と機能による分類は異なる分類で、両立するものである」「内の関係の中にも限定的な場合と非限定的な場合がある」と、例文を挙げて説明したため、聞いている学生たちが混乱しました。発表グループが主張しているその内容に問題があるのではなく、その内容を表すのに、上の図は適切ではない、ということです。

　発表の壇上でこのことを指摘された彼らは、しばらく考えて、ホワイトボードに次の表を、例文と共に新たに書きました。こちらの表は、彼らの言いたかったことを明確に表現しているのではないでしょうか。

(7) 学生作成の表（名詞修飾節）

| 機能による分類 | | 構造による分類 | |
|---|---|---|---|
| | | 内の関係 | 外の関係 |
| 機能による分類 | 制限的 | つらい経験をしてきた人 | 正直者が幸せをつかむ話 |
| | 非制限的 | つらい経験をしてきた私 | 正直者が幸せをつかむという「笠地蔵」の物語 |

　自分の主張を、書き言葉であれ話し言葉であれ、線状的に表現する能力はもちろん重要ですが、時には二次元の図表で表現した方が一目でわかり、説得的であることもあります。線状的な言語表現と図表の両方を自在に使用して、自分の主張を表現できる能力を身につけるために、言語学系の概論は比較的、向いているのではないかと思います。

　しばしば図表を使って説明されている文法項目の代表は、授受動詞だろうと思います。授受動詞については、たいていの文法書がさまざまな図式を提示しています。私は授受動詞を教える際、複数の文法書の図式から、動詞の部分を抜いて、そこを埋めさせるというクイズを行っています。そのいくつかを紹介します。

　次の図は、3つの授受動詞のそれぞれを、非常にわかりやすく示していると思います。

(8) 授受動詞（1）

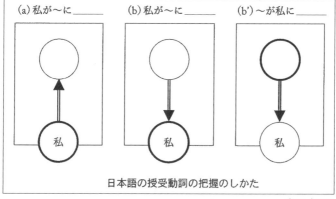

森山（2007: 271）

次は文の流れにそった書き方がなされている提示で、3つの動詞がわかりやすく整理されています。

(9) 授受動詞(2)

野田(1991: 179)

次の表は複数の文献で引用される表です。

(10) 授受動詞(3)

| 与え手 | 主語 | | 目的語 |
|---|---|---|---|
| 受け手 | 目的語 | | 主語 |
| 視点 | 主語(与え手) | 目的語(受け手) | 主語(受け手) |

庵(2001: 120)

次の表は、4か所のうち、1か所が空欄になり、それによって、授受動詞の相互の関係がよくわかるものになっていると思います。

(11) 授受動詞(4)

| | 与え手が主語の場合 | 受け手が主語の場合 |
|---|---|---|
| 与え手視点(物が離れていく) | | |
| 受け手視点(物が近づいてくる) | | |

光信(2005: 36)

次の図は、授受動詞の図の中で、もっとも古くに提案され、かつもっとも優れたものだと思います。

(12)　授受動詞 (5)

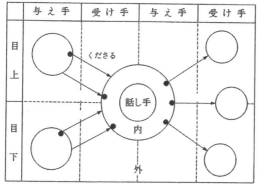

奥津（1989: 127）

このクイズでいつも学生が苦労するものは、次の4つの図です。数字が何を表しているか、またなぜ図が3つではなく4つあるのか、というところがポイントです。

(13)　授受動詞 (6)

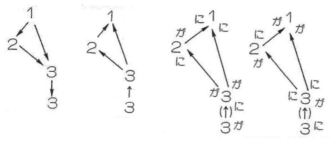

野田（1991: 176–178）

他にも優れた図表はたくさんありますが、これらから学び、私自身が授受動詞を教える時には、次の3つの図表を使用します（前田（2014）を修正）。第一の (14) は、3つの授受動詞の基本を示したもの、第二の (15) は、3つの授受動詞の相互関係を示したものです。

(14) 授受動詞（7）　　　　　（15) 授受動詞（8）

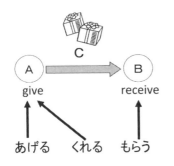
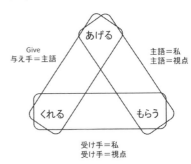

そして第三の (16) は、授受動詞の体系全体を整理したもので、主語と視点がずれている「くれる」の存在が、日本語の授受動詞の特殊性を示すものであることを確認します。

(16) 授受動詞（9）

| 主語 | 受け手 | 与え手 | |
|---|---|---|---|
| 視点(=私) | 受け手 | 与え手 | |
| | いただく | くださる | さしあげる | 上向き待遇 |
| | もらう | くれる | あげる | 基本動詞 |
| | | | やる | 下向き待遇 |

## 6. おわりに

　文法を学ぶ楽しみは、言語の中に潜む規則性を発見することにありますが、それを「楽しい」と思うかは人によるでしょう。外国人が日本語を学ぶ場合、その規則とは、かなりの部分、覚えなければならないものですから、それらをできるだけ正確に、かつわかりやすく示すことが求められ、そうした期待に応えることも文法研究者と日本語教師の役目でしょう。この授業はこうした観点に立ち、日本語という言語（多くの学

生にとっては母語）を客観的・相対的に見て、分析できるようになるために、まずは基本的な知識をしっかり身につけることを目指しています。こうした日本語文法の概論の授業を、講義形式から演習形式（アクティブ・ラーニング）に変更したこと、そこで明らかになった、学生の文法書読解能力（文法リテラシー）の不足とその獲得訓練、および自己の主張をいかにわかりやすく表現するかという訓練の場として、授業を活用していることを述べました。中には、すでに他の先生方には実践済みの事項もあったかもしれませんが、こうした情報共有が今後進むことは、一教員としてとてもありがたいという気持ちでここまで書き進めてきました。

　最後に、本稿で触れられなかった要望を一点、述べたいと思います。私が担当している1年生向けの「日本文法」という授業では、井上ひさしのNHKドラマ『國語元年』を1年間の最後に見ます。ドラマの中心的テーマは「方言と共通語」ですが、言語の構成（音声・音素、語彙・単語、文法など）、言語と社会の深い関わり、そして言語政策の問題など、言語に関わるさまざまな側面を取り上げており、衝撃的な結末以外にも、心を揺さぶられる場面に満ちた芸術作品です。このドラマを見た学生たちは将来、「日本文法」の授業のことは何一つ思い出せなくても、このドラマのことはきっと忘れないだろうと思います。こうした映像の力、芸術の力を、日本語学教育にもぜひ生かしていけないものかと、このドラマを見るたびに感じます。日本語学に有益な映像コンテンツはこれまでも多く作られてきたのではないかと思いますし、個々の先生方それぞれが、魅力的な素材を個人的に所有しているのではないかとも思われます。それらを一覧したり、また利用できたりする「ライブラリ」のようなものができないでしょうか。その実現を切に期待しています。

**参照文献**

庵功雄（2001）『新しい日本語学入門』東京：スリーエーネットワーク.
奥津敬一郎（1989）「Ⅲ　日本語の構文4　授受動詞文」井上和子（編）『日本文法小

事典』125–130. 東京：大修館書店.
高橋太郎（編著）（2005）『日本語の文法』東京：ひつじ書房.
日本語記述文法研究会（編）（2003–2010）『現代日本語文法　1〜7』東京：くろしお出版.
野田尚史（1991）『はじめての人の日本語文法』東京：くろしお出版.
前田直子（2014）「日本人が日本語文法を学ぶ意味を考える」『文学』15（5）：85–97. 岩波書店.
益岡隆志・田窪行則（1992）『基礎日本語文法　改訂版』東京：くろしお出版.
光信仁美（2005）「第4回　動詞③＜動詞と格＞」村田美穂子（編）『文法の時間』32–39. 東京：至文堂.
森山新（2007）「17章　日本語の文法」佐々木泰子（編）『ベーシック日本語教育』242–276. 東京：ひつじ書房.

## 付記

　本稿の執筆にあたり、授業資料の提供を許諾してくれた学生達に感謝します。また、（8）〜（13）の文献引用に際し、授受動詞部分を消去して掲載してあることをお詫び申し上げます。空欄部分には下記の解答が入ります。

　授受動詞クイズの解答
（ 8 ）授受動詞（1）：順に「あげる」「もらう」「くれる」
（ 9 ）授受動詞（2）：順に「あげる」「くれる」「もらう」
（10）授受動詞（3）：順に「あげる」「くれる」「もらう」
（11）授受動詞（4）

|  | 与え手が主語の場合 | 受け手が主語の場合 |
|---|---|---|
| 与え手視点（物が離れていく） | あげる |  |
| 受け手視点（物が近づいてくる） | くれる | もらう |

（12）授受動詞（5）：左側上から「いただく」「くれる」「もらう」、右側上から「さしあげる」「あげる」「やる」
（13）授受動詞（6）：順に「あげる」「くれる・もらう」「くれる」「もらう」

# chapter 2 クイズで教える日本語教育文法

山内博之

## 1. 授業のポイント

　日本人学生に現代日本語文法を教える場合、まず、次の（1）を守ると授業がうまくいきます。さらに、その学生たちが日本語教師を志望している場合には、次の（2）も守ると、教授法にすぐにつながる形で現代日本語文法を教えることができます。

（1）　クイズから授業を始める。「クイズ→解説」というスタイルで授業を行う。
（2）　「これがベストだ！」と思われる外国人日本語学習者向けの文法シラバスを作成し、それを日本人学生に現代日本語文法を教える際にも使用する。

　まず、（1）について述べます。クイズから授業を始める理由は、毎日使っているはずの日本語でも、わからないことがあるということを示すためです。次の（3）がクイズの例です。（3）の文にはまったく違う2つの意味があるので、その2つの意味がどのようなものであるのかを、学生たちに考えさせます。

（3）　全部できなくても大丈夫。

　この文は、100点でなくても大丈夫という意味にもとれますし、0点でも大丈夫という意味にもとれます。なぜ、このような2つの解釈が成り立つのかと言うと、「全部」が動詞「できる」のみに係っているとも考えられるし、助動詞「ない」までも含めた「できない」という句全体に係っているとも考えられるからです。前者の場合には、「全部できる。そうでなくても大丈夫」というような部分否定の意味になります。つまり、100点でなくてもOK、80点や90点でもOKという意味です。一方、後者の場合には、「全部できない。それでも大丈夫」というような意味になります。つまり0点でもOKだということです。

　この事実は、たとえば、小学校の先生が「100点でなくてもいいよ」という気持ちで「全部できなくても大丈夫だよ」と言った場合でも、生徒によっては、「そうか、0点でもいいのか」と受け取ってしまうことがあるということを示しています。こんなことがあったら、困りますよね。

　実際の日常生活においては、どちらの意味にとるのかということは、概ねその場の状況で理解できるので、現実的にはあまり困ることはないかもしれません。しかし、「全部できなくても大丈夫」というような、日常的にごく普通に使われている文の2つ目の意味を思いつくことができないという事実は、日本人学生たちが、日本語文法を学ぶ動機になり得るのではないかと思います。また、授業でこのようなクイズを学生たちに課すと、すぐにわかる学生、なかなかわからない学生の両方がいて、クラスが盛り上がります。また、2つの意味がわかった場合でも、なぜ、そのようなまったく異なる2つの意味が生まれるのかを、知りたくなるはずです。そのような状況を作ったうえで、「部分否定」という概念と、部分否定が生まれる文の構造とを教えると効果的なのではないかと思いますが、いかがでしょうか。

　次に、（2）について述べます。まず、外国人日本語学習者たちは、無目的に文法を学びたいと思っているわけではありません。日本語を

使って何かをしたいと思っているのであり、そのために、どうしても文法が必要だから、文法を学ぶのです。つまり、日本語で言語活動を行うために必要だから、日本語の文法を学ぶということです。したがって、私がベストだと考える文法シラバスは、「言語活動の遂行に必要な文法」を教えていくシラバスです。

　たとえば、外国人日本語学習者たちにとって、「自己紹介をする」という言語活動は重要です。そして、自己紹介をする時には、名詞文の使用が必須になります。「自己紹介ができるようになるために名詞文を教える」という形になっているのが、「言語活動の遂行に必要な文法」を教えるためのシラバスです。

　したがって、日本語教員養成コースなどで、日本人学生に対して日本語文法を教える際にも、「名詞文」「格助詞」「モダリティ」などという用語がシラバスに並ぶのではなく、「自己紹介」「学校案内」「パーティーに招待」というような、言語活動を表す用語が並ぶようにし、それぞれの言語活動を行う際に必要となる文法項目を順次解説していくべきだと考えます。日本語学者以外にとっては、文法は目的ではなく、単なる手段です。「その必要性を確認してから教える」というスタンスが重要なのではないでしょうか。

　以上、（1）（2）という2つのポイントについて、ごく簡単に説明しました。私自身が、この2つのポイントを忠実に守って授業を行っているのが、「日本語教育文法―初級―」「日本語教育文法―中級―」という2つの講義科目です。どちらも、私が所属している大学の1年生を対象とした科目で、受講者数は例年80名ぐらいです。文学部と人間社会学部の学生なら誰でも受講できるようになっているのですが、その一方で、文学部内にある日本語教育副専攻の必修科目にもなっています。「日本語教育文法―初級―」は前期科目で、「日本語教育文法―中級―」は後期科目です。以下の2節から6節では、この2つのうちの「日本語教育文法―初級―」について説明していきます。

## 2. 「日本語教育文法―初級―」の授業の流れ

「日本語教育文法―初級―」の1回の授業は90分です。ここでは、90分の授業の流れを説明します。

まず、私は、次の(4)のようなスタンスで授業を行っています。

(4) 受講生は全員、新米日本語教師であると考える。明日、外国人学習者に対する授業があるので、今からその準備を行わなければならない。その準備の内容を、今日の「日本語教育文法―初級―」の授業で扱う。

だから、授業中に学生を指名して答えさせる時にも、「○○先生、質問があります。動詞『飲む』は何活用ですか？」などというように、できるかぎり、学生を「○○先生」と呼ぶようにしています。

授業の流れは、次の(5)のようになっています。

(5) ①明日教えるダイアローグの提示 → ②クイズ → ③解説 → ④教授法上の示唆

①の「明日教えるダイアローグ」というのは、新米日本語教師である受講生たちが「明日教える」という意味です。ダイアローグの例を、次の(6)に示します。

(6) 第1課「自己紹介」
　　私はキムヒジョンです。
　　私は韓国人です。
　　私は大学生です。
　　私の趣味はショッピングです。
　　よろしくお願いします。

この(6)のダイアローグを外国人日本語学習者たちに明日教えるので、今日その準備をしておくという設定で、授業を行います。

明日、この(6)を教える場合、日本語教師が前もって知っていた方

がいいと思われる事柄には「名詞の種類」「名詞文」「ハのピリオド越え」「名詞の複数形」があると考えられます。必ずしも、そのすべてを日本語学習者に対する授業で扱うわけではありませんが、質問が出る可能性もあるし、レベルが高い学習者がクラスにいる可能性もあるし、少し多めに準備をするのが、日本語教師の日常です。

　次の「②クイズ」と「③解説」では、「名詞の種類」「名詞文」「ハのピリオド越え」「名詞の複数形」というそれぞれの項目に関するクイズを出し、学生たちに考えさせた後で解説を行います。「名詞の種類」「名詞文」「ハのピリオド越え」「名詞の複数形」のそれぞれの項目において「クイズ→解説」というプロセスを経るので、(5)の「②クイズ」と「③解説」は、90分の授業の中で何回か繰り返すことになります。

　最後の「④教授法上の示唆」では、90分の間に学んだ文法項目と教授法との関わりを示して、その授業のまとめとします。

　ちなみに、私は教科書は使用していません。また、プリントも配らず、すべて板書しています。このような授業に合う教科書が出版されていないからということも、教科書を使用しない理由の1つですが、教科書もなく、プリントも配布せずに板書をする方が、授業にドキドキ感が出ます。特に、クイズを出してしっかりと考えさせ、その後で解説をするというところが、この授業の肝なので、最初にどこかに答えが書いてあっては面白みがなくなってしまいます。

　教科書を使用しない分、板書計画はかなりしっかり立て、板書だけでも授業の内容が概ね再現できるように工夫はしているつもりなのですが、しかし、授業の後、自分でもっとしっかり勉強したいという学生もいるでしょうし、日本語教育能力検定試験にチャレンジしたいと考える学生もいるでしょう。そのような学生のために、この授業の後で、自分1人でもさらに進んで勉強できるような教科書なりプリントなりがあった方がいいだろうとは思うのですが、それはまだ準備できていません。今後の課題にしたいと思います。

## 3.「日本語教育文法―初級―」の学習項目とクイズ

2節では、90分の中での授業の流れを述べました。3節では「日本語教育文法―初級―」で扱う学習項目とクイズを示します。「日本語教育文法―初級―」は前期に行い、15回の授業があります。私は、1回目から13回目まで普通に授業を行って14回目にテストをし、15回目にテストを返却して解答の解説をしています。ですから、ここでは、1回目から13回目までのシラバスを示すことにします。

2節で「①明日教えるダイアローグの提示→②クイズ→③解説→④教授法上の示唆」という90分の中での流れを説明しましたが、1つの課の内容を2回に分けて扱うこともあるので、その場合は、①→④の流れを2回かけて行うことになります。だいたいいつも、13回の授業で10課までの内容を扱います。

次の表1は、第1課の学習項目とその学習項目の導入となるクイズを示したものです。第1課の内容は、1回目と2回目の2回の授業で扱います。

表1　第1課（1回・2回）の学習項目とクイズ

| 第1課「自己紹介」 | |
|---|---|
| 1. 名詞の種類 | 【二義文】『マナーの実践』 |
| 2. 名詞文 | 【仲間はずれ】<br>a. 妹は中学生です。　d. ここは教室です。<br>b. 主人は今会社です。　e. あの山は高尾山です。<br>c. 兄はトヨタの社員です。 |
| 3. ハのピリオド越え | 【訂正】<br>私は山内です。<br>私は実践女子大学で働いています。<br>私は1962年に名古屋市で生まれました。<br>私は焼肉が何よりの大好物です。 |
| 4. 名詞の複数形 | 【二義文】先生たちに会った。 |
| 《教授法上の示唆》<br>・自己紹介には名詞文が必要。<br>・うなぎ文を提示してはいけない。 | |

表1の1行目には「第1課『自己紹介』」とありますが、これは、第1課では「自己紹介」という言語活動ができるようになることを目的としていることを示しています。2行目以降の左の列には学習項目が書かれています。2節でも述べましたが、「自己紹介」という言語活動と密接な関わりを持つのが「名詞の種類」「名詞文」「ハのピリオド越え」「名詞の複数形」という文法項目だということです。そして、右の列には、その文法項目の導入の鍵となるクイズが書かれています。
　【二義文】とあるのは、その文が持つ2つの意味を考えるクイズだということです。内輪ネタになってしまって恐縮ですが、「マナーの実践」というのは、勤務先の大学（実践女子大学）のキャリアセンターが新入生に配布している冊子の名前です。この「マナーの実践」というフレーズには、2つの意味があります。「マナーを実践する」という意味と「実践（女子大）と言えばマナー」という意味です。前者の「実践」は普通名詞（サ変動詞語幹）ですが、後者の「実践」は、実践女子大学という意味を持つ固有名詞です。そこで、このクイズを導入として利用し、普通名詞・固有名詞という名詞の種類を教えます。
　その下の行の【仲間はずれ】というのは、そこで挙げた文の中から、1つだけ性質が違うものを選ぶというクイズです。a.からe.の中では、b.の「主人は今会社です」が仲間はずれです。この文のみが「うなぎ文」なので、このクイズを利用して「うなぎ文」の導入をします。
　その下の行の【訂正】というのは、そこで挙げた文章の不自然な点を修正するというクイズです。2文目以降の「私は」は削除した方が自然なので、このクイズを利用して「ハのピリオド越え」ということについて教えます。
　その下の行のクイズは、再び【二義文】です。「先生たちに会った」という文には、「先生が複数いる集団に会った」という意味と「1人の先生が他の人たちを連れている集団に会った」という意味があります。そこで、このクイズを利用して「名詞の複数形」ということについて教えます。

表1の最後の行には「教授法上の示唆」が書かれています。第1課について言えば、まず、「自己紹介には名詞文が必要」であるということを示して、日本語学習者たちに名詞文を教えなければならない理由、そして、日本語教師を志望している自分たちが「名詞文」という文法概念を学ばなければならないことを確認します。さらに、自己紹介では「うなぎ文」を使用することはないので、外国人日本語学習者に対する授業においては、「うなぎ文を提示してはいけない」のだということも確認します。これで、第1課、つまり、第1回と第2回の授業は終了です。

　次の表2から表10には、それぞれ、第2課から第10課までの学習項目とクイズが書いてあります。つまり、3回目から13回目までの授業のシラバスが書かれているということです。表1と同じように、1つずつ詳しく説明していきたいとは思うのですが、紙幅の都合があるため、それぞれの表ごとに、ごく簡単に課のポイントを述べていきます。

表2　第2課（3回・4回）の学習項目とクイズ

| 第2課「家族紹介」 | |
|---|---|
| 1. 品詞分類 | 【仲間はずれ】<br>①食べる、走る、殴る、座る、泳ぐ、死ぬ、ほしい、違う<br>②うるさい、明るい、きれい、おいしい、安い<br>③ハンサム、色男、金持ち、プレーボーイ、マザコン |
| 2. プロトタイプ論 | 【鳥らしい順に並べる】<br>スズメ、ダチョウ、ニワトリ、ハト、ペンギン |
| 3. プロトタイプ論的な品詞分類 | 【名詞らしい順に並べる】<br>池、うってつけ、洗濯、一石二鳥 |
| 4.「ちがう」の新しい活用 | 【訂正】<br>「これ、ちがくない？」「あっ、これ、ちがかった。」 |
| 《教授法上の示唆》<br>・家族紹介には形容詞・形容動詞が必要。<br>・品詞がわからないと否定形すら作れない。 | |

　第2課では「家族紹介」という言語活動を扱います。「自己紹介」を行う時には、形容詞文を使うことはまずありませんが、「家族紹介」で

あれば、名詞文のみでなく、形容詞文も使用します。そこで、品詞分類を教えるというのが、この課のポイントです。

表3　第3課（5回）の学習項目とクイズ

| 第3課「学校案内」 | |
|---|---|
| 1. コソアの体系 | 【英訳】<br>「このりんご」「あのりんご」「そのりんご」 |
| 2. 現場指示と文脈指示 | 【仲間はずれ】<br>（1）そこにある本、とってくれる？<br>（2）そこに気づくとはさすがよ。<br>（3）そこを何とかお願いしますよ。<br>（4）あいつがそこまでやるとは。<br>【二義文】そのペン、どこで買ったの？<br>【学習者からの質問】なぜ指示詞が違うのか。<br>あそこにビルが見えますよね。私、そこで働いていたんです。<br>あの建物が新宿駅です。そのとなりがプラザホテルです。 |
| 3. 対立型と融合型 | 【どんな状況か】<br>「これ、何？」「これは絵本だよ。」<br>「これ、何？」「それは絵本だよ。」 |
| 4. 共有経験のア | 【二義文】あの店に行こうよ。 |
| 《教授法上の示唆》<br>・文脈指示用法の例文を提示してはいけない。<br>・コソアの現場指示用法を使えば、「学校案内」をしながら語彙を増やせる。 | |

　第3課では「学校案内」という言語活動を扱います。「学校案内」という言語活動は、指示詞の現場指示用法と相性がいいので、指示詞に関する説明を行います。

表4　第4課（6回・7回）の学習項目とクイズ

| 第4課「私の一日」 | |
|---|---|
| 1. 動詞と助詞の関係 | 【二義文】エレベーターで遊ばないでください。<br>【二義文】研究室に届いた本を入れておきました。 |
| 2. 日本語の構文 | 【誤用訂正】先生を見たいです。 |
| 3.「ヲ」「ニ」「ト」 | 【和訳】<br>（1）John kicked Susan.　（3）John met Susan.<br>（2）John touched Susan.　（4）John married Susan. |
| 4. 必須補語と副次補語 | 【誤用訂正】先生と一緒に結婚したいです。 |
| 《教授法上の示唆》<br>・日課を述べるためには動詞文が必要。<br>・動詞文における格助詞の選択は難しい。学習者の気持ちを理解する。 | |

　第4課では、自分の1日の行動を簡単に述べるという言語活動を扱います。1日の行動を述べるためには、動詞文が必要になります。

表5　第5課（8回）の学習項目とクイズ

| 第5課「楽しい日曜日」 | |
|---|---|
| 1. テンス | 【テンス（現在・過去・未来）は何か】<br>（1）昨日、ここにステーキがあった。<br>（2）昨日、ステーキを食べた。<br>（3）明日、ステーキはここにある。<br>（4）明日、ステーキを食べる。<br>（5）今、ここにステーキがある。<br>（6）今、ステーキを食べる。 |
| 2. 運動動詞と状態動詞 | 【例を挙げる】「ある」以外の動かない動詞を挙げる。 |
| 3. 単なる「過去」ではない「タ」 | 【二義文】お名前、何でした？ |
| 《教授法上の示唆》<br>・「過去」でない「タ」を提示してはいけない。 | |

　第5課では、過去の日曜日の行動を述べるという言語活動を扱います。そのため、テンスという概念が必要になります。

表6　第6課（9回）の学習項目とクイズ

| 第6課「楽しいパーティー」 | |
|---|---|
| 1. 勧誘表現 | 【二義文】太郎君、本当に明日うちに来ない？ |
| 2. 否定疑問文 | 【どう違うか】<br>①「足、痛い？」「足、痛くない？」<br>②「おなかすいた？」「おなかすかない？」 |
| 3. 勧誘と申し出 | 【二義文】「一緒に行こうか」「いいよ」 |
| 4. 希望文 | 【どう違うか】「水が飲みたい」「水を飲みたい」<br>【誤用訂正】友だちが呼びたいです。 |
| 《教授法上の示唆》<br>・「～ませんか？」「～たいです」は日本人と交流するための必須アイテム。 | |

　第6課では、日本人の友だちをパーティーに誘うという言語活動を扱います。そのため、勧誘表現と希望文が必要になります。

表7　第7課（10回）の学習項目とクイズ

| 第7課「パーティーに招待」 | |
|---|---|
| 1. 並立助詞 | 【似ているもの】「も、とか、だけ、や、は」の中で「と」と似ているものはどれか。 |
| 2. とりたて助詞 | 【二義文】シャボン玉飛んだ。屋根まで飛んだ。<br>【二義文】この列車は東京まで止まりません。 |
| 3. とりたて助詞の特徴 | 【文を作る】助詞「は」を5回使う文 |
| 《教授法上の示唆》<br>・「仲間探し」「仲間はずれ探し」というタスクと並立助詞・とりたて助詞は相性がいい。 | |

　第7課では、パーティーに誰を呼ぶのか、何を準備するのかというようなことを話す言語活動を扱います。並立助詞ととりたて助詞を併用すると、話をうまく進めることができます。

表8　第8課（11回）の学習項目とクイズ

| 第8課「パーティーの翌日」 | |
|---|---|
| 1.「ネ」の必須性 | 【誤用訂正】<br>「いい天気です。」「そうです。」<br>「あなたは、山内さんです。」 |
| 2. 情報のなわ張り理論 | 【誰が退屈か】<br>退屈です。退屈なようです。退屈なようですね。 |
| 3.「ネ」の機能 | 【仲間はずれ】<br>（1）田中さんですね。<br>（2）暑くなりましたね。<br>（3）パリに行きたいですね。<br>（4）感動的な映画でしたね。 |
| 4.「ヨ」の機能 | 【二義文】おなかが出ています。<br>【どう違うか】「おなかが出ていますね。」「おなかが出ていますよ。」 |
| 《教授法上の示唆》<br>・共有経験を話す時には「ネ」は必須。「～の翌日」というタスクと相性がいい。 | |

　第8課では、パーティーの翌日の会話を扱います。一緒にパーティーに行った友人と話をする時には、「ネ」の使用が必須になります。

表9　第9課（12回）の学習項目とクイズ

| 第9課「私の部屋」 | |
|---|---|
| 1.「いる」と「ある」 | 【誤用訂正】あそこにラトナさんがあります。<br>【どう違うか】魚屋がある。魚屋がいる。 |
| 2.「ニ」と「デ」 | 【誤用訂正】駅に友だちを待ちます。 |
| 《教授法上の示唆》<br>・部屋の中の描写と「ある」「いる」は相性がいい。 | |

　第9課では、自分の部屋の様子を描写するという言語活動を扱います。そのため、存在文の使用が必要になります。

表10　第10課（13回）の学習項目とクイズ

| 第10課「教室の中」 | |
|---|---|
| 1. テイル | 【二義文】達也はパジャマを着ています。<br>【どう違うか】伸びてる高校、沈んでる高校。（電車の中吊り広告） |
| 2. 動作動詞と変化動詞 | 【仲間はずれ】<br>（1）弟が窓を開けている。<br>（2）和夫が立っている。<br>（3）子供が車に触っている。<br>（4）茂雄が走っている。<br>（5）良一が本を読んでいる。 |
| 3. テンスとアスペクト | 【テンス（現在・過去・未来）は何か】<br>（1）坂口君が走っている。<br>（2）坂口君が倒れている。<br>（3）坂口君がいる。 |
| 《教授法上の示唆》<br>・教室の中の描写と「テイル」は相性がいい。 | |

　第10課では、教室の中の様子を描写するという言語活動を扱います。生徒たちの動作を描写するために、「テイル」の使用が必要になります。

## 4.　授業で扱う日本語クイズ

　3節では、「日本語教育文法―初級―」で扱う学習項目と、その学習項目を教えるために使用するクイズとを示しました。授業の時、私は、何となく文法について話し始めるということは絶対にしないようにしています。必ず、まずはクイズを提示して学生たちに考えさせ、その後で私の方から話をします。だから、私の授業は「クイズ命」だと言えます。

　最近、テレビを見ていると、日本語に関するクイズが出題されて、芸能人たちがそれに答えるという番組がよくあります。その手の番組で出題されるクイズは、「百舌鳥」の読み方を尋ねたり、「うがった見方」の本当の意味を尋ねたりという「日本人の知らない日本語」に関するクイズです。

　私が授業で使用するクイズは、これらとはまったく異なっています。

私が使用するクイズは、「日本人なら誰でも口にする日本語」に関するクイズです。たとえば、「エレベーターで遊ばないでください」という張り紙を見た時に、「エレベーターの中でゲームなどをしない」という意味と「エレベーターをおもちゃにして遊ばない」という意味があることに気づくかどうかというようなクイズです。あるいは、「痴漢に注意しよう」という看板を見た時に、「痴漢に遭遇しないように気をつける」という意味と「痴漢に対して『コラーッ』と警告を発する」という意味があることに気づくかどうかというようなクイズです。

　このようなクイズの出来不出来には、日本語についての知識があることは、あまり決定的ではありません。老若男女が誰でも平等に参加でき、「わかった！」「わからない……」などと楽しむことができます。

　また、もし可能であれば、特定の文法現象と相性のいいクイズをストックしておくと、授業がぐっと楽になります。たとえば、「子供が朝まで寝てくれない」という文には「子供が朝まで起き続けている」という意味と「子供が朝まで寝続けない」という意味があります。この「子供が朝まで（　）てくれない」という文に二義が生じるか否かは、（　）に限界動詞が入るか否かで決まります。そのため、このクイズは、「限界動詞」という概念を導入したい時には、抜群の効果を発揮します。

　私は、このような日本語クイズを考案するために、かなりの時間と労力を費やしました。その成果の一部は山内（2008）にまとめましたので、興味のある方は参考にしていただければと思います。

## 5.　言語活動の難易度に基づく文法シラバス

　3節では「日本語教育文法―初級―」の全体像を示しました。3節で示した各課の言語活動は、初級の日本語教育において必要だと思われるものを、私が選びました。つまり、初級で必要とされる言語活動の選定は、主観によって行われたということです。一方、初級学習者が学ぶのにふさわしい文法項目の選定については、私の主観ではなく、明確な基準があります。その基準は、山内（2009）、庵（2009, 2011）という3つ

の研究の結果に基づいて設定したものです。

　山内（2009）は、OPI（Oral Proficiency Interview）の中級話者が使用できているか否かという観点から初級文法項目を選び出しました。一方、庵（2009, 2011）は、日本語学的な観点、具体的には一機能一形式というような観点から初級文法項目を選び出しました。まったく独立して行われた研究であるにもかかわらず、山内（2009）が選び出した項目と庵（2009, 2011）がStep1として示した項目には、かなりの一致が見られました。それらの項目は、概ね、次の表11のAの段階にあたるものです。

表11　文法シラバス（産出）の構造

| 段階 | 内容 | 科目名 |
| --- | --- | --- |
| A | 動詞の活用を利用しない文法（連用形以外の動詞の活用形を利用しない文法）<br>①名詞文・形容詞文・動詞文の丁寧体<br>②丁寧体の文末に接続する項目<br>③動詞連用形に接続する項目<br>④名詞に接続する項目 | 日本語教育文法<br>―初級― |
| B | 動詞の活用<br>・連用形以外の活用形 | 日本語教育文法<br>―中級― |
| C | 動詞の活用を利用する文法（連用形以外の動詞の活用形も利用する文法）<br>・連用形以外の活用形に接続する項目 | |

　山内（2009）と庵（2009, 2011）が描いた文法シラバス像は、動詞の活用を分水嶺とし、「動詞の活用を利用しない文法」と「動詞の活用を利用する文法」とに分けるというものです。もう少し厳密に言うと、前者は「連用形以外の動詞の活用形を利用しない文法」、後者は「連用形以外の動詞の活用形も利用する文法」ということになります。表11のAの段階は、日本語教育の最初の段階であり、そこでは、動詞の活用形は連用形しか扱いません。そのような条件下で使用できる文法項目には、①名詞文・形容詞文・動詞文の丁寧体、②丁寧体の文末に接続できる「ネ」など、③動詞連用形に接続できる「マセンカ」「タイ」など、④名

詞に接続できる「ハ」「ヲ」「モ」などがあります。山内（2009）では、これらの項目を使いこなすだけで、日本語学習者が OPI の中級になるということを示しました。

　A の次に来る段階が、動詞の活用を学ぶ B の段階です。B の段階では、連用形以外の活用形を学び、次に来る C の段階に備えます。C の段階は、動詞の活用を利用する文法項目を学ぶ段階です。この段階では、「ヨウダ」「ノダ」「ナラ」「バ」など、主に連用形以外の活用形に接続する形式を学びます。

　3 節でその内容を示した「日本語教育文法―初級―」では、表 11 の A 段階の文法項目のみを使用しています。A 段階の文法項目を集め、それを第 1 課から第 10 課までで扱う言語活動に結びつける形で、シラバスを作成しました。そして、本稿では説明していませんが、「日本語教育文法―初級―」に続く「日本語教育文法―中級―」の授業では、B と C の段階の文法項目を扱い、それらを中級段階の言語活動と結びつける形でシラバスを作成しました。

## 6.　まとめ

　1 節では、授業を行う際のポイントが、以下の 2 つであることを述べました。

（1）　クイズから授業を始める。「クイズ→解説」というスタイルで授業を行う。
（2）　「これがベストだ！」と思われる外国人日本語学習者向けの文法シラバスを作成し、それを日本人学生に現代日本語文法を教える際にも使用する。

そして、2 節から 4 節では、これらのポイントを押さえた授業の実際を、私が勤務校で担当している「日本語教育文法―初級―」という授業を例にして示しました。そして、5 節では、「日本語教育文法―初級―」のシラバス作成の根拠となった考え方を示しました。

この(1)(2)を押さえた授業を行うと、受講する学生たちにとっては、次の(7)(8)のようないいことがあります。

(7)　自ら進んで日本語について考えるようになる。
(8)　外国人学習者に日本語を教えるための基礎ができる。

　まず(7)についてですが、(1)のように、「クイズ→解説」という授業を行うことによって、学生たちは、自ら進んで日本語について考えるようになります。「クイズ→解説」ではなく、「解説→練習」というスタイルで授業が行われることが多いと思いますが、これだと、まず先に教師が日本語について解説してしまうので、その後でいくら練習問題を与えたとしても、学生たちは、自ら率先して日本語について考えるということを、なかなかしてくれません。
　また、本稿では、「日本語教育文法―初級―」という15回で行う授業を例にとって種々説明してきましたが、このような「クイズ→解説」というスタイルは、1回のみの授業にも有効です。実際、オープンキャンパスなどでの模擬授業や、高校での出前授業、採用面接の模擬授業(日本語入門)などで「クイズ→解説」形式の授業を行うと、非常に効果的です。与えられた時間が20分から60分ぐらいのみであったとしても、いくつかのクイズを受講者に解かせてその解説をすることで、日本語の面白さ・魅力を伝えることは十分に可能です。
　さらに、学生にクイズを課して考えさせるところから始める「クイズ→解説」形式の授業は、アクティブ・ラーニングにも対応が可能です。アクティブ・ラーニングばかりか、最近は、英語で授業をしなければならないというプレッシャーがかけられたりすることもありますが、「クイズ→解説」形式の授業であれば、英語力に自信のない教員であっても、比較的対応しやすいのではないかと思います。
　次に、(8)についてですが、(2)のように、外国人日本語学習者向けの文法シラバスを、そのままの形で日本人学生向けの授業にも使用すれば、受講した日本人学生たちが、よりスムーズな形でプロの日本語教

師になれるのではないかと思います。「命題」「ヴォイス」「モダリティ」というようなシラバスで文法を学ぶと、「授業で習うことと教育現場で実際に教えることは別のことだ」ということになってしまいがちです。これだと、たとえ、学生たちが日本語教師になることを真剣に考えていたとしても、大学での授業になかなか身が入らないかもしれません。

　ただし、「命題」「ヴォイス」「モダリティ」などの概念は、現代日本語文法の体系を理解するために必要なものだろうとは思います。そこで、これらの概念については、「日本語教育文法―中級―」の授業で扱うことにしています。「日本語教育文法―中級―」の第2課「どう違う？」で接続助詞を扱い、南不二男の従属節の分類について解説するので、そこで、「命題・ヴォイス・アスペクト・みとめ方・テンス・判断のモダリティ・伝達のモダリティ」という日本語学的な文法の体系を示します。具体的には、「行く・子供・学校・せる・た・だろう・ている・ない・に・ね・を」のすべての語を使って1つの文を作るというクイズを課し、天文学的な数の組み合わせ方があるにもかかわらず、できあがる文は1つであり、その順序が「命題→ヴォイス→アスペクト→みとめ方→テンス→判断のモダリティ→伝達のモダリティ」という順序に支配されているのだということを説明します。このように、日本語教育の現場とは直接関係のない、日本語学の概念を説明する際にも、「クイズ→解説」という形式は必ず守ります。

　（1）（2）を守って授業を行えば、（7）（8）という教育上の意義が得られる。それが、私が本稿で主張したいことです。

**参照文献**

庵功雄（2009）「地域日本語教育と日本語教育文法：『やさしい日本語』という観点から」『人文・自然研究』3: 126–141. 一橋大学大学教育研究開発センター.
庵功雄（2011）「日本語教育文法から見た『やさしい日本語』の構想：初級シラバスの再検討」『語学教育研究論叢』28: 255–271. 大東文化大学語学教育研究所.
山内博之（2008）『誰よりもキミが好き！　日本語力を磨く二義文クイズ』東京：アルク.
山内博之（2009）『プロフィシェンシーから見た日本語教育文法』東京：ひつじ書房.

## chapter 3 大学での古典文法教育

小田　勝

### 1. はじめに

　本稿では、大学における古典文法教育を取り上げて、その意義、実践、課題について具体的に述べたいと思います。なお、私の本務校での所属は教育学部（本稿執筆時）ですので、ここで述べるのは主として非常勤で出講している国文学科での授業実践ということになります。

### 2. 古典文法教育の意義

　"文語文"はつい最近までごく普通に使われていた文章であり（民法が口語文になったのは平成 17 年のことです）、今なお使われています。

（1）　第一条　満二十年ニ至ラサル者ハ煙草ヲ喫スルコトヲ得ス

　　　　　　　　　　　　　　　　　　（未成年者喫煙禁止法）

日本国憲法のような"口語文"を読む上でも、文語文・漢文を知っていた方が理解が得やすいところがあります（例えば（2）の「何人（ナンビト）」、「何人も」の「も」、対偶中止構文（文末の否定の「ない」が「有罪とされ」にも及ぶこと）など）。

（2）　第三十八条3　何人も、自己に不利益な唯一の証拠が本人の自白
　　　　である場合には、有罪とされ、又は刑罰を科せられない。
(日本国憲法)

英語が科学の世界の共通語であるように、文語文（漢文も含む）は長く日本語の文章世界の共通語であったのであり、文語文法の修得は今なお大切なリテラシーといえます[1]。文語の標準は平安時代の言語を基礎としていますから、いわゆる古典文学作品を通じて文語文のしくみを学ぶことは、現代の言語生活のためにも、伝統の継承・発展（温故知新）のためにも、また日本語・日本文化を深く見渡すためにも、たいへん意義のあることなのです[2]。古典文法を知らず勘だけを頼りに（3）〜（5）の意味の違いを理解することはできないでしょうし、古典文法を知らなければ（6）を音読することさえできないでしょう（「後ろ見しない」というのは文語ではありません）。

（3）a.　その木、倒れぬ。
　　 b.　その木ぞ、倒れぬ。
（4）a.　…とこそ思ひ給へれ。
　　 b.　…とこそ思ひ給ふれ。
（5）a.　雨、降らなむ。
　　 b.　雨、降りなむ。
　　 c.　雨、降りななむ。
（6）　とりたててはかばかしき後見(うしろみ)しなければ、ことある時は、なほよりどころなく心細げなり。
(源氏物語・桐壺)

---

[1]「古典の豊かな世界に触れ、ものの見方、感じ方、考え方を広げ深めるとともに…」（文部科学省 2010: 73）というような「古典」の学習目標に乗ってしまうと、それでは古典を現代語訳で読めばいいではないかという意見に反論できなくなります。

[2] ただしリテラシーという点からすれば、中古文のみならず、候文や近代文語文を読む能力もきちんと身につけさせるべきでしょう。

## 3. 古典文法教育は成功していない

　注釈の歴史の浅い、例えば私家集の注釈書をみると、大学における古典文法教育の無力を思い知らされます。小田 (2015) は、「私家集全釈叢書」(風間書房刊) を例に、現在の私家集の注釈が日本語学の立場からみてあまりにも問題が多いことを指摘しました。「行き隠れなで」の「な」が「打消の助動詞「ぬ」の未然形である」とか (別の箇所では「無で」であるという説明もあります)、「藤衣すてやしてけん」の「て」が「接続助詞」であるとか、「つきせぬものは……数にざりける」の「ざり」が「打消」であるとか、「経」が「「経る」(上二段)」であるとか、「浪にのみひたれる松の」の「れ」が「受身の助動詞「る」の連用形」であるとか (訳も受身になっています)、あり得ない説明が続々と出て来て、このような古典文法をまったく理解していない説明 (要するに"高校生レベル"の誤り) が、同叢書の第 24 冊までで、少なくとも 76 箇所も見受けられます (これは通読中にたまたま気付いたところをあげたまでであり、誤りを探そうとして調査したわけではありません。小田 (2015) に 76 箇所全てを掲示してあります)。また、

(7)　散りはててのちや帰らむふるさとも忘られぬべき山桜かな

(源道済集)

について「「ぬ」を打ち消しの助動詞として、忘れてしまうことができない、と解釈できそうだが」(『源道済集全釈』) とか、赤染衛門 (1041 年に八十余歳) の歌の「会はじ」を「淡路」との掛詞であるとして、「「じ」と「ぢ」の違いを問題にする必要はなかろう」(『赤染衛門集全釈』) とか、日本語学の知見に対して意図的にこれを無視しようとする姿勢も見受けられます。

　専門家におけるこのような状況は、やはり危機的であるといわざるを得ません。古典文学の学習者 (および極めて少数にせよ、その集団から出てくる将来の専門的研究者) に、古典文を正確に読解する技法・態度と、それに関連する日本語学上の知見を教えるのは日本語学 (古典文法)

研究者の責務です。

## 4. その実践例と課題：否定表現を例に

「否定表現」を例に、私の古典文法の授業内容を紹介しましょう。まず、基本的な事項として、次のようなことを扱います。

① 「ず」の活用（3系列の展開、連用形「に」の用例、未然形「な」の用例はあるか、上代の「ず－き」「ず－けり」のような承接例、ザリ活用の成立、助動詞に続かないザリ活用形）
② 否定されるのは何か（「飽かず」の2義、否定の焦点、否定のスコープ、「いと…ず」、否定繰り上げ、対偶中止）
③ 現代語と意味の異なる否定表現（「思ひ残すことなし」、「誘はれず」など[3]）
④ 否定と肯定が同意となる現象[4]、肯否の誤用
⑤ 「ずなりぬ」の2類[5]
⑥ 二重否定
⑦ 「ずは」
⑧ 修辞否定

このほかにも扱いたい事項は、まだまだあります。例えば、（8）は否定文中に限定がある句型で、

（8）a.　まとゐして契りをむすぶみたらし（＝御手洗川）に亡き影のみ
　　　　ぞ映らざりける　　　　　　　　　　　　　　　　（隆信集）

---

[3] 古典文の「思ひ残すことなし」は「もの思いの限りを尽くす」という意味、「誘はれず」は「誘いに対して応じない」という意味です。

[4] 「夜の明けはてぬさきに」（源氏物語・明石）が「夜の明けはつるさきに」と同意である、「おほろけの願によりてにやあらむ、風も吹かず、よき日出で来て、漕ぎ行く。」（土佐日記）が「おほろけならぬ願」と同意である、など。

[5] 「ずなりぬ」には、「今までしていたことをしなくなった」の意と、「最初から最後までしないままになってしまった」の意とがあります。

b.　神無月時雨ばかりは降らずしてゆきがてにのみなどかなるらん
　　　　　　　　　　　　　　　　　　　　　　　　　（伊勢集）

現代語の「山田だけが男ではない」が両義になるのと同様に、(8a) は「亡き人の影だけが映らない」の意（「山田だけが女」型）、(8b) は「時雨が降り、それ以外（雪）も降る」の意（「男は山田＋α」型）です。また、(9) は現代語の「…しないとも限らない → …するかもしれない」と同様の構成、(10) は二重否定ですが ab で構造・意が異なります（(10a) は「ある」の意、(10b) は「羨ましい」ではなく、「法師が最も羨ましくない」の意）。

（9）　まことにさや［懐妊シタママデ］おはしまし果てざらんとも知り
　　　　がたし。　　　　　　　　　　　　　　　　　（栄花物語）
（10）a.　春の田をまかする人はなくはなくかへすがへすも花をこそ見め
　　　　　　　　　　　　　　　　　　　　　　　　（出羽弁集）
　　b.　法師ばかり羨ましからぬものはあらじ。「人には木の端のやうに思はるるよ」と清少納言が書けるも、げにさることぞかし
　　　　　　　　　　　　　　　　　　　　　　　　　（徒然草1）

また、次例では、「「散らぬ梢に」という表現に、今後起きるであろう一面の花吹雪を想像する」という"読み"までもっていきたいと思います。

（11）　桜花散らぬ梢に風ふれて照る日もかをる志賀の山越え（拾遺愚草）

　このような様々な事象を取り上げて古文読解の授業を構成するためには、用例を一つ一つ集積してゆく必要があるのであって、今の私には、例えば仮に上に示したような古典文における否定表現の全貌、全句型・全構文を明示的に教える用意はありません。英文解釈について外山（1984: 137）は、「わが国の英語英文学界の誇るべき業績の一つに英文解釈法の確立がある」といっていますが、我々も古文解釈法ということに

ついて、明確に意識する必要があるのではないでしょうか[6]。

　古典文法教育が現代語文法の教育と異なる最大の点は、前者が古典文の正確な読解に資することを大きな目的としていることです。私見では、読解とは、機能語の役割を正確に把握し、各語句の文法上の関係を明らかにすることであって、「読解＝訳」ではありません。こうした点を考えると、古典文法教育の背景にあるべき本格的な「古文解釈法」を進化、体系化させることの必要性を痛感しています。

## 5. 私のシラバス

　私の古典文法の授業のシラバスをここに掲げます。非常勤先での「国文法論[7]」という授業で、長年行っているものです。教科書は、拙著『古代日本語文法』（おうふう、2007年刊）です。

---

①はじめに・解釈文法ということ・品詞・単語の構造、②動詞1（活用・音便）、③動詞2（自他・格支配・補助動詞・複合動詞・代動詞）、④ヴォイス1（る・らる）、⑤ヴォイス2（す・さす）、⑥助動詞の分類、⑦名詞述語文・喚体句、⑧肯定・否定、⑨アスペクト1（つ・ぬ）、⑩アスペクト2（り・たり）、⑪テンス（き・けり）、⑫法助動詞1（らし・べし・なり）、⑬法助動詞2（めり・む・らむ・けむ）、⑭確述・当為・反実仮想、⑮意志・勧誘・禁止・希望、⑯疑問、⑰形容詞・形容動詞、⑱連用修飾・副詞、⑲名詞・連体修飾、⑳準体句・同格、㉑格1（主格・目的格）、㉒格2（その

---

[6] 例えば、次例の下線部は「僧都」を主名詞とするカタマリであり、φ△のような空範疇が作る同格構造が見えなければ、この文は正しく解釈されません。
(i)　この入道の宮（＝藤壺）の御母后の御世より伝はりて、次々の［帝・后ノ］御祈りの師にてさぶらひける僧都φ、故宮（＝藤壺）にもいとやむごとなく親しき者に思したりしを、おほやけ（＝帝）にも重き御おぼえにて、いかめしき御願ども多く立てて、世にかしこき聖なりける△、年七十ばかりにて、いまは終はりの行ひをせむとて籠りたる△が、宮の御事（＝故藤壺ノ法要）によりて出でたるを、内裏（＝冷泉帝）より召しありて常にさぶらはせ給ふ。　　　　（源氏物語・薄雲）

[7] 3年生開講の選択科目で、受講者は例年3、4年生20〜30名程度です。前期・後期で「国文法論Ⅰ・Ⅱ」となっていますが、実際殆どの学生が通年で受講します。この授業名のクラスはこれだけなので、同名の別の先生のクラスからⅠ→Ⅱを襷掛けで受講するという事態もありません。

> 他の格助詞・無助詞名詞)、㉓副助詞1 (ばかり・のみ・まで)、㉔副助詞2 (だに・すら・さへ)、㉕係助詞、㉖条件表現、㉗接続表現、㉘引用・挿入句・不十分終止、㉙敬語の基礎、㉚敬語の発展的事項。

一度、同じ非常勤先の「国語学各論」という授業で、「古典文の構造」と題して、以下のような内容を試みましたが、私自身の至らなさから私が心に思い描く「古文解釈法」の体系的な提示ができませんでしたし、受講生は国語学専攻の3,4年生8名程度でしたが、学部生では相当に難しかったようです。

> ①係り受け、②挿入句、③提示文、④準体句の諸相、⑤同格構文、⑥終止形・連体形接続法、⑦格の表示／非表示、⑧格助詞の問題1 (が・の・を・に)、⑨格助詞の問題2 (にて・と・より・から・複合辞)、⑩副助詞の問題、⑪係助詞の問題、⑫係結の特殊構文1 (結びの流れ)、⑬係結の特殊構文2 (文末に終助詞を伴う句型)、⑭連体修飾の問題、⑮まとめ、⑯連用修飾の問題、⑰助動詞の相互承接、⑱補助用言、⑲否定、⑳名詞述語文・喚体句、㉑ヴォイスの問題、㉒時間表現、㉓推量・反実仮想、㉔疑問表現、㉕条件表現、㉖引用、㉗和歌の表現技法、㉘敬語、㉙古文を文法的に読むということ、㉚まとめ。

本務校 (本稿執筆時) は義務教育教員の養成課程ですので、古典文法を扱う「国語文法論Ⅱ」(3年次前期・選択) では、高校の復習を中心にドリル的にどんどん当てて答えさせていき、それに大学レベルの話を補足する、というスタイルで行っています (「国語文法論Ⅰ」(2年次後期・選択) は現代語文法を扱っています)。シラバスは次の通りです[8]。

---

[8] 現代語文法を扱う「国語文法論Ⅰ」のシラバスは次の通りです (中学校の国語教科書の文法の単元を意識しています)。①ことばの単位、②修飾する語句、③指示する語句・接続する語句、④自立語1 (動詞)、⑤自立語2 (形容詞・形容動詞・名詞)、⑥自立語3 (数詞・副詞・連体詞)、⑦助詞1 (格助詞)、⑧助詞2 (副助詞・終助詞)、⑨助詞3 (「は」と「が」)、⑩助詞4 (接続助詞)、⑪助動詞1 (ヴォイス)、⑫助動詞2 (テンス・アスペクト)、⑬助動詞3 (ムード)、⑭説明・肯否・談話、⑮敬語。

> ①動詞の活用・音便、②形容詞、③る・らる・す・さす・しむ・なり（断定）、④き・けり・つ・ぬ、⑤たり・り・ず、⑥らし・なり・めり、⑦む・じ・らむ・けむ、⑧べし・まじ・まし・禁止表現、⑨希望・疑問・終助詞、⑩格助詞、⑪接続助詞、⑫副助詞、⑬係助詞、⑭敬語、⑮構文・和歌の修辞。

## 6. 大学における古典文法教育の基本姿勢

私は次のような諸点に留意して古典文法教育を行っています。

### 6.1 常に現代語文法と対照すること

　例えば、現代語では (12a) のように、「*昨日、寝た前に、電話した。」といえませんが、古代語では (12b) のような表現が成立しています。これは、現代語の相対名詞節中のテンス表示が主節時を基準としているのに対し、古代語のそれは発話時を基準とするからです（井島1996）。

(12) a.　昨日、{寝る／*寝た} 前に、電話した。
　　 b.　御身くづほれ (＝衰弱) させ給はざりしさきに、などか仰せられざりし。　　　　　　　　　　　　　（宇治拾遺物語 4-8)

ほかに、中古の「き」は発話当日中の過去を表さない[9]、とか、現代語の「た−だろう（／らしい／はずだ／そうだ／にちがいない…）」に対して、中古語の「き」「けり」はどんな推量の助動詞をも下接することがない、などの相違があります。また、現代語で自動詞の受身文は基本的に迷惑の意を表しますが、古典文には次のような例がみられます。

(13)　沫雪に降らえて咲ける梅の花君がり遣らばよそへてむかも

---

[9] 従って、例えば、
(i) 背子が来て臥ししかたはら寒き夜は我が手枕（たまくら）を我ぞして寝る　（和泉式部集）
について、岩波文庫脚注は「「かたはら」は、臥した男の側の意に、「かたはら寒き」と続いて独り寝同様の肌寒さの意をかけたもの」と説明していますが、これは「独り寝同様」ではなく、以前男が来て臥していたその傍らに、今は独り寝をしていると考えられます。

(万葉集 1641)

(14) うちはへて（＝ズット長ク）住まるる人は（＝男ニ通ッテ来ラレル女ハ）七夕の逢ふ夜ばかりは逢はずもあらなん[10] （躬恒集）

近年の古典文法研究は、現古対照研究が盛んになりつつあるので、このような姿勢は古典文法研究者の多くに共有されているだろうと思います。

### 6.2　現代語訳の過程で、現代語のしくみも知るようにすること

現代語では単数性の事物・事態の限定に「だけ」、複数性の事物・事態の限定に「ばかり」を用いますが、

(15) a.　そのとき、{男の子／*太郎}ばかり教室にいた。（存在が複数）
　　 b.　今日の授業では、太郎ばかり当てられている。（事態が複数）

小柳（2000, 2003）が指摘したように、古典文では前者（単数性の事物・事態の限定）は「ばかり」、後者（複数性の事物・事態の限定）は「のみ」で表されます。

(16) a.　月影ばかりぞ、八重葎にもさはらずさし入りたる。
　　　　　　　　　　　　　　　　　　　　　　　（源氏物語・桐壺）
　　 b.　御達（＝女房達）のみさぶらふ。　　　（源氏物語・夕霧）

従って、(16) を学習する過程で (17) のような現代語のしくみも学習されることになります。

(17)　古代語　ばかり　＝　現代語　だけ
　　　　　　　のみ　　＝　　　　　ばかり

ほかに、下例 (18) の訳を通じて現代語の「に」（物の存在場所）と「で」（出来事の存在場所）の違いを認識したり、「べし」の訳を通じて現代語の「はずだ」「そうだ（様態）」「ようだ」「かもしれない」などの使い分

---

[10] 詞書「七日（＝七月七日）人におくる」。仲のよい夫婦をからかった歌です。

けを知ったりすることができます。

(18) a. 泊瀬小国に妻しあれば　　（物の存在場所）　　　（万葉集 3311）
　　 b. この岡に菜摘ます児　　　（出来事の存在場所）　　　（同 1）

また、古典文の敬語の現代語訳を徹底的に訓練すると、現代語の敬語の理解にもたいへん効果的であると思います。

### 6.3　古典文を正しく読解するルールを、自ら見出すようにさせること

　例えば、(19) の「…残る」の意味の違いは何かと発問し、この意味の違いはどうして生じるのか考えさせる[11]、

(19) a. あしひきの山隠れなる桜花散り残れりと風に知らるな

（拾遺集 66）

　　 b. 咲き残る吉野の宮の花を見て春や昔と誰恨むらん

（後鳥羽院御集）

(20) の「…に…を換ふ」は、何から何への交換を表すか[12]、

(20) a. 獦師「よいかなや」と言ひて太子の衣に［自分ノ］袈裟を換へつ。太子は獦師の袈裟を取りて着給ひつ。　　（今昔物語集 1-4）
　　 b. ［源大夫ハ］持ちたる弓・胡録（やなぐひ）などに金鼓を換へて

（今昔物語集 9-14）

(21) の「誰が名は立たじ」はどのような意味を表すか[13]と問い、そこに

---

[11] (19a) は「散らずに残る」、(19b) は「咲いたまま残る」の意です。

[12] (20a) は「［新しい物］に［古い物］を換ふ」、(20b) は「［古い物］に［新しい物］を換ふ」という格配置です（小田 2013）。従って、古代語で「太刀を換ふ」といった場合、太刀を他の物に換える意も、他の物を太刀に換える意も表し得ます（現代語の「米と交換する」なども同様に 2 つの解釈をもちます）。

[13] このような「誰」は「あなた以外の他の人」の意で、下線部は「あなたの評判（あなたが薄情だとの評判）が立つだろう」の意です。「陸奥のしのぶもぢずり誰ゆゑに乱れそめにし我ならなくに」（伊勢物語 1）も「あなた故に乱れそめにし我なるに」の

はどのような読解上のルールがあるかを考えさせる、などです。

(21) 恋ひ死なば誰が名は立たじ世の中の常なきものといひはなすとも
(古今集 603)

## 6.4 できるだけ極端な例を掲示して興味をひくこと

例えば、敬語で (22)〜(24) のような例を掲示する、「え…ず」を扱うとき (25) のような例も掲示する、などです。(22a) は胎児に対する敬意、(22b) は存在しない貴人に対する敬意を表しています。(23) は所有主尊敬で、(23a) はにきびに対する敬意、(23b) は貴人が過ごす時間に対する敬意になっています。(24) は蜂が太政大臣を「刺し奉る」という文で、このような例からも、客体敬語が「文の主語から文の補語への敬意を表す」という理解が不当であることが知られます[14]。

(22) a. 梅壺女御、こたみはおろし (=流産シ) 奉らせ給ひてければ
(栄花物語 38)
　　 b. 仮にも [源氏ガ末摘花ノ許ニ] おはし通はむを、とがめ給ふべき人なし。　　(源氏物語・末摘花)
(23) a. 内に御にきみ (=腫物) おはしまして　　(栄花物語 35)
　　 b. なづさひ聞こえぬ月日や隔たり給はむと　(源氏物語・須磨)
(24) [蜂ガ太政大臣宗輔ヲ] 刺し奉ることせざりけり。　　(今鏡)

(25a) は形容詞の不可能態 (このような表現は現代語にはありません)、(25b) は「え」で言いさした例です。

(25) a. [劣腹ノ子ハ、本妻腹ノ子ト] え等しからぬものなり。
(源氏物語・薄雲)

---

意です。

[14] そもそもそのような理解では、次例のような場合、敬意の主体がないことになってしまいます。
(i) 太政大臣をはじめ奉りて、みな参りこみ騒ぎたり。　　(栄花物語 1)

b. そこに参り来て承らまほしきことあれど、え。

(うつほ物語・国譲中)

### 6.5 「語句の係り先」を常に意識させること

　文中の語句がどこに係るかを常に意識させることは重要です。例えば、(26)の下線部は「あくる」に、(27)の下線部は「雨」に係る、(28)の下線部は「あらせぬは」に係る、などです。

(26)　夏の夜の臥すかとすれば郭公鳴く一声にあくるしののめ

(古今集156)

(27)　浦風は湊(みなと)の葦に吹きしをり夕暮れ白き波の上の雨　(風雅集1704)

(28)　昔よりありのまにまにあらせぬは我がすさびかは人の心を(躬恒集)

次例では、「踏み分け」が「鳴く」に係ると考えると作者は里にいることに、「聞く」に係ると考えると作者は奥山にいることになります。

(29)　奥山に紅葉踏み分け鳴く鹿の声聞く時ぞ秋はかなしき

(古今集132)

(30a)のような係助詞に対する結びの連体形は連体修飾と間違えやすいので注意が必要です。(30a)は「見し梅の花」ではなく、「あはれとぞ見し」で切れます。ただし必ずそうなるとも限らないので、(30b)は「よそにてぞ霞たなびく」ではなく、「よそにてぞ」は歌末の「見るべかりける」に係ります[15]。

(30) a.　よそにのみあはれとぞ見し梅の花あかぬ色かは折りてなりけり

(古今集37)

　　　b.　よそにてぞ霞たなびくふるさとの都の春は見るべかりける

(後拾遺集39)

---

[15] 次例も「言こそうたて。」ではなく、「言こそ」は歌末の「ほだしなりけれ」に係ります(「うたて」は挿入句です)。

(i)　あはれてふ言こそうたて世の中を思ひ離れぬほだしなりけれ　(古今集939)

## 6.6　正確に解釈する力を養うために「誤訳訂正」を盛んに行うこと

　誤訳のパターンというのは類型化できそうですが、3節で問題提起した私家集の注釈書では、次のような誤訳がみられます[16]。

(31) a. それならぬ事もありし<u>忘れね</u>といひしばかりをみみにとめけん　→×「貴下のこと、忘れられないわ！」

　　　　　　　　　　　　　　　　　　　　　　　　　　（『本院侍従集全釈』）

　　b. いにしへも<u>こえみてしかば</u>逢坂はふみたがふべき山の道かは　→×「昔も（今も）越えてみたいので」　　　　（『経衡集全釈』）

　　c. 色に<u>あける</u>とししなければ桜花今日ひぐらしにをりてこそみれ　→×「美しい色彩を持った花が咲くことによって<u>明ける</u>年などありませんので」　　　　　　　　　　　（『兼盛集注釈』）

　　d. しづえにて<u>声</u>を惜しみしうぐひすは花のさかりを待にぞありける　→×「声を惜しみながら鳴いている鶯は」

　　　　　　　　　　　　　　　　　　　　　　　　　　（『公任集全釈』）

　　e. 露けくもなりまさるかな桜花もとの下草はらふ<u>人なみ</u>　→×「爛漫と咲いた桜花の下で何人もの人が下草刈りをしているさまを詠んだもの」　　　　　　　　　　　　（『清原元輔集全釈』）

## 6.7　文法的理解を用例の文学的味読にまで引き上げること

　「おぼゆ」は「思ふ＋受身・自発」の意ですから、

(32)　上達部、上人などもあいなく目を側(そば)めつつ、いとまばゆき人の<u>御おぼえ</u>なり。　　　　　　　　　　　（源氏物語・桐壺）

---

[16] (31a) は「忘れてしまえ」、(31b) は「越えてみたので」、(31c) は「満足している」、(31d) は「声を惜しんで鳴かなかった鶯は」(「声を惜しみながら鳴く」という解はあり得るのかもしれませんが、少なくとも「鳴いている」は不可です)、(31e) は「人がいないので」。

は「とても見てはいられないほどのご寵愛の受けようである」という意味になります。「御おもひ」ではなく「御おぼえ」と表現されたことによって、上達部、上人の非難が、帝ではなく、寵愛を受けている更衣に一方的に向けられているという、更衣の孤立無援さを読み取りたいと思います[17]。(33)の歌はともに舟の行方を案じた歌ですが、下線部の助動詞の理解がなければ、作者が何を思って詠んでいるのか正確には理解されないでしょう。

(33) a. いづくにか舟泊ててすらむ安礼の崎漕ぎたみ行きし棚なし小舟
(万葉集 58)
b. いづくにか舟乗りしけむ高島の香取の浦ゆ漕ぎ出来る舟
(同 1172)

## 7. 学校文法の問題

　大学での日本語文法教育で問題となるのは、いわゆる学校文法の問題でしょう。いわゆる学校文法と、現在の日本語文法研究との乖離があまりにも深刻であることは我々の共通認識です。古典文法は現代語に比べて学校文法と親和性が高いといえますが、それでも助動詞「ぬ」の理解や形容詞シク活用の語幹の設定のしかた[18]など、研究者の認識と乖離している部分もあります。動詞の活用表を暗記させるだけでよいのか、と

---

[17] 例えば新編日本古典文学全集は「まったく正視にたえぬご寵愛ぶりである。」と訳していて問題です（同書では後の弘徽殿女御の故桐壺更衣に対する非難、「亡きあとまで、人の胸あくまじかりける人の御おぼえかな」も「亡くなったあとまで、胸の晴れそうもないご寵愛だこと」と訳しています）。また(32)のすぐ後にある「かたじけなき御心ばへのたぐひなきを頼みにてまじらひ給ふ。」も「畏れ多い帝のまたとないお情けを頼りにしてお仕えしていらっしゃる」と「候ひ給ふ」に対する訳を付けていて（原文の「まじらひ給ふ」が表しているのは「多くの女御・更衣方にまじって（肩身の狭い）宮中生活を送っていらっしゃる」という意味です）、色々問題があるようです。やはり、一人一人が古典文の読解力をつける努力をする必要がある、ということでしょう。

[18] 助動詞「ぬ」は事態の発生を表す、シク活用形容詞の語幹は「－し」までである（終止形はゼロ語尾をとる）と考えられます。

いった問題は国語教育学の分野に属すでしょうが、学校文法の中身（体系）については日本語学が責任をもつべき領域です。もし学校文法を刷新するなら、それは日本語学界にしかできません。

　しかし、古典文法までも巻き込んだ学校文法の刷新は、予想される膨大なコストにたぶん見合わないだろうと思います。またどのような形に刷新するのかという点でも、恐らく合意は得られないように思われます。例えば動詞の活用について、「学校文法は仮名文字の呪縛から離れていない」といった批判をよく耳にしますが、学校で小中学生に教えるのですから当然でしょう。小中学生に日本語の動詞の活用をローマ字で教えることは恐らくできないでしょうし、「子音語幹動詞／母音語幹動詞」のように教えるなら、現在の学校文法の活用理解が「書く」、「起きる」という送り仮名の根拠になっていることとも絶縁してしまいます。

　小学校で重点的に学習する日本語文法の事項は、「主語と述語」（低学年）、「指示詞」（小学校では「こそあど言葉」といいます[19]。中学年）、「接続詞」（小学校では「つなぎ言葉」といいます。中学年）の3項目ですが、これらが作文や読解のみならず、「指示詞」の学習が算数の文章題の理解に直結するといった極めて実用的な要請で置かれていることなどを充分に理解した上で、学校文法への批判はなされる必要があります。学校文法は日本語学研究者の恐らく全員が批判的にみているわけですが、小中学生に教える日本語文法はどのような事項であるべきであり、どのような内容・体系をもち、それを何年生に教えるのか、ということを真剣に問うた学校文法批判は今まで案外なされてこなかったのではないでしょうか。

　大学の日本語文法の授業で、学校文法を批判する、あるいはまったく無視するということは意義のあることだと思いますが、小学校・中学校・高等学校の国語科教員を志望する学生も受講するのであれば、まずは学校文法をきちんと身につけさせること、その上で学校文法はこれで

---

[19]「詞」という漢字は、小学校6年生の配当漢字です。

よいのか、よくないならば「初等・中等教育における日本語文法はどうあるべきか」ということについてきちんと考えさせようとすることも重要なことではないかと思います。繰り返しになりますが、初等・中等教育における日本語文法の内容（体系）については、国語教育の研究者ではなく、日本語学研究者が責任をもたなければならない事柄です。

**用例出典**

　和泉式部集・古今集（岩波文庫）、今鏡（講談社学術文庫）、後鳥羽院御集・躬恒集（和歌文学大系）、後拾遺集・今昔物語集・拾遺集・万葉集（新日本古典文学大系）、その他の和歌は新編国歌大観、その他の散文作品は新編日本古典文学全集。ただし(31)の本文は誤訳を掲示した注釈書の本文によります。いずれも引用にあたり、表記は私に改めました。

**参照文献**

井島正博（1996）「相対名詞または格助詞による時の副詞節」山口明穂教授還暦記念会（編）『山口明穂教授還暦記念国語学論集』195–224. 東京：明治書院.
小田勝（2013）「中古語の動詞「換ふ」の格表示について」『表現研究』97: 11–18. 表現学会.
小田勝（2015）「「私家集全釈叢書」を読む：古典文法研究の立場から」『岐阜聖徳学園大学国語国文学』34: 60–76. 岐阜聖徳学園大学.
小柳智一（2000）「中古のバカリとマデ：副助詞の小さな体系」『國學院雜誌』101(12): 13–27. 國學院大學.
小柳智一（2003）「限定のとりたての歴史的変化：中古以前」沼田善子・野田尚史（編）『日本語のとりたて：現代語と歴史的変化・地理的変異』159–177. 東京：くろしお出版.
外山滋比古（1984）『新・学問のすすめ』（講談社学術文庫）東京：講談社.
文部科学省（2010）『高等学校学習指導要領解説　国語編』東京：教育出版.

**付記**

　本稿は、日本語学会2015年度秋季大会で行われたシンポジウム「「日本語学」をどのように教えるか」（2015年11月1日、山口県教育会館）での発表をもとに、改稿したものです。パネリスト、ならびに当日ご質問くださった先生方にお礼申し上げます。

chapter 4

# 語彙の体系性・多様性を意識し相対化する
事前課題とグループワークを取り入れた授業実践

金　愛蘭

## 1. はじめに

　「授業で先生が答えのない問いをぶつけてくるのは時間の無駄だ、と書かれた（学生の）コメントをもらったけど、困ったものですね」という話を複数の先生から聞いたことがあります。これは、大学の授業を「教師から知識を教わるもの」と思い込んでいる学生が多いということだと思いますが、さらに言えば、自分で問題を発見し、それを自身で解決する（しようとする）意志や力を持っていない学生が少なくないということなのかもしれません。

　日本語学の授業、とくに語彙論・意味論の授業でしばしば見られるのが、「正しい日本語」を身につけるのが授業の目的だと思い込んでいる学生です。このような強い規範意識を持つ学生は、ほとんどの場合、「答え」だけに目がいき、「なぜ」「だれが」「どのようにして」には興味がありません。また、これは母語話者にありがちなことですが、ある言語現象に対して「当たり前」と考えてしまい、それ以上の問題意識を持たない学生も少なくありません。筆者の授業の受講生には日本語教師や国語教師を志望する学生も多いのですが、仮にこうした意識のまま教師になった場合、現場で学習者の疑問にうまく答えられず、「そのまま覚

えて」といった指導をすることにもなりかねません。

　では、学習者（母語話者・非母語話者を問わず）の疑問に的確に答えられるようになるためには、どうすればよいのでしょうか。この問いに答えることは容易ではありませんが、少なくとも、日本語に関する知識が、断片的なものではなく、体系化されたものになっていなければならないということは言えるでしょう。そして、そのためには、日本語の一つ一つの現象を意識的に見つめ、その不思議さ・面白さに気づく（意識化する）ことが必要です。加えて、母語としての日本語を数ある言語の一つとして相対化し、客観的に見つめることも重要になってくると思います。

　日本語教員養成コースの場合、文部科学省の報告[1]でも話題になったように、日本語学習者の多様な学習需要に対応できる日本語教師の育成が求められていますが、そのためにも、日本語学の授業は、学生が日本語を意識化・相対化し、その知識を体系化していくことを助けるものである必要があります。本稿では、こうした観点から、筆者の勤務校である広島大学教育学部日本語教育系コースにおいて実践している語彙論の授業を紹介し、語彙論の授業の意義について考えたいと思います。

## 2.　教育現場における語彙教育

　語彙論は、語および語彙を研究対象としますが、数十万にものぼると言われるその全体をとらえることは容易ではありません。また、語・語彙にかかわる事象は幅広く、言語研究のさまざまな分野と関係があるた

---

[1] 日本語教員の養成に関する調査研究協力者会議（平成12年3月）「日本語教育のための教員養成について（報告）（抄）」〈http://www.mext.go.jp/b_menu/hakusho/nc/t20000330001/t20000330001.html〉（2016年4月18日確認）参照。

　それまでの日本語教員養成は、昭和60年に文部省の「日本語教育施策の推進に関する調査研究会」がまとめた報告「日本語教員の養成等について」の中の「日本語教員養成のための標準的な教育内容」を基本的な指針として進められてきましたが、日本語学習者の多様な学習需要や日本語教育を取り巻く状況の変化を踏まえ、その内容の改善等の必要性が指摘されたため、平成12年に新たにこの報告がなされたものです。

め、その全体像を把握するのはさらに難しくなります。

一方、教育の現場における語彙教育は、表記や文法教育等ほかの分野に比べて、比較的軽視されてきたと言えます。

日本語教育の現場では、表記教育、文法教育、音声教育等と違って、語彙教育を、とりたてて行うことは多くありません。日本語レベルの上昇に伴い（とくに中級以降）、表記や文法教育の密度は小さくなり、専門語彙をはじめとする多様な語彙の教育の重要性が増していくにもかかわらず、たいていの場合、意識的かつ体系的な語彙教育はほとんどなされません。また、国語教育における事情も同様のようです[2]。現行学習指導要領の関連箇所には「（イ）抽象的な概念を表す語句、類義語と対義語、同音異義語や多義的な意味を表す語句等について理解し、語感を磨き語彙を豊かにすること」とありますが、具体的な指導内容は現場の教師に任されているのが実情です（矢部 2011）。文章中の意味のわからない単語や読めない単語を辞書で調べさせるというものが多く、日本語の語彙の実態がどうなっているのか、諸外国と比べてどのような点で特徴的なのか、あるいは語彙が言語活動にどのように深いかかわりを持っているのか等という問題についてはほとんど触れられていないという状況（森田ほか 1989）は、現在でも変わらないように思います。

こうした現状を一気に改善することは困難ですが、本稿の論点に即して言えば、単語と単語の集合である「語彙」についてその体系性と多様性を理解し、さらにはそれを母語話者（国語教育）や非母語話者（日本語教育）に指導するためには、個々の単語をつらぬく、語義や語種、位相といった「語彙的カテゴリー」（斎藤・石井（編）2011）についておさえておく必要があります。また、辞書やコーパスといった語彙に関するリソースについての知識も求められます。

---

[2] 小・中学校教師 9,959 人を対象とした 2004 年の『国語学習指導アンケート』調査（島村ほか 2004）によると、「語句・語彙」は、前回の 1991 年と同様 9 項目中 5 位で、教師の興味・関心が集中する上位 4 項目に比して数値が低く、前回の 23% から 20% と、3 ポイント低下しているそうです。

もちろんこれらすべてを短期間で網羅することはできないので、例えば、学部では語彙論・意味論の基本概念をおさえ、大学院では言語資料関連を勉強するといったカリキュラム設計が大事になってきます。

## 3. カリキュラム構成と担当授業の位置づけ

表1は、本コースのカリキュラムです。日本語学関連のものは、1年次に講義形式による入門概説科目、2年次に講義形式と演習形式による専門基礎科目、3年次に演習形式中心の専門科目が用意されています。中・高等学校教員志望の場合は、3年次後期に教職関係科目と教育実習が行われるため、専門科目は3年次の前期までに終わらせる場合が多いです。

表1　日本語教育系コースのカリキュラム

| 履修内容 | | 要取得単位数 | | 開設 |
|---|---|---|---|---|
| 専門基礎科目 | 必修科目 | 4 | 48 | 日本語教育系コース |
| | 日本語の教育 | 14 | | |
| | 日本語学習の支援 | | | |
| | 言語の構造 | | | |
| | 言語と行動 | | | |
| | 表現と文化 | | | |
| | 文化の理解 | | | |
| 専門科目 | | 30 | | |
| 専門選択科目 | | 28 | | 教育学部ほか |
| 卒業研究 | | 6 | | 日本語教育系コース |

次の表2は、筆者の担当する語彙論・意味論枠の授業です（4節で太字の授業をご紹介します）。学部生の場合は、1年次から3年次まで学習の段階をあげていきます。大学院へ進学した場合は、言語資料に関する概説やコーパスについてさらに理解を深めることができます。

表2　語彙論・意味論のカリキュラム（1コマ90分）

| 履修年次 | 区分 | 学習段階 | 科目名等 |
|---|---|---|---|
| 1年次前半 | 専門基礎科目・必修 | 1. 入門 | 「日本語教育学基礎論」、オムニバス形式、15コマのうち1コマ担当 |
| 1年次後半 | 専門基礎科目・選択 | 1. 入門 | 「日本語の構造」、オムニバス形式、15コマのうち4〜5コマ担当 |
| **2年次前半** | **専門基礎科目・選択** | **2. 初級** | **「日本語の語彙と意味」、15コマ** |
| 2年次後半 | 専門科目・選択 | 3. 中級 | 「日本語語彙論・意味論演習」、15コマ |
| 3年次前半 | 専門科目・選択 | 4. 上級 | 「位相論」、15コマ |
| （院・前期） | 専門科目・選択 | 5. 大学院基礎 | 「日本語学特講Ⅱ」、15コマ |
| （院・前期） | 専門科目・選択 | 5. 大学院基礎 | 「日本語学演習Ⅱ」、15コマ |

## 4. 筆者の実践

4節では、表2の太字で示した、学部2年次前期で行う専門基礎科目を例に、その具体的な実践内容を紹介したいと思います。

### 4.1　シラバスと授業の流れ

まず、参考までに2015年度の授業計画を示します。

---
・授業の方法：講義、グループワーク
・授業の目標・概要等：日本語の語彙論・意味論の基礎概念を理解するとともに、身のまわりにあるコトバについて考える
・授業計画
　　第1回　授業ガイダンス―コトバについて考える―
　　第2回　語形と意味　　　　　　第3回　辞書
　　第4回　語構成と語形成　　　　第5回　語種
　　第6回　意味関係（階層・包含）　第7回　意味関係（対義）
　　第8回　意味関係（類義）　　　　第9回　シソーラス
　　第10回　多義語と同音異義語　　第11回　意味変化・語形変化
　　第12回　連語と慣用句　　　　　第13回　ことばと社会（位相）

> 第 14 回　ことばと社会（集団語・忌み言葉等）
> 第 15 回　基本語彙・基礎語彙
> ・教科書・参考書等：指定の教科書はない。授業資料をプリントで配付。
> 　参考書は、授業時間内に随時知らせる
> ・メッセージ：講義のほかに、グループワークがあります。主体的な参加
> 　を期待しています

　授業（90分）の基本的な流れは、次の通りです。

【授業前】事前課題

【授業中】

① 前回のふりかえりシートからの質問等について簡単にコメント。時間がかかりそうなものについては、補足資料を配付［7分程度］。その間に、TAが今回の出席カード兼ふりかえりシートを配付
② 課題の趣旨確認とグループワークの注意点等の説明［3分程度］
③ グループワーク（最初に、取りまとめ役のリーダーと発表係兼記録係を決め、教員はオブザーバに徹する）［30分程度］
④ 全体討議（司会は、学期はじめは教員が、慣れてきたら学生どうしで推薦）［30分程度］
⑤ 教員による基本概念の説明と補足資料の配付［15分程度］
⑥ ふりかえりシートの作成［5分程度、授業日以内なら事後提出可］
⑦ 終了後、グループリーダーが、ふりかえりシート・課題・話し合いメモを集めて、退室時に提出

### 4.2　実践例（活動の様子）

　三つほど具体例を紹介しましょう。
　まず、第3回の「辞書」の授業です。この授業の前には、以下のような事前課題を課します。

＜事前課題＞
・気になった語の語釈を調べてくる（2語以上）。その際、意味の記述が

きちんとなされているか、どのような記述方法をしているか、等について考えてくること。また、なぜ気になったのか（簡単でよい）についても書くこと

※注意点：ネット検索は不可。図書館に行く等して中型以上の辞書で調べること。品詞等の制限はないが、上記のような問題意識を持って調べること。課題（評価対象）は、印刷・コピーしたものを授業終了後に提出（氏名、学籍番号、出典を明記）

(次回の流れ)
(1) 気になった語の語釈を聞いて当てるグループワーク（クイズ）を行う　(2) 持参した辞書（電子辞書も可、スマートフォン検索のみの使用は不可）も参考にしながら討議

　事前課題は、準備にそれほど負担を感じないでできるものを指示します。といっても、答えが一つしかなく、調べればすぐにわかってしまうようなものでは手応えを感じないので、簡単だけれどもいろいろ調べられ、授業中のグループワーク内でさらに知識・理解が広がるようなものを用意します。なお、学期はじめにちらほら見られることですが、受講確定が遅れたり課題を忘れたりしてグループワークの材料がそろわないこともあります。それを防ぐには、課題はできるだけ早く、複数媒体（授業中の口頭、授業BBS）で、複数回、指示するのがポイントです。

　当日の授業の流れを以下に示します。なお、グループワークの初回には、グループ作りの時間が必要です。受講者がおよそ30名以上の場合は、事前に構成を考慮して作っておいたほうがよいと思います。ちなみに、2015年度の場合、受講者数が70名だったため、グループ編成ファイルを授業BBSに掲示し、当日指示通り座る（事前に把握できなかった聴講生については適宜座ってもらう）ようにしました。

＜グループワーク（GW）＞
◆GW①　クイズ：語釈を聞いて語を当てる
(流れ)

・リーダーと、記録係と発表係（同じ人でも OK）を決める
　　リーダーは、発言を促す、討議の流れを整理する、課題提出と出席を GW メモ（評価対象）に記入し、終了後提出する
　　記録係と発表係は、グループ内の討議内容を書き留める、皆が当てられなかった一番難しい問題を一つ選んで、最後に発表する
　　気になった語の語釈をクイズにする。一人1語ずつ2周が望ましい
・GW 後の全体討議
　　各グループ1語ずつ、難しかった語をクイズにして全体で当てる
　　なぜ、難しかったのか、どこに問題があるのか等について説明する
（話し合いのヒント）
説明を聞いて語が当てられたか／どこに当てられるヒントがあったか／わかりにくい説明はなかったか、またその代案はないか／品詞や位相情報（若者ことば、幼児語、女性語等）、あるいは略語・新語・死語等必要な情報がきちんと書かれているか／気になる語で、辞書に載っていないものはなかったか／持参した辞書の記述はどうなっているか

◆GW②　身のまわりにあるさまざまな辞書・辞典類について考える
（流れ）
・リーダーと記録係を決める：GW ①の人と違う人
・リーダーが進行役となって、次の点を中心に、話し合う
　　世の中にある（ありそうな）辞書の種類
　　「こんな辞書があるといいな」辞書
　　記録係が、配付する紙に書き留める。終了後、提出
・GW ②の全体討議は、次回

　グループワーク終了後は、グループ内で出た意見や問題点をクラス全体で共有します。よく出る話題として、次のようなものがあります。

【品詞情報は必要か／小・中・大型の辞書の違いは何か、また掲載される基準は重要度順か／同じ多義語でも辞書によって立項のしかたが異なるのはなぜか／外来語（カタカナ語）を引いたら漢語に言いかえられて

いてその漢語の部分を引いたら最初の外来語に言いかえられていた／最近気になる語を調べようとしたが載っていなかった、辞書に載ることばと載らないことばの違いは何か／単語の後ろから引ける辞書はないか】

今まで意味を調べるための道具としてしか考えてこなかった辞書について、事前課題と話し合い活動を通じて、いろんな観点からの疑問と仮説がわいてくるようになることがわかります。

全体討議後は、教師のほうから講義をしますが、上記の疑問と仮説に関係する重要な概念を口頭説明と補足資料で提示し、知識の体系化をはかります。例えば上記の例で言うと、品詞論、多義語と同音異義語、語種、トートロジー（同義反復、循環論法）、臨時一語、逆引き辞典、辞書・辞典・事典・字典、語形（前回予習済み）、新語、流行語といったキーワードを紹介することになります。すべての項目について詳しく説明することはできませんが、次回以降勉強する項目も多く、何回目の授業で勉強するのかをアナウンスするだけでも、記憶にも残りやすくモチベーション向上にもつながります。GW①の補足資料は、上記項目をまとめた自作プリントを配付し、GW②のほうは、国立国語研究所（2009）「辞書のいろいろ」『新ことばシリーズ22　辞書を知る』を配付しています。

最後に、授業終了5分ほど前に、授業開始時に配付した「ふりかえりシート」を書きます。一般に、リアクションペーパーやコミュニケーションペーパーと言われるもので、①日時、②学年と学籍番号、③氏名、④質問やコメント等、の項目を用意し、サイズはA4を4等分したA6サイズを主に使います。リアクションペーパーは出席カードとして使う場合も多いと思いますが、本実践の場合、リーダーがグループワーク時に出席者と課題提出の状況を把握する必要があり、話し合いメモについでに○をつけてもらえれば、（受講者数が多いクラスでは）教員にとって負担になりがちな出席管理が軽減されるというメリットがあります。

辞書は身近な話題だと感じるせいか、課題提出からグループワーク、

全体討議、ふりかえりシートの作成まで、全体的に反応がよいように思います。

次に紹介するのは、第5回の「語種」の授業です。事前課題は、次のものを出します。

＜事前課題＞
・和語・漢語・外来語の使用率が高い文章を、それぞれ探してくること。文章タイプおよび長さの制限は設けない。新聞、雑誌といった書きことばでも、シナリオ、テレビドラマ等の話しことばでもよい。使用率は、正確に数値を出さなくてもOK
（次回の流れ）
(1) それぞれの使用率の高い文章を出し合い、その特徴について話し合う　(2) 発表係は、話し合いの結果をGWシートにまとめて、全体討議の際に発表する

この回のグループワークと全体討議では、次のような話題がよく出ます。

【そもそも語種をよく理解していなかった／和語はひらがな、漢語は漢字、外来語はカタカナで書かれたものだと思っていた／語種と語源は同じか／語種と表記の関係（不一致）が気になった／文字起こしが大変そうだったのでテレビのデータを取るのをやめたが、おそらく話しことばは書きことばより外来語が多いのではないか】等。

その後の講義と補足資料では、語種とは何か、語種と表記の関係、語種と文章との関係（文体のかたさ・やわらかさ）、語種のイメージ、意味関係、類義語、トートロジー（同義反復、循環論法）、シソーラス、混種語、重箱読み、湯桶読み、形態素解析（解析器と解析用辞書）、語彙調査といった項目について説明を行い、理解を深めます。

語種の回の事前課題は、「語種」とは何かというところから始まりますが、実はそこが大事な分かれ道です。表記と同じだと思っていた学生や

勘で選ぶにとどまる学生と、そもそも語種とは何かについて調べたりしていろいろ考えてくる学生とで、踏ん張りぐあいの差が出ます。その違いがある状態で授業に臨み、グループワークや全体討議を行った結果、あれ違うかも、そこまでは気がつかなかった、ということが起きます。

　つまり、気づきの量や質に個人差はありますが、課題と話し合いを通じて、それ（例えば、俳句や川柳には和語が多い、新書には漢語が多い、専門書には漢語や外来語が多い、医学雑誌には外来語が多い、語種と表記とが一致しないものも多い、動植物名は漢語または当て字が多いけれどカタカナで書くものも多い、そういえば学校で重箱読みは習った気がする、等）が既有知識とつながったり新発見だったりするところがポイントです。

　語種の事前課題は、先述の辞書の授業と違って、どちらかと言えばモヤモヤする項目と言えますが、そのモヤモヤが授業中にかなり解消されるので、ふりかえりシートのコメントにも、このあたりがよくわからなかったが疑問が解消されてスッキリした、といったものが少なくありません。こうしたコメントが多くなれば、この授業のねらいは成功したと言えるでしょう。

　最後に、第7回の「意味関係（対義）」の授業を紹介しましょう。

＜事前課題＞
1. 次の対義語（反義語）の関係について、考えてくること
①生－死　②高い－低い　③紅－白　④妻－夫　⑤貸す－借りる　⑥犬－猿（の仲）　⑦食べるのは好きだが、飲むのは好きでない　⑧春－冬
2. 次の対義語（反義語）は、どれか
⑨ salty　　cf) sweet-bitter-sour
⑩あまい　cf) しょっぱい－しぶい－すっぱい－からい－にがい
　※注意点：辞書の語釈を調べてくる課題ではない。内省で、あるいは文章中の使い方について考えてくるのが目的。辞書を参照してもよいが、その語釈を吟味すること

（次回の流れ）
(1) それぞれの対義語セットの関係について話し合う。また、セット間では何が違うかについて考える　(2) 発表係は、話し合いの結果を GW シートにまとめて、全体討議の際に発表する　(3) GW シートは、授業終了後、記名のうえ提出

　第 7 回から第 9 回までは、意味関係・意味領域について考えます。事前課題 1 は、第 7 回の「対義語とは何か」について考える際に必要なセットです。ふだん考えたことがないものばかりですが、よく考えると対の関係が少しずつ違うことに気づきます。しかし、①から⑧すべてが同じ関係にあると言う人はさすがにいませんが、どこがどのように違うかまではうまく説明できないという人がほとんどです。

　研究者によってはここまで分類しない人もいますが、①は相補的な関係（二者対立）、②は極性対義関係（polar antonym、連続的反義とも）、③は開いた対義語（隣接、イディオム反義語とも）、④は前提関係、⑤は視点にかかわる対義語、⑥は一般的には対義語に含めない、⑦は文脈に依存した開いた対義語、⑧は多重排除的関係（循環的）、といった分類で説明できます。

　課題の目的は、対義語とは当たり前に思う概念だが実はいろいろなタイプがある、ということを体験することです。また、①と②の違いとして、①のほうは「とても」「かなり」「非常に」といった程度副詞とも比較表現（× more die、×より死ぬ）とも共起しないのに対して、②のほうは程度性を表す語彙で、程度副詞と比較表現の共起が可能であること、程度性を表す程度名詞の場合、どちらか（多くは程度の大きいほう）を用いて意味が中和される（例えば、大きさ・強さ・深さを測る）といったことを説明し、シンタグマティックな関係（構文、型と説明）とパラディグマティックな関係（置き換え可能な要素の関係と説明）についても意識を向けさせます。

　事前課題 2 は、第 8 回の「意味関係（類義）」と第 9 回の「シソーラ

ス」とも関係がありますが、対義語は類義語の一種であることを理解し、またシソーラスとは何かについて考える際に必要な課題です。つまり、「このケーキは甘い」と「このチョコレートケーキは苦い」においては「甘い」と「苦い」が対義語として成立しますが、「このミカン、甘い」と「このミカン、酸っぱい」になると、「甘い」と「酸っぱい」が対義語になります。また、スーパーの魚売り場（鮭等）で見かける「甘口」「辛口」は塩分濃度という点において対義語となりますが、日本酒の「甘口」「辛口」では「辛い」はspicyでもなければsaltyでもありません。

　このように、この回の授業では、対義語とは「開いた体系」の中で人間が反対方向にあると「認識」した対の語であることを理解します。そうすれば、日本語において対義語であるものがほかの言語では必ずしも対義関係をなさない、ということもすんなり理解してもらえます。

## 4.3　実践で心がけている点と工夫

1)「気づき」

　授業では「気づき」（意識化）を大事にします。「気づき」は、授業中の教師による説明の際にももちろんありますが、事前課題を行っているときやグループワーク、全体討議のときにもあります。「知らなかった」という新発見と「そうだったんだ」「なるほど」という再発見、「それはなぜだろう」「その理由はこういうことかも」といった仮説立て等、さまざまな「気づき」を大事にするようにしています。

　また、その気づきを、発表の中に分析的に入れさせたり、授業終了後の「ふりかえりシート（後述）」に書かせたりして、ことばにしてもらいます。初回の授業ガイダンス時にもこの点を強調しています。

2)「気づき」から「行動」へ

　90分間の授業は、ほぼ毎回違う内容や用語（キーワード）を勉強しますが、人数が多ければ多いほど、盛り上がれば盛り上がるほど、「もう少し知りたい」「もう少し話し合いたい」という物足りなさを感じるよ

うになります。この授業では、その「熱望」を大事に育てていくことを心がけています。事前課題と討議の際に出てきた疑問を大切にし、それを育てることが何より重要であると考えています。

　つまり、「気づき」から「行動」へ、ということを強調しています。せっかくの疑問や仮説をそのままにしておくのではなく、自分の力で掘り下げていき、問題解決へと向けさせます。「問題解決」は、期末レポート[3]の形である程度のところまで掘り下げていく場合もありますが、そこからさらに進展させたいという学生は卒業論文や修士論文のテーマとする場合もあります。筆者の授業が、言語現象を熟慮する力を身につけられる時間になればと思っています。

3) 事前課題と話し合い活動（グループワーク、全体討議）

　授業の流れについては上述の通り、持ち寄った事前課題についてグループワーク[4]を行い、その後クラス全体で共有するというものです。事前課題は、それほど時間をかけずにできるものを課します。だいたい30分から1時間程度でできるもので、簡単に調べられるもの、関連概念について既有知識がなくてもできるもの、考えさせられるものを用意します。事前課題をやっているときのスッキリとモヤモヤが授業中の話し合いや教員の補足説明にうまくリンクできれば成功です。

　グループワークは、調査の結果わかったことをお互いに事実確認するようなタイプもあれば、調べた現象について自身の意見を述べたりみんなで仮説を立てたりするようなタイプのものもあります。また、グループワークのあと、クラス全体でそれを共有する時間を設けるのですが、教師はできるだけファシリテータ役に徹し、受講者どうしの自主的な討

---

[3] 期末レポートは、複数の語彙カテゴリーのうち一つを選び、受講中の気づきをまとめたものにしていますが、条件として①なぜ気になるか、②自分の仮説（または従来の説）、③上記②の検討を含むこととし、問題発見から問題解決にいたるまでのプロセスを認識させています。

[4] グループ作りは、受講者数や構成（学年の違い、留学生の有無等）によって調整が必要ですが、3〜6人程度の小グループにしています。受講生が30人以上になるとTAが必須となります。

議となるように意識させます。

　ただ、こうした話し合い活動には注意点もあります。教師はできるだけグループワークに介入しないほうがよいのですが、明らかに雑談をしているときは、軌道修正も必要です。また、意見を言うときの注意点として、分析的な意見を言う、言いっぱなしにしない、建設的な意見を言う、ということを伝えます。グループワークの前に、リーダーと記録係兼発表係を毎回違う人で決めますが、リーダーは話し合いが散漫なものにならないよう、トピックと話し合いの方向性ができるだけずれないようにコントロールします。これも話し合い活動を通じて育てたいスキルの一つです（なお、特定の学生が、毎回、同じ役をするということはなく、できるだけ多くの学生にこの経験を積んでもらうようにしています）。記録係兼発表係には、話し合いで出てきた内容を配付された用紙に書き留める役割がありますが、どのようにまとめて書くかはみんなで相談しますので、自分たちの考えをまとめる目的のほかに、その日の授業のキーワードは何か、語彙カテゴリーの中で何について議論したことになるのか、について考えてもらう目的もあります。話し合いメモは、授業終了後に提出しますが、評価対象とするということもあってか、毎回積極的に取り組んでくれます。

```
＜話し合いメモ＞
・日時：　　　　　月　　　　　日
・グループNO：
・出席者氏名（課題提出者には氏名に○をつける）：
・話し合いの内容（裏面も使用可）：
・今日のキーワード：
```

## 4.4　学生からのフィードバック

　学生からは幸いおおむね好評を得ています。ふりかえりシートと学期末アンケートから、多くの学生が語・語彙の体系性・多様性に関する気づきを通して、日本語に関する知識を体系化させ、また日常の言語生活

や自身をとりまく言語社会を客観的に見られるようになっていることがわかります。しかし、中には、冒頭でも触れたように規範意識を向上させるためのものとして授業を考えているようなコメントも散見されます。以下、学生から寄せられたコメントの一部をお示しします。

---

・位相の話が面白かった。確かに母語話者の中では、共通のステレオタイプがあるため、語尾や一人称で違いを見分けられるが、非母語話者には難しいなと思った。他の言語にもそういうものがあるのか気になった。やはり、言語を習得するうえで、文化の影響は大きいなと思った。[2年生]
・(前略)位相にもいろいろあって、確かに(編者注：短距離走者の)ボルトの字幕が「アタシ」だとなんだか気がぬけてガッカリしちゃうので、なるほどなと思いました [2年生]
・構造についての様々なことについてわかってるはずなのに詳しい分類を聞かれると難しいなと思ってきた [3年生]
・統語・並列等はさくっと納得できるのですが、単純か合成かはさくさく分からないので難しいなと思いました。母語は本当に何も考えずに話せるんだなぁとしみじみ感じました。[2年生]
・これからはお父さんのダジャレを聞いてあげる優しい娘になりたいと思います。[2年生]
・昨日図書館でNDC分類を見かけたが、先週習ったシソーラスの一種かもと思った。[2年生]
・新聞のテレビ欄で音楽番組をみると「嵐・ミスチル・AKB48・コクブクロ 他」と書かれてます。だから、「アーティストという同じ性質で、違うアーティスト」なので他をつけてるのだと納得しました。[3年生](→ホカとベツの類義語分析の話し合いから)
・この間習った「固有名詞→一般名詞」の話、エスカレーターは元々固有名詞だったということを林修先生が先週テレビで言っていました。ホチキス以外にもいろいろ探してみたいと思います。[2年生]
・日本語の母語話者ですが、普段使っていることばの構造に関してはあまり意識していなかったので改めて知ることができてよかったです。最近あまり聞かなくなっている日本語の意味や使い方も再確認できました。[3年生]
・自分の日本語が間違っているんじゃないかと少し自信がなくなってきました。[2年生]

---

## 5. おわりに：語彙論の授業の意義と本実践の課題

以上、筆者自身の語彙論の授業を紹介しましたが、最後に、語彙論の授業の意義と本実践の課題について考えたいと思います。

語彙論の授業の目的は、第一に、教育の現場も含めて、日常生活のいろいろな場面で起こる問題解決の手がかりを語彙に関する知識、とりわけ語彙的カテゴリーの知識から得ることです。例えば、「副食物」という単語の読みが「フクショク<u>ブツ</u>」なのか「フクショク<u>モツ</u>」なのかわからないとしましょう。その際、語構成（という語彙的カテゴリー）が「副食／物」と「副／食物」のどちらなのか、また（語義という語彙的カテゴリーにおいて）類義語に「主食」があるということを総合すると、おのずと答えが「フクショク／<u>ブツ</u>」であることがわかります。
　また、次のような日本語教育の現場で起きる学習者の疑問に対しても答えが得られるでしょう。

（1）　同じ「しま（島）」なのに、「なが<u>しま</u>（長島）」となったり「なか<u>じま</u>（中島）」となったりするのはなぜですか。
（2）　「春の霞」は「はるがすみ」なのに、「春の風」が「はるがぜ」とならないのはなぜですか。

　これは、合成語化に伴う変音現象の一つである連濁が起きにくい条件に、用例（1）のように前項要素の末尾にすでに濁音がある場合と、用例（2）のように後項要素の2拍目が濁音である場合があるからという、語形という語彙的カテゴリーに関する知識があれば答えられるからです。

（3）　彼女は、<u>のど</u>が　長いです。（韓国語母語話者）
（4）　彼は、<u>唇</u>に　ひげを　はやしています。（英語母語話者）

　そして、語彙体系のとらえ方は言語によって異なる、言語によって語（ここでは身体語彙）の指示対象（範囲）が異なる、ということを理解していれば、用例（3）（4）のような学習者の誤用にも気づきやすく、修正もしやすいでしょう。仮に、日本語における「のど－首」の2語対応が韓国語では「목（モク）」の1語になる、また日本語の「唇」は一般的に口紅を塗る部分で周りの皮膚の色より濃い部分を指すのに対して、英語の "lip" は、日本語の唇とその周辺の部分（とくに鼻の下）も

含む（鈴木 1973）、ということを知らなかったとしても、言語によって語の指示対象が違う可能性があることを認識しているのとそうでないのとでは、教育現場での対応には大きな開きが生じてしまいます。

　第二に、日常の再発見と知識の体系化です。体系化は、新たに学習したものを整理することで長期記憶として保存できるという面もありますが、語彙論に関する基礎概念を理解することによって既有知識とのリンクができます。例えば、日本の子どもがよく遊ぶなぞなぞ（用例 5、6）は、その多くが反義関係（論理的矛盾）を利用したことば遊びであることに気づきます。また、なぞかけ（用例 7）が同音異義語を利用したことば遊びであること、おせち料理（用例 8）が語呂合わせで縁起を担ぐ伝統文化であること、江戸時代に庶民の間にはやった判じ絵（用例 9、10）の中に同音異義語や逆さ言葉を利用したものが多いこと等、身近にある日本語日本文化を再認識し、さらに理解が深まります。

（5）　パンはパンだけど、食べられないパンは何だ？（答）フライパン
（6）　立つと低くなって、座ると高くなるものは何だ？（答）天井
（7）　ワインとかけて、LED と解く。その心は？（答）どちらも<u>ハッコウ</u>しています
（8）　昆布巻→よろこぶ、黒豆→マメに働く、入れ物が重箱→めでたいことを重ねる

（9）

答：伊豆（居ず）

（10）

答：松（妻）

（岩崎 2013: 45, 81）

　あわせて、教育の現場における語彙指導がより体系的なものになるこ

とも期待できます。前にも述べたように、国語教育と日本語教育のいずれにおいても日本語学のほかの分野と比べて軽視されてきた語彙教育が日本語学の授業を通して少しでも改善できることを期待します。

　一方、本実践には課題も数多く残されています。まず、モチベーションの高い受講者にはさまざまな気づきがありますが、詰め込み式に慣れている（2年生でもなかなか脱却できていない人がいます）学生には難しいところもあります。また、おとなしい学生と積極的な学生とが混じっているような場合、グループワークでの発言（量と質）に影響が出てくる場合があります。そこをいかにリーダーが統制するかがポイントですが、学部生の場合まだそこまでのスキルを持たない人も多いのです。

　また、2016年度から所属校がセメスター制からクオーター制へ変更することになっており、セメスター制で行ってきた本実践もそれにあった内容に変更せざるをえません。例えば、現在1〜2週間前に行っている事前課題の指示をどのように変更すべきか（学期はじめにまとめて指示するのがよいか、ガイダンスの日がよいか）、またほぼ毎週行っている事前課題とグループワークをそのまま維持できるか（学生の課題への取り組みが短期間になってしまう、話し合い活動を3時間続けられる集中力が保てるか）等、大幅な見直しが必要です。来年度以降も、試行錯誤を重ねていきたいと考えています。

**参照文献**

岩崎均史 (2013)『江戸の判じ絵：これを判じてごろうじろ』東京：小学館.
沖森卓也・木村義之・田中牧郎・陳力衛・前田直子 (2011)『図解　日本の語彙』東京：三省堂.
荻野綱男（編）(2007)『現代日本語学入門』東京：明治書院.
国立国語研究所 (1984, 1985)『語彙の研究と教育（上）（下）』, 日本語教育指導参考書 12. 東京：大蔵省印刷局.
国立国語研究所 (2009)「辞書のいろいろ」『辞書を知る』, 新「ことば」シリーズ 22, 57–117. 東京：ぎょうせい.
斎藤倫明・石井正彦（編）(2011)『これからの語彙論』東京：ひつじ書房.

島村直己ほか (2004)『国語学習指導アンケート:集計表』平成 15 〜 17 年度科学研究費補助金基盤研究 (A) 報告書、国立国語研究所.
鈴木孝夫 (1973)『ことばと文化』東京:岩波書店.
玉村文郎 (編) (1989, 1990)『日本語の語彙・意味 (上) (下)』，講座日本語と日本語教育 6. 東京:明治書院.
森田良行・村木新次郎・相澤正夫 (編) (1989)『ケーススタディ　日本語の語彙』東京:おうふう.
矢部玲子 (2011)「国語科教育における語句・語彙指導の現状と課題:小・中学校教師の意識と新学習指導要領から」『藤女子大学紀要』48: 113–130. 藤女子大学.

## chapter 5

# グループワークで行う意味分析の授業実践

### 「ことば」の意味を考える教材と活動を中心に

茂木俊伸

## 1. はじめに

　日本語学（現代日本語）を専門とする筆者の授業では、「ことば（日本語）を分析的に捉える」「ことばでことばを説明する」ことの難しさと面白さを実感できるように、意味分析をテーマとした演習を行っています。この演習は、筆者の前任校（教育学部）で開発した教材・活動を核とするもので、現任校（文学部）でもこれに改良を加えながら授業実践を行っています[1]。

　本稿では、国語教育の先行実践をアレンジした「ことば」という語の意味を考える教材・活動を中心に、グループワーク型の日本語学の授業の可能性について報告・検討します。

　以下、意味分析をテーマとした授業のコンセプトを示し（2節）、その具体例として、「ことば」の意味分析教材とそれを使った活動の実際を

---

[1] 本稿で紹介する教材は、次の学部の授業で使用しました（この他、大学院の授業でも同じ教材を使用したことがありますが、割愛します）。鳴門教育大学学校教育学部「国語学特論 I」(2005 〜 2013 年度、2 年次、教員 2 名がティームティーチング形式で担当)、筑波大学日本語・日本文化学類「現代日本語V」(2012 年度、2–4 年次、集中講義)、熊本大学文学部「日本語学演習（ことばの意味 I）」(2014 〜 2015 年度、3 年次)。

紹介します（3節）。最後に、授業の全体から見たこの活動、およびカリキュラムから見た授業の位置付けと、日本語学の授業で意味分析を扱うことの意義について述べます（4節）。

## 2. 本実践の方向性

　本稿で紹介する学部3年次前期「日本語学演習（ことばの意味Ⅰ）」の授業実践（以下、「本実践」と呼びます）の目標は、「ことばの分析プロセスを体感すること」です。

　日本語研究をはじめ、ことばを分析的に捉えようとする活動では、主に、①データを集める、②データを分類・整理する、③分類結果とその解釈をことばで説明する、という3つのプロセスが必要になります。本実践では、特に②と③の方法論を、目に見えない「意味」の分析を通して体験し、習得するトレーニングを行います。そのために、「意味分析」を大きなテーマとしながら、6つのサブテーマを用意し、毎時間の授業を設計しています（シラバスは4節に記載）。日本語学の"知識"ではなく、あくまでも分析の"方法"を中心に扱った授業です。

　本実践の形式は、「グループワーク型演習」です。

　大学における演習形式の授業は、「一人が発表担当者、残り全員が聞き手」という形で行われることが多いように思います。しかし、受講者数が多い場合は一回の発表に十分な時間が取れない、質疑応答が発表担当者対教員の形になってしまって聞き手を有効に巻き込めない、といった問題が生じることがあります。

　そこで本実践では、授業の参加者全員を動かし、かつグループ内の話し合いによって、それぞれの思考やその言語化の質を高めていくスタイルを採ります[2]。これにより、「例文のどこに注目すればよいか」「どのよ

---

[2] ただし、これは「演習は個人発表よりもグループワーク形式で行うべきだ」ということを主張するものではありません。どのような授業形態をとるかは、学生にどのような力をつけるために、どのような質の授業を行おうとするかに依存するためです（cf. 松下・京都大学高等教育研究開発推進センター（編）2015）。

うに分析すればよいか」「お互いに何が分かっていて何が分かっていないか」といった点を共有しながら、問題を解決していきます。

本実践の評価は、毎回の作成物を中心に行います。

体験という過程を重視する授業ですので、受講者の意欲や授業前後の能力の変化を評価したいのですが、全員の様子を授業中に細かく把握することは不可能ですし、グループの成果物だけで個々人の評価を行うことも困難です。このため、グループワークの前後に個人活動（課題）を設け、これらから一人ひとりを評価できるようにしています。

## 3. 「ことば」の意味を考える：大村はま実践からの着想

本実践の一例として、「ことば」の意味分析の教材と、それを使った活動を紹介します。これは、国語教育の現場で中学生を対象として行われた大村はま氏の実践をもとに開発したもので、一言で言えば、「「ことば」という、辞書を引く気にもならないような平凡で簡単なことばが、実際にはどんな意味で使われているか、それを実例から調べ、分類し、説明する試み」（苅谷 2010: 445）です。

以下、オリジナルの大村実践（3.1 節）、そのアレンジ形である日本語学演習の実践（3.2 節）の順に紹介を行います。

### 3.1 「ことば」の意味分析：大村実践

国語教育の優れた実践家とされる大村はま氏の授業実践の一つに、昭和 46 年 5 〜 6 月に中学校 3 年生を対象に行われた、「ことば」の意味分析があります。単元名は、てびきプリントでは「ことば――こんな意味が、こんな意味も」（大村 1983: 103）、学習記録では「「ことば」ということばがどんな意味に使われているか」とされています[3]。この実践の概要は、授業者の立場から大村 (1983: 101–111) に、学習者の立場から大村・苅谷 (2003) および苅谷 (2010) にまとめられています。

---

[3] 鳴門教育大学附属図書館所蔵の前田夏子（苅谷夏子）氏の学習記録による。生徒の発表資料も同様のタイトルだったようです（大村 1983: 104）。

大村 (1983) によると、この単元は、「教科書を一冊の本として読む」こと、および「ことば」という語の意味分類をすることを目的としていたとされます。学習は、てびきのプリントに沿って、1) 教科書一冊をすべて読む (その際、「ことば」という語が使われていたら、カードに書く)、2)「ことば」のカードを分類する、3) 意味説明を加えてまとめる、という形で進められました。1) は個人学習 (10 時間)、2) はグループ学習 (3 時間)、3) は個人学習 (2 時間) とされています (ただし、時間数は予定とされており、実際の時数は学習記録からも分かりませんでした)。

　大村・苅谷 (2003)、苅谷 (2010) によると、1) の作業によって教科書から集められた「ことば」のカードの数は約 80 枚とされます。また、学習の成果として、大村 (1983: 104–110) には 5 組 (2 グループ + 3 人) の「ことば」の意味分類が示されています。

　この実践の評価は、「分類の出来上がり、結果に重点をおかず、この一連の作業をする、そのことをたいせつにした」(大村 1983: 110) とされており、子どもたちが言語感覚を集中して使い、またその感覚を言語化するプロセスを重視していたと考えられます。実際、学習の場は「心地よい熱中と苦心がつまった、勉強家たちの教室」であり、その空気は「気持ちのよいものだった」とされています (苅谷 2010: 449)。

　この実践は、国語教育の鈴木ほか (2015)、情報教育の阿部 (2015) などによって現代的意義が示されており、本実践もそのような再評価を行う立場に立ちます。日本語学の視点から見た場合、この実践は研究の方法論そのものを体験させるものと言えます。また、「ことばを使ってことばを捉える」というメタ的視点に基づくため、大学教育の文脈においても、きわめて多面的な価値を持つ実践であると考えられます (この点は、4 節で論じます)。

### 3.2　「ことば」の意味分析：日本語学演習バージョン

　次に、筆者の実践について、現行の内容を中心に紹介します。「ことば」の意味分析をテーマとした授業は、2 時間構成 (90 分 × 2) です。1

時間目はグループワークでひたすら分類作業を行い、2時間目にその結果を踏まえて振り返りと解説をします。

### 3.2.1 事前準備

大村実践では教科書を「読む」ことを目的の一つとしていましたが、ここではシンプルに、さまざまな媒体から多様な用法の「ことば」の例文収集を行うことを目指します。

受講者には、意味分析を行う回の前の回の授業で、「「ことば」という語を含む例文を3例探す」という課題を出します。課題のてびきのプリントには、次の(1)のようなモデル例（「青空文庫」による）と、(2)のような例文収集時の注意事項を示します。

(1) クねずみはあんまりテねずみの ことば が立派で、議論がうまくできているのがしゃくにさわって、とうとうあらんかぎり、「エヘン、エヘン。」とやってしまいました。（宮沢賢治「クねずみ」）
(2) a. 例文を探す資料は、書籍、雑誌、新聞、歌詞、インターネットなど、現代語のものであればなんでも構いません（ただし、自作の例文は不可）。
　　b. 例文の出典（でどころ）を必ず添えてください。
　　c. どういう文脈で使われているか分かるように、例文を取り出してください。
　　d. 作品のタイトル、商品名などの固有名詞の一部は採らないでください。
　　e. 表記は「ことば」「言葉」「コトバ」のどれでも構いません。

それぞれが見つけた3例は、メールもしくは紙で提出します。小説、歌詞、大学の授業の教科書、マンガなどから、果ては授業のシラバス、CMまで、とにかく大学生が生活の中で見つけた「ことば」の用例が集まってきます。「ことば」の用法や出典の媒体のバランスを考慮しながら、筆者がその中から20例を選び、次の図1のような、例文を印刷し

た名刺大のカードを作ります（Word のラベル作成機能を利用し、A4 用紙に印刷したものをカッターで切り離します）。文脈の理解に必要となることもあるため、カードには簡略化した例文の出典も示してあります（下記の例は、三浦 2011=2015: 5、同 : 113 による）。

| 1 | 2 |
|---|---|
| 荒木は幼いころから言葉に興味があった。<br>たとえば、犬。そこにいるのに、いぬ。はは、おかしい。<br><br>出典：三浦しをん『舟を編む』 | どんなにすぐれた辞書でも、時代遅れになる宿命は避けられない。言葉は生き物だからだ。<br><br><br>出典：三浦しをん『舟を編む』 |

図1　「ことば」の例文カード

　カードの枚数は、当初は大学生ならオリジナルの大村実践に近い数をこなせるだろうと考えて 60 枚にしましたが、90 分の授業内で作業に終わりが見えなかった受講者から悲鳴が上がったため、翌年から 25 枚に縮小し、現在は 20 枚に落ち着いています。この枚数では受講者全員の例文を使うことはできないのですが、枚数を大幅に絞ったことによって作業に飽きが生じにくくなり、また、一度分類を終えた後にもう一度グループで一例ずつ吟味して分類の妥当性を再検討する時間が作りやすくなりました。

### 3.2.2　授業（第 1 時）

　1 時間目の 90 分は、大村実践の 2) から 3) の流れを行います。4 人を基本としたグループを作り、図 1 のようなカードを比べて、同じ意味の「ことば」かどうかを判別して分類していくわけです。
　配布物は、「ことば」の例文カード 20 枚の束、作業のてびき、ワークシートです。作業のてびきには、次の（3）の指示と、（4）の注意事項を示しています。

(3) a. 作業1：例文（20例）を見て、グループで話し合いながら、同じ意味を持つ「ことば」のカードごとに分類してください。
　　b. 作業2：カードの分類が終わったら、その分類ごとの「ことば」に、意味の説明を付けてください。
(4) a. 作業の道具は、みなさんの言語直感のみとします。電子辞書などは使わないでください（留学生は、例文を読むときには辞書使用可）。
　　b. 作業の結果は、ワークシートにまとめてください。
　　c. 意味の説明には、できるだけその分類の根拠（理由）を示してみてください。
　　d. 最悪の場合、「不明(説明できない)」という分類も可能とします。

　(4a) のカッコ書きは、（ほぼ毎年ですが）留学生が受講している場合の指示です。辞書を使いながら、自身の母語で考えるとどの単語になるのかを手がかりとして分類をまとめてもらいます（日本人学生との混成グループで「分からないことを質問する役」になる、留学生同士でグループを作って母語で話し合うなど、いろいろなケースがあります）。

　ワークシートは、A4サイズの紙に次の図2のように分類枠を付けたものです。暫定的に「意味⑦」までの枠を設けてあります。

「ことば」意味分類シート

| 分類 | 例文番号 | 意味の説明 |
|---|---|---|
| （例） | 1、4、12 | 語、単語<br>（「単語」と置き換え可能） |
| 意味① |  |  |
| ② |  |  |

図2　「ことば」意味分類ワークシート（一部抜粋）

このワークシートは、個人のメモ用（1人1枚×人数分）と、グループで作る「中間報告書」用（1枚）として各グループに配ります。分類作業では、まずは個人メモにアイディアを書き込んでいき、話し合いによって分類を確定させていって、授業の最後にグループのメンバー全員の名前を書いた中間報告書を提出してもらいます。

　グループワークの評価は、この中間報告書をもとに行います。観点は、すべてのカードを扱っているか（見落としが結構あるためです）、意味説明に分かりやすさや一貫性、工夫が見られるか、等です。前述のとおり、これだけでは受講者個人の評価が十分に行えないため、全カードをA4用紙1枚に縮小して一覧化した紙を配布したうえで、授業後に（5）のような個人活動を宿題として課します（期限は1週間）。

（5）　家に帰って（メモを見直して）どのような分類と説明が望ましいか、もう一度考えてみてください。必要に応じて修正した「私の「ことば」の分類と説明」を、小レポート（1ページ）にまとめてください。小レポートの形式は自由です。

　グループワークは、自己の内省を相対化するためには優れた方法ですが、他のメンバーとの意見のすり合わせが常に求められるため、どうしても個人としては疑問や不満などが残るようです。（5）の指示の際には、それらをぜひ小レポートに反映させてほしいこと、また作業中に指摘された問題点（後述の（6））についても考えてほしいこと、分類結果は図2のようなフラットなまとめ方に限定しなくてよいことも補足します。この小レポートの評価は、中間報告書よりも改善が見られるかどうか、つまり一人できちんと考え、その結果をレポートに反映できているかどうかを中心に行います。

### 3.2.3　授業（第2時）

　第2時は、第1時の振り返りとディスカッションを行います。第1時と同じグループを作り、いくつかの問題を考える形で授業を進めます。

配布物は、解説プリントのほか、各グループの分類を比較できるように一覧化したプリント、辞書の語釈を示したプリントです。また、第1時で回収した各グループの中間報告書も、コメントを付したうえでグループの人数分コピーし、返却します。

解説プリントは、第1時で行った意味分析のプロセスを可視化し、振り返ることを目的としたものです。まず、第1時の作業を振り返り、「何を作る作業を体験したものだったのか」を問います（ほぼ正解の「国語辞典」が出てきます）。

次に、各グループの成果を交流します。交流は、各グループが発表し、質疑応答を行う形式でもできますが（実際に前任校ではそうしていました）、受講者の数も考慮し、現在は次の図3のような各グループの分類結果を例文番号でまとめたプリントを作成しています。

グループ①　7分類　1・8・19　　2・5・10・17　　3・9・11　　4・12・14
　　　　　　　　　6・7・16・18　　13・15　　　20
グループ②　7分類　1・11・20　　2・5・10・15　　3・9　　　4・12・17
　　　　　　　　　6・7・14・17　　8・19　　　13・18
グループ③　6分類　1・8・19　　2・10　　3・11　　4・12・13・14・15
　　　　　　　　　5・17・20　　6・7・9・16・18

※ 下線は、5つ以上のグループに共通する組み合わせ。

図3　「ことば」意味分類比較プリント（一部抜粋）

さらに、小学生用、一般用（小型）、日本最大の『日本国語大辞典（第2版）』の3種類の国語辞典の「ことば」の語釈と、第1時の作業から生まれた「ことば」の意味記述とがどのように異なるか、それはなぜかを考えます。単に「不十分だった」と反省するのではなく、どのような意味分類も具体的な用例をもとに行われていること、分類や説明には目的があり、それによって結果も異なることを理解するためです。また、「ことば＝言語」のような「言い換え法」の他に、意味を説明する方法としてどのようなものがあるのかについても解説します。

### 3.2.4　授業風景

　大学の教室でも、大村実践と同様、全力で言語感覚を使う様子が見られます。ほぼ90分すべてを考えること、話し合うことに使うため、「熱中と苦心」と呼ぶにふさわしい光景です（喜んでいいものか分かりませんが、「大学に入って一番頭を使った」という感想を書いた学生もいました）。

　作業の進め方は、カードを分担して読んでいったり、1枚ずつ一緒に確認しあったり、グループごとにさまざまです。机の上に並べられたカードを前に途方に暮れるグループが出てきた場合、作業のヒントとして、「常に2枚のカードを比べて、同じ意味なら重ね、違う意味なら別の山を作っていく」という大村実践の原則（大村・苅谷 2003: 43-44）を指示として全体に出します。また、「こうしてもいいですか？」という工夫（例えば、分類のワークシートの枠に下位分類を作る）も歓迎し、全体で共有します。

　特に歌詞から採った例文は文脈が少なく、抽象的な使い方が多いため、分類や意味説明に苦労する傾向にあります。このような例から、単純なはずの「ことば」という語の意味分析の手ごわさに気付きやすいようです。

　受講者からは、ほぼ毎年、次のような"意味"分類が出てきます。

(6) a. 「〜ということば」のような例を、「（文脈上）内容が特定できる」という"意味"を持つと考える。
　　b. 「感情」「思い」など、目に見えない抽象的な指示対象を「ことば」自体の"意味"と解釈する。
　　c. 「言葉遣い」「話し言葉」「早口ことば」などの例を「複合名詞」という"意味"としてまとめる。
　　d. 「慣用句」や「比喩」という"意味"を立てる。

　(6a–b) は、具体的な文脈に引かれすぎて、語本来の意味を見失っています。(6c–d) は、大村実践でも見られるものですが、定型的な表現

をそれ以上分析できていません（大村・苅谷 2003: 46）。この他にも、意味説明の中で「ことば」という語を使っていたり、思いつくままに分類した結果、分類相互の関係が分かりにくかったり、といった問題点も見られます（うまく言語化できていないものの、それに気が付いている学生もいます）。これらの問題点が目立つ場合は、作業中に適宜やんわりと指摘し、再度グループで話し合うことを促します。

　最初に配布されたワークシートを見た学生が、「枠のとおり7つに分類すればいいんですか？」と聞いてくることもあります。この活動には用意された"正解"があると考えているわけです。グループワークやグループ間の分類結果の交流により、その価値観にゆさぶりをかけることができます。

　先にも述べたとおり、この活動は、（大村実践と同様）分析の過程自体を重視しており、「日本語学的に高いレベルの分類」を作ることを目指していません。そもそも、プロの日本語研究者を10人集めて同じ作業をしても、おそらく同じ分類にはならないでしょう。日常語として当たり前に使ってきた「ことば」という語でも（実はそうであるがゆえに）、「分析的に捉える」「ことばで説明する」ことは難しい、ではどうしようか、とにかくできるところまでやってみよう、という過程を体感できれば十分だと考えます。

## 4.「ことば」の意味分析と日本語学教育

　最後に、本実践「日本語学演習（ことばの意味Ⅰ）」全体から3節の「ことば」の教材・活動の位置付けを確認し、同時に一連の意味分析の授業の位置付けも示します（4.1節）。また、大学の日本語学の授業で意味分析を行う意義を検討します（4.2節）。

### 4.1　カリキュラムから見た本実践の位置

　現任校では、幸いなことに、現代日本語分野の演習（3年次）が前期・後期に各1コマずつ配置されています。このため、年間のテーマを

「ことばの意味」として、前期「ことばの意味Ⅰ」をグループワーク型演習、後期「ことばの意味Ⅱ」を一人ずつ発表する演習（類義語の意味分析）という形で実施しています。前期でさまざまなタイプの「意味」の分析方法を学び、後期で実際にそれを使ってみる、という積み上げ式のカリキュラムを想定しています[4]。

前期「ことばの意味Ⅰ」のシラバスは、次のとおりです。

---

《授業の目的》
現代日本語の語彙や文法表現等の「意味」とはどのようなものであるのか、そしてそれはどのような方法で捉えられるのかについて学びます。
《到達目標》
1) 受講者全員で具体的な分析を行うことで、ことば（日本語）を分析的に捉える能力を身に付ける。
2) 言語直感やデータに基づく分析を、適切にまとめることができる。
3) ことばの分析能力を言語教育や日常の日本語運用に活かす方法について考えることができる。
《授業の方法》
グループやペアによる話し合いや分析といった活動中心の授業を行います。活動の成果は、回ごとの報告書（授業内）や小レポート（授業外）としてまとめてもらいます。
《授業計画》
第1回：イントロダクション　　　第2–3回：「ことば」の意味を考える
第4–6回：類義語の意味分析　　　第7–8回：意味記述の方法
第9–10回：動詞の意味と文法現象　第11–12回：機能語の「意味」
第13–14回：カタカナの「機能」　　第15回：授業のまとめ

---

図4　2015年度「ことばの意味Ⅰ」シラバス（一部抜粋）

授業計画の欄に示したとおり、本実践では、広義の「"形"と"意味"の対応」に関わるサブテーマを6つ設定しています。前節で紹介した「ことば」の意味分析（下線部）は、ガイダンスの翌週、つまり授業の導入部分で行っています。受講者は、意味分析とは何かを理解する前に、この課題に向き合うことになります。「当たり前の感覚がうまく説明できない」状態に追い込まれ、必然的に解決の方法を模索することにな

---

[4] 前任校（教育学部）では半期のみの授業だったため、一つの授業の中でモデルとしての「ことば」の意味分析と、それを応用した類義語の意味分析を行っていました。

る、という一種のショック療法の役割を果たしているわけです。

　ある単語の意味をその語単独で分析すること、また、基本語の意味を説明することは、意味分析の中でも難易度が高い活動です。例えば類義語の分析の方が、「比較」という方法が使える分、容易だと言えます。完全に積み上げ式の授業を考えるとすれば、類義語の分析から入り、さまざまな意味分析を経験したうえで、その総仕上げ（第10回あたり）として「ことば」の意味分析を行うこともできるでしょう。しかし、与えられた課題の手ごわさに途中で（自分たち自身で）気付き、それを乗り越えようと取り組む学生たちを見ていると、今のタイミングにも意味があると感じます。

　なお、用例カードを使った意味分析という手法は、いわゆる「文法化」現象を扱う回（第11回）でも採用しています。これは、次のような「ところ」を含む用例カード20枚を分類し、意味の違いや連続性を考えるものです。

（7）a.　空間：私の<u>ところ</u>、彼のいい<u>ところ</u>、<u>ところ</u>により一時雨
　　 b.　時間：{〜する／した}<u>ところ</u>だ、今日の<u>ところ</u>
　　 c.　程度・範囲：おおよその<u>ところ</u>、聞いた<u>ところ</u>では
　　 d.　接続：〜した<u>ところ</u>（順接）、〜した<u>ところ</u>で（逆接）

　本実践を含む3年次の演習は、現代日本語に関する授業のカリキュラム全体から見ると、1年次・2年次の基礎科目・基盤科目（いずれも講義形式）で学んだ日本語学の知識を活かして自ら考え、その内容を形にしてみる段階（展開科目）として位置付けられます。また、前期「ことばの意味Ⅰ」のグループワークは、一人ひとりが国語辞典の記述を批判的に検討しながら類義語の意味分析を行う後期「ことばの意味Ⅱ」のステップになっています。

　後期「ことばの意味Ⅱ」は、基本的には発表者が自力で演習の準備を進めますが、希望により授業外の時間に「事前指導」を行います。考えたけれど混乱して進まなくなった、という場合に、対話を通してそれを

解きほぐします。発表内容を事前にある程度把握できますし、教員が発表者側につくことで、発表時に必要以上に教員を意識することなく、受講者からの質問も出やすいように感じます。また、聞きっぱなしにならないよう、全員が毎回、「演習記録ノート」に疑問点や代案を書くようにしています（半期の成長についてまとめたうえで、最終レポートとして提出します）。

### 4.2　意味分析の意味

「大学の授業の内容は自分にとって何の役に立つのか」という学習の意味付けは、ほとんどの場合、学生自身によって事後的に行われることが暗黙の了解になっていたように思います。

しかし、グループワーク型演習の場合、「自分は何のためにこの活動をしているか」が分からないまま授業が進むと、受講者の意欲が低下します。このため、毎回の目的を活動の前後に確認することはもちろん、授業の初回に、授業を受講するかどうかの判断基準として、また授業全体の受講のモチベーションにつなげることを意図して、「この授業の内容をどのように役立ててもらうことを期待しているか」を説明するようにしています（この内容は、最終回のまとめでも明示します）。

筆者の意味分析の授業の場合、次のような3類型の意味付けを示し、分野としての専門性に関わる（8a）に加え、（8b）や（8c）についても丁寧に説明しています[5]。

（8）a.　日本語学の研究技能として
　　 b.　言語教育の職業技能として

---

[5] もちろん、最終的な授業の意味付けは受講者自身の中で行われる（しかも、それがいつなのかは予測できない）ものであるため、筆者の考え方や過去の受講者のコメントを紹介しつつ、それらはあくまでも一例にすぎないことも伝えます。なお、（8）のような多層的な目標論は、日本学術会議が示したカリキュラム編成の参照基準にも見られます（日本学術会議 大学教育の分野別質保証推進委員会 言語・文学分野の参照基準検討分科会 2012）。

c.　社会人に求められる一般的な言語技能として

　まず (8a) は、日本語学的なものの考え方をするために必要だから、という、研究リテラシーとしての意義です。卒業論文の分野やテーマをこれから考える学生にとっては、現代日本語の研究アプローチに興味が持てるか、相性を判断する材料にもなります（このため、迷っている人はまず取り組んでみてほしいと伝えます）。

　次に (8b) は、国語教師や日本語教師の養成に関わるもので、職業人になるうえで大学の授業で身につけておいてほしい能力の一つだから、という理由です。

　特に日本語教育の分野では、学習者のレベルに合わせる形で、限られた語彙、あるいは言語外の情報を使って「意味」をどのように分かりやすく説明するかが一種の専門技能として捉えられており、それを習得するための支援が必要だと認識されています（有賀ほか 2001、鈴木ほか 2008、大森・鴻野 2009、坂口 2009 など）。

　一方、国語科教育の分野では、そのような意識は（母語であるがゆえに）希薄だと言えますが、小学校・中学校ともに語の意味を扱う内容が学習項目に含まれており、例文を手がかりに学習者自らが類義語の意味分析を行う教科書もあります。このとき、教師自身が意味分析の経験を持っていなければ、どのような活動を仕組めばいいのかが分からないでしょう。つまり、教師は自身の経験をメタ認知したうえで、学習者にそれを追体験させる形で授業の構成や活動を考える必要があり、大学ではそのような経験を教員養成の一環として用意する必要がある、と言えます（苅谷 2003: 192–193、茂木 2013: 43–44）。

　さらに、日本語研究にも教育にも関わるつもりはなく、この演習が意味を考える最後の機会であるという受講者や、日本語学習者としての留学生もいます。(8c) は、いわゆるジェネリックスキルとして意味分析の技能を捉えたものであり、受講者全員に期待することです。

　まず、用例を分類し一般化するというプロセスを意識することは、外

国語学習の際に、一つの有効な学習ストラテジーとして働きます。これは留学生の日本語学習のヒントになるだけでなく、日本人学生にとっても、何を手がかりに説明すれば留学生の友人の役に立てるのかを考える機会になるようです。

　また、大村・苅谷（2003）が指摘するように、身近な題材で感覚をフル活用する意味分析は、論理的思考や感覚を言語化するトレーニングとしても有効であると言えます。

> わかっていて使えるということと、分析的に自覚するということとは、まったく別物だ。なんとなくわかっていることがらを、はっきりと論理的・客観的に説明するという作業は、とてもよい思考訓練になることだと思うが、慎重に意識を集中して考えなければならないので、めんどうくさくて、自分一人ではなかなかできない。
> 　　　　　　　　　　　　　　　　　　　　　　　（大村・苅谷 2003: 40）

　このような能力は、大学教育を通して最終的には一人ひとりに備わっていくことが期待されますが、本実践では、その一つのステップとしてのグループワーク、すなわち、自分の内省を言語化し、他者の意見とすり合わせたうえで徐々に「分析」の形にしていく経験を提供しています。

　さらに、本実践には、自立した言語生活者を育てるための、生涯教育の観点から見た「国語教育」としての意味付けもできます。日常生活の中で意味を説明する機会はそれほどなくても、意味やニュアンスを考え、適切な表現を選ぶという能力は、すべての大人に必要なものだからです。

　例えば、「妊娠の可能性がある方は入室前に必ずお申し出ください」という病院のレントゲン室の貼り紙は、元々「おそれ」と書いてあったものが「可能性」に直してあったという例（「(桂七福の噺のツボ)病院で感じた変化」2011年11月27日、朝日新聞朝刊徳島版）や、首相官邸前で行われたデモの声について、時の首相が「大きな音」と表現して問題視されたという例（「(社説)反原発デモ　音ではなく、声をきけ」

2012年7月4日、朝日新聞朝刊）は、よりよきことばの使い手になることが、責任ある社会人にとって必要であるということを示しています。

　矢澤（2004）は、国語科教育を、子どもが生活の中で獲得した「ワガコト」の言葉と公的な「ヒトゴト」の言葉とを結び付けるものでなければならないとし、それは「自分の言葉を自覚的に観察することで、自分と公用語との共通点や相違点を知り、さらに、その相違点を乗り越えて、情報伝達するためのよりふさわしい手段を模索することに他ならない」（同：11）と指摘しています。

　現在、三浦（2011=2015）などをきっかけとして、ことばの意味に関する関心が高まっており、類義語の使い分けや語感に関する参考書も多く出版されています。しかし、これらの記述がどのように生まれたのかを考えずに無批判に受け入れ、「世間一般でどのように使われているのか」を知識として覚えるのでは、ヒトゴトのレベルにとどまります。

　それらを自分の感覚に照らし合わせながら多面的に検討し、ワガコトとしてどのようにその語を使っていけばよいのかを考えられる大人、すなわち、内省によってヒトゴトをワガコトと結び付けながら、自らの言語感覚を育てていける大人を増やす必要があります。そのために、「意味」に対する分析的な視点や方法を積極的に提供していくこともまた、日本語学の授業の役割ではないでしょうか。

**参照文献**

阿部圭一（2015）「情報教育と国語教育の連携を考える」『情報処理』56 (7)：688–691. 情報処理学会.
有賀千佳子・大渕裕子・桜木和子・桜木紀子・玉置亜衣子（2001）『ことばの意味を教える 教師のためのヒント集：気持ちを表すことば編』東京：武蔵野書院.
大村はま（1983）『ことばの指導の実際』大村はま国語教室第9巻. 東京：筑摩書房.
大村はま・苅谷夏子（2003）「第2章　大村はま国語教室の実践」大村はま／苅谷剛彦・夏子『教えることの復権（ちくま新書）』37–83. 東京：筑摩書房.
大森雅美・鴻野豊子（2009）『ゴイタツ日本語教師をめざせ！：文型だけじゃない。語彙だって大切。』東京：アルク.

苅谷剛彦（2003）「第 5 章　教えることの復権をめざして」大村はま／苅谷剛彦・夏子『教えることの復権（ちくま新書）』169–228. 東京：筑摩書房.
苅谷夏子（2010）『評伝 大村はま：ことばを育て 人を育て』東京：小学館.
坂口和寛（2009）「日本語教師の日本語分析技術を養成するストラテジートレーニング：独習型教材の開発」小林ミナ・日比谷潤子（編）『文法』日本語教育の過去・現在・未来第 5 巻，153–178. 東京：凡人社.
鈴木一史・田中牧郎・河内昭浩（2015）「第 2 章　語彙教育とコーパス」田中牧郎（編）『コーパスと国語教育』講座日本語コーパス 4, 30–70. 東京：朝倉書店.
鈴木智美・春原憲一郎・星野恵子・松本隆・籾山洋介（2008）『この言葉、外国人にどう説明する？：ことばの説明・文例集』東京：アスク出版.
日本学術会議 大学教育の分野別質保証推進委員会 言語・文学分野の参照基準検討分科会（2012）『大学教育の分野別質保証のための教育課程編成上の参照基準（言語・文学分野）』日本学術会議.〈http://www.scj.go.jp/ja/member/iinkai/daigakuhosyo/daigakuhosyo.html〉（2016 年 2 月 11 日確認）
松下佳代・京都大学高等教育研究開発推進センター（編）（2015）『ディープ・アクティブラーニング：大学授業を深化させるために』東京：勁草書房.
三浦しをん（2011）『舟を編む』東京：光文社．（2015, 光文社文庫）
茂木俊伸（2013）「「正しい文法」に頼らないことばの使い手を育てるために」『日本語学』32（6）: 36–47. 明治書院.
矢澤真人（2004）「母語の獲得を支援することばの教育：小・中学校の文法教育の意味づけ」『月刊国語教育研究』391: 10–11. 日本国語教育学会.

### 資料

宮沢賢治「クねずみ」〈http://www.aozora.gr.jp/cards/000081/card1946.html〉（2016 年 2 月 11 日確認）

### 付記

　9 年間にわたり共同で授業実践を行い、またその内容を本稿にまとめることをお許しくださった原卓志氏（鳴門教育大学）に感謝申し上げます。また、鳴門教育大学附属図書館では、大村はま文庫の学習記録を見せていただきました。ここに記して御礼申し上げます。

# chapter 6 日本語学だからこそできる国際交流

Skype を利用した日中合同演習授業

中俣尚己

## 1. はじめに

　本稿では、「国語学概説」のような講義科目と並んで、多くの国文学科で設置されている、「国語学演習」のような演習科目の実践について述べます。具体的には私の勤務校である京都教育大学で、毎年前期に実施している「国語学演習 A」において、2015 年度に新たに Skype を使って中国の大学と合同で演習の発表を実施する、という新たな試みを行いました。その概要を述べ、日本語学を通じて国際交流を行う意義について述べたいと思います。

## 2. これまでの取り組み
### 2.1 類似表現の分析

　私は 2013 年度から「国語学演習 A」を担当していますが、この授業では実質語の類似表現の分析をテーマにしてきました。この内容は山内 (2013) で報告されているものをベースとしたものです。類似表現 A と B があった時に、「A と B の両方が使える文」「A のみが使える文」「B のみが使える文」を用意し、授業内で実際にアンケートを取るのです。ただし、発表としてまとめるためには、やみくもに問題を考えるのでは

なく、ある程度「○○の時にはAは使えるが、Bは使えない」といった仮説をあらかじめ考え、それにそった例文を問題として用意する必要があります。アンケートを取った後は、改めてその仮説について発表し、予想と外れた場合は何が原因なのか皆でディスカッションをする、というものです。なお、この例文を使ってアンケートを取るという手法の源流は日本語教育誤用例研究会（1997）に遡り、授業の最初の段階では、同書を使って方法の解説をしています。

　実は私も山内（2013）で紹介されている実践に当時参加していました。そこでこの活動は意義深いと実感し、その後京都教育大学に職場を移した後も、自分が担当する授業で実践してみようと考えたのです。

## 2.2　国語科教員養成課程の中で

　山内（2013）や日本語教育誤用例研究会（1997）は非母語話者のための日本語教育をバックグラウンドにしています。しかし、私が現勤務校で担当している、母語話者の児童・生徒のための国語教育においても類似表現の分析は意味を持っています。

　直接的には『小学校学習指導要領』の国語の節の〔第5学年及び第6学年〕における〔伝統的な言語文化と国語の特質に関する事項〕の中で「語感、言葉の使い方に対する感覚などに関心をもつこと。」がこれに相当します。具体的には、小学校の教科書にも類似表現は取り上げられています。例えば、東京書籍『新しい国語　六　下』では4ページを割いて、山内（2013）と同様のアンケートを使って類義語の違いを考える単元があります。また、国語教育に欠かせない読解活動においても類似表現を分析する技能は重要です。寺田（2013）では「一文読み」という読解活動を紹介しています。これは一文を取り上げ、その文に含まれるすべての「語」に注目し、解釈していくという学習活動です。そして語の意味を考える上では「その言葉があるのとないのとでは一文の意味がどのように変化するか考える」「類義語に置き換えて意味の違いを考える」といった国語学にも通じる手法が導入されています。

母語話者は直感で使い分けができるので、一つ一つの類似表現の違いを知ることには大きな意味はありません。しかし、類似表現分析の手法を身に付けていれば、例えば教材研究で気になる個所を分析する時に力を発揮することでしょう。また、このような活動が、日本語の支援を必要とする児童・生徒を支援する際にも活きてくると考えます。

## 2.3　活躍する留学生、しかし……

そのようにして「国語学演習A」では類似表現の分析を始め、発表を行ったのですが、この科目は留学生にも開放していました。そして、2013年度は4名の留学生が参加し、鋭い質問を投げかけ、授業をリードしてくれ、教員としても非常に助かりました。非母語話者にとっては疑問に感じるようなことでも、母語話者にとっては疑問に感じることそれ自体が難しいということは多々あります。「言われてみれば不思議だ」というのは、研究者のみならず、日本語についての話を聞いた人ならば誰もが思ったことがあることでしょう。それこそが日本語研究の醍醐味とも言えるかもしれません。しかし、この感覚を味わうためには誰か他者に言われなければならないのです。留学生は、この授業にとって欠かせない存在となり、授業後のアンケートにも「留学生の疑問に気づかされることがあった」というコメントが多く含まれました。

ところが、翌2014年度は留学生は1名のみで、また積極的に発言するタイプではありませんでした。これは主観になりますが、前年度と比べて議論の盛り上がりが欠けたようにも感じました。

つまり、「留学生が必ず「国語学演習A」を受講するとは限らない」「留学生が必ず積極的に発言するとは限らない」ということです。特に筆者の勤務する大学では留学生の数が非常に少なく、また、教員養成大学という性格上、多様な専攻の留学生が在籍していることから、日本語に関する専門科目を受講する留学生の数はそもそも多くないのです。そのため、「積極的な留学生が来てくれることを祈る」という受動的な態度ではなく、何らかの「仕掛け」を作らなければならないと考えまし

た。

　そこで思いついたのがSkypeを使って、「日本の学生と中国の学生が合同で国語学演習をする」というものです。これならば、確実に非母語話者に参加してもらえます。また、中国側もグループで参加してもらえれば、普段日本人と話す機会も少ないので、必ず何か発言してもらえるだろうと踏みました。

　もちろん、こんなアイディアを思いついたのは突然ではなく、私がこれまでSkypeを活用した交流活動を行ってきたバックグラウンドがあったからです。次節ではそれについて簡単に紹介します。

## 3.　Skypeを用いた活動に関する先行研究

　私はこれまで2010年度に京都教育大学とハワイ大学カピオラニ・コミュニティ・カレッジ、2011年度に実践女子大学とハワイ大学カピオラニ・コミュニティ・カレッジ、2012年度に実践女子大学と湖南大学との間でSkypeを使った会話交流活動を行ってきました。これは海外の大学で日本語を学ぶ学習者と、日本の大学で日本語教育や国際交流に関心を持つ学生が、原則として週に1回、1対1の会話活動を行うものです。必ずしも、「教授」という形にこだわらず、会話を楽しむことを目的にしていました。しかし、海外の学生にとっては日本語を継続して学習する動機に繋がったり、日本語教師を目指す学生にとっても、日本語教師という仕事のやりがいの発見や、学習者とのコミュニケーションが重要であることへの気づきにつながりました。つまり、曽余田・岡東（2002）のいう「1. 目に見える実践的技量（テクニカル・スキル）」よりも「2. 人間の内面的な思考様式にかかわる技量（コンセプチュアル・スキル）」「3. 教員と子ども、教員同士の関係などに必要な技量（ヒューマン・スキル）」の醸成に効果のある活動となりました（大谷・中俣 2012、中俣ほか 2012、中俣ほか 2013）。

　このように継続してきたSkype交流活動ですが、私が京都教育大学に着任した後はしばらくストップします。先にも書いたようにほとんど

の学生は学校教育の国語教員志望であり、Skype を使って海外の学生と日本語で交流をすることに興味を示す学生がどれほどいるか心もとなかったからです。また、附属中学校をはじめ、地域の学校に所属する日本語支援を必要とする児童・生徒に対するボランティアなどのほうが、より将来に役立つ経験になるとも思われました。

その一方で、必ずしも全ての学生が在学中に非母語話者とコミュニケーションをとる経験を持つとは限りません。ボランティアに参加する学生はやはり一部の学生のみです。すべての学生が留学をするなどというのは国立大学では不可能な話ですが、それでも外国から見た日本の姿を知るという経験を如何に多くの学生にさせるかということは、大学でも話題になっていたことでした。

そんな時に知ったのが大塚・王 (2013) の実践です。この実践は教室において日本と中国の既存の授業を Skype で繋いだ試みです。この実践では、日中の学生がそれぞれ同じ映画を授業で鑑賞、感想文を書いた上で、Skype を使って討論を行うという内容です。これは言い換えれば、演習形態の授業であれば、Skype を使って日本と中国の教室を文字通り接続した形で行えるということを示したものです。

私はこの実践に感銘を受け、日本語教育を専門としない学生でも、また、これまで非母語話者と接触したことのない学生でも、これならば中国の学生と交流できるのではと考え、日本と中国の学生がともに参加できるトピックとして類似表現分析を行っている「国語学演習 A」を中国の西安工業大学の大学院生と合同で行うことにしました。

## 4. 実践のあらまし

ここでは、どのように日中合同演習を行ったかを説明します。

### 4.1 実施の概要

2015 年の 4 月から 5 月にかけて京都教育大学の学生 25 名と、西安工業大学大学院日本語専攻の学生 5 名で交流を行いました。西安工業大

学は、私の大学院時代の学友、陳建明氏が勤務する大学です。日本側の「国語学演習 A」の授業と、中国側の「日本語研究」の時間を使いました。日本側の参加者は 2 年生 15 名、3 年生 6 名、4 年生 2 名、インドとタイの留学生が 1 名ずつという構成でした。中国の学生は日本への留学経験はなく、日本語で発表するのも初めての経験でした。

## 4.2　準備する物

　日中 Skype 合同演習に必要なものは、さほど多くはありません。ノートパソコンとネット環境が揃えば、基本的に何とかなります。これに加えて、プロジェクタとスクリーン、後は教室の規模に応じてスピーカーがあれば OK です（小さい規模であればスピーカーは不要）。

　テレビ会議ならカメラを用意しないと、と思う方がいるかもしれませんが、ここ 10 年以内に発売された機種のノートパソコンにはすべて web カメラとマイクがついているので、新たに購入する必要はありません。タブレットでの利用も可能ですが、直立させることが難しいため、ノートパソコンの方がよいでしょう。また、交流に必要なソフトである Skype も近年の PC では最初からインストールされています。Skype は 2011 年に Microsoft 社に買収されたため、今では Windows 標準のソフトウェアとなっています。万が一 Skype がインストールされていなければ、http://www.skype.com/ja/ からダウンロード可能です。また、Mac 版も用意されています。当然、無料です。つまり、1 円もかけることなく、交流活動を行うことが可能なのです。

　次に必要なのはインターネットでの接続です。近年はキャンパス内で Wi-Fi が使える大学も増えてきましたが、安定した接続を保つため、可能であれば有線接続が望ましいです。ただし、事前に登録したパソコンでなければ有線接続を認めていない大学が多いので、教室で有線接続できるかということは事前の確認が必要です。

　Skype を初めて使う人は、まずアカウントを作ります。この時に、Skype ネームというものを決めます。これはメールアドレスのようなも

のです。このSkypeネームを事前に相手方の教員に教えておき、相手の名前を前もってコンタクトリスト（電話帳のようなもの）に追加しておきましょう。ここまで事前の準備は完了です。

約束の時間になり、相手もSkypeにログインすると、コンタクトリストに相手がオンラインになったことが表示されます。その名前を選択し、「ビデオ通話を開始」すれば、国際交流のスタートです。

教室の配置は基本的には教卓の上にノートパソコンを置きます。その上でプロジェクタを使って、通常の授業でスライドを映すのと同じように、ノートパソコンの画面をスクリーンに投影すればOKです。このスクリーンに相手側の映像が大きく映ります。

また、こちら側の教室が相手にどのように映っているかということは、図1、図2を御覧ください。授業当日の様子ではありませんが、教卓の上にノートパソコンを置くと、このように撮影されます。SkypeやWebカメラというと、どうしても1対1でという印象があるかもしれませんが、意外と広い範囲を映せることがわかるかと思います。図1のように中央を向けると、流石に教室の端は映りませんが、数センチ角度を変えれば図2のように端まで入ります。ノートパソコンは自由に動かせますから、発表する時は、ノートパソコンの向きを変えるなどして、発表者だけが映るようにするのが良いでしょう。

図1、図2　教卓に置いたノートパソコンから見える教室(1)、(2)

音声に関しても、まず、マイクはなくてもかなりの範囲の音を拾うこ

とができます。意見を述べる時はパソコンの前に来てもらうと、顔が見えて一石二鳥です。この時も、あまりパソコンに近づきすぎないほうが、音声が鮮明になります。一方で、ノートパソコンのスピーカーは機種によっては貧弱です。10名を超えるような規模であれば、外付けのスピーカーを別途用意したほうが、快適に交流できます。

また、今回の実践ではやりませんでしたが、長いUSBケーブルにwebカメラを接続すれば、教師がそれを持って机を回ることもできます。グループで討論しているところを映したりするという使い方もできるかもしれません。

### 4.3 シラバス

表1に日本側の2015年度「国語学演習A」のシラバスを示します。

表1　2015年度「国語学演習A」のシラバス

| 回 | 日付 | 授業内容 |
|---|---|---|
| 1 | 4月13日 | ★ガイダンス　Skypeを使った自己紹介 |
| 2 | 4月20日 | 発表テーマの決定　類似表現研究の方法について |
| 3 | 4月27日 | ★中国の学生の研究テーマの発表 |
| 4 | 5月7日 | 日本の学生の類似表現分析の発表 |
| 5 | 5月11日 | ★中国の学生の研究テーマの発表 |
| 6 | 5月18日 | ★日本の学生の類似表現分析の発表 |
| 7 | 5月25日 | ★日本の学生の類似表現分析の発表 |
| 8 | 6月8日 | 日本の学生の類似表現分析の発表 |
| 9 | 6月15日 | 日本の学生の類似表現分析の発表 |
| 10 | 6月22日 | 中間振り返り・良い例文とは何か？ |
| 11 | 6月29日 | 日本の学生の類似表現分析の発表 |
| 12 | 7月6日 | 日本の学生の類似表現分析の発表 |
| 13 | 7月13日 | 日本の学生の類似表現分析の発表 |
| 14 | 7月23日 | 日本の学生の類似表現分析の発表 |
| 15 | 7月27日 | 日本の学生の類似表現分析の発表 |

全15回のうち、交流は前半部に5回のみ行いました（表内★で印し

た回)。これは日本と中国の授業期間が異なるためで、この種の交流活動では避けられない問題です。日本の学生の中にも演習は初めてという学生がいたので、第2回は交流ではなく解説にあて、中国の大学院生から発表をしてもらいました。第4回は日本側の学事日程の都合で、曜日変更があったため、交流は行っていません。

　どちらも、レジュメを前日までに相手国の担当教員に送信し、当日は印刷したものを配布しました。

　今回は初の試みであるため、中国の学生には大学院での自分のテーマについて発表してもらいました。ただし、中にはポライトネス理論を扱ったものなど2年生には難しい内容もあり、双方の教員による解説が必要でした。日本の学生は先述した通り、アンケートを授業中に行い、類似表現の違いについて発表するというものでした。

　日本と中国で活動内容に差があったのは、中国側の学生はこれまで演習形式の授業を行ったことがなかったため、最も身近な自分の修士論文のテーマなら発表しやすいのではと考えたからです。しかし、来年度は日本側の類似表現分析の授業を先に体験してもらい、中国の学生にも類似表現の分析を行ってもらおうと考えています。

　なお、日本人学生は半期で2度グループ発表を行います。個人発表を交えた年もありましたが、1人よりもグループの方が、アンケートの質が良いため、現在はグループにしています。テーマは実質語という縛りのみを設け、学生に決めさせています。また、自分で言える場合、言えない場合を考えるというプロセスを重視するので、1回目の発表時には辞書以外のツールについては指示しません。2回目の発表時には必要に応じて、先行研究やコーパスを使わせています。

## 4.4　各グループの発表の進め方

　グループ発表では、まず学生が2語または3語について10前後の例文を作ってきて、教室内の学生にアンケートを行います。このアンケートに日本側の学生が挙手で回答していき、その数字を記録します。な

お、回答の方式は学生に任せています。どちらか1つを選ぶという形式の学生もいれば、それぞれについて、3件法で問う学生もいます。しかし、回を重ねれば、「両方が使える」というケースが多いことに気づき、それぞれの形式について、○×の2件法で問うという形に収束していきます。交流授業では、この時、中国側の学生は回答はしませんが、日本人学生が挙手で回答する様子をメモし、それに基づいた質問もなされました。

アンケートの後、別に作ってきたレジュメを使って、考えてきたルールと意図を説明します。このレジュメには以下の内容を記載させます。

1　辞書での説明　（『日本国語大辞典』を必ず含める。）
2　仮説　（○○の時は使えるが××の時は使えない、など）
3　仮説を元にしたアンケートの設問の狙いと予想
4　簡潔で学習者にもわかるような使い分けのルール

辞書を引かせることはその内容に引っ張られてしまうという弊害も出てくるのですが、『日本国語大辞典』などの大きな辞典を引く機会を与えたいという目的から必須としています。

## 5.　2015年5月25日の実践

ここでは、実践の具体例として、2015年5月25日の演習を紹介します。この日は、2組の日本人グループが発表を行いました。

前半では学生A、Bの2人のグループが「冷やす」と「冷ます」について発表を行いました。表2に2人が作ったアンケートを掲載します。

表2 「冷やす」と「冷ます」のアンケート

```
 1. 缶ビールを冷やす。(   )    缶ビールを冷ます。(   )
 2. ミルクを人肌に冷やす。(   )    ミルクを人肌に冷ます。(   )
 3. 熱湯を冷やす。(   )    熱湯を冷ます。(   )
 4. アツアツのスープをすくって口で冷やす。(   )
    アツアツのスープをすくって口で冷ます。(   )
 5. ねんざした足首を氷で冷やす。(   )
    ねんざした足首を氷で冷ます。(   )
 6. 熱ひやシート(   )    熱さまシート(   )
 7. 肝を冷やす。(   )    肝を冷ます。(   )
 8. 頭を冷やしてきなさい！(   )    頭を冷ましてきなさい！(   )
 9. 熱が出たので頭を冷やす。(   )    熱が出たので頭を冷ます。(   )
10. 冷やし中華(   )    冷まし中華(   )
11. 冷水で冷やす。(   )    冷水で冷ます。(   )
12. ほとぼりを冷やす。(   )    ほとぼりを冷ます。(   )
```
(レイアウトなどは変更した)

最終的に2人が考えた使い分けのルールは、「「冷やす」…自然な状態から温度を下げること。「つめたくする」の意。「冷ます」…熱いと思う状態から温度を下げること。」というものでした。例えば、1.の缶ビールは元々冷たいので、「冷ます」は使いにくい。対して、3.の熱湯は熱いので「冷ます」が使われる、という説明でした。

これに対して、中国側の学生からは、9.の質問で「熱いものを冷たくする時には「冷ます」を使うのに、「熱が出たので頭を冷ます」よりも「熱が出たので頭を冷やす」のほうが自然と回答した人が多いのはどうしてか」という質問が投げかけられました。もっともな質問です。それと同時に、母語直感を持たない学習者であっても、数字を元に議論ができるので、アンケートをその場で取るという手法は有効なのだな、と改めて思いました。そして、この質問はいわば痛いところを突いた形なので、きちんと答えられるかな、と心配していたのですが、これに対して学生Bが「人間の熱は、熱湯とかミルクほど熱くはないので、「冷ます」ではなく「冷やす」が使われるのだと思う」という趣旨の回答を

し、中国側の学生を納得させることに成功しました。この答えの是非は
さておき、筆者はBさんがきちんと質問に対して、自説をディフェン
スしたことに、小さな驚きを覚えました。Bさんは他の授業でもあまり
発表などで積極的だったイメージはなく、事実、この回でも、準備はと
もかく、前に立って発表する時は全てもう一人の学生Aに任せっきり
にしていたからです（グループで発表させるとよく見られる光景です）。
しかし、その後もBさんは次々と投げかけられる中国人学生からの質
問に見事に答えました。授業後、これまでBさんの評価について誤っ
た認識を持っていたかな、と思いながらBさんに声をかけたのですが、
Bさんにとってもこのように積極的に発言をしたのは今回が初めてのこ
とで、自分でも答えられたことに驚いた、なぜかはわからないというこ
とでした。実はSkypeを通じた実践において、普段の教室活動では目
立たなかった学生が活躍をするという例はこれまでにもありました（以
前の例はハワイの日本語学習者でしたが）。外国人とSkypeで接触す
るという特殊な環境が、学習者に変化を与えるのかもしれません。

　その後、授業の後半は学生C、D、Eの3人のグループが「そそぐ」
と「つぐ」について発表を行いました。表3に3人が作ったアンケー
トを掲載します。

表3　「そそぐ」と「つぐ」のアンケート

①子どもに愛情を（　そそぐ　／　つぐ　）。
②ごはんをお茶碗に（　そそぐ　／　つぐ　）。
③盆栽に水を（　そそぐ　／　つぐ　）。
④コップにお茶を（　そそぐ　／　つぐ　）。
⑤トポトポとコップにお茶を（　そそぐ　／　つぐ　）。
⑥上司のコップにお茶を（　そそぐ　／　つぐ　）。
⑦琵琶湖にはたくさんの川の水が（　そそ　／　つ　）いでいる。
⑧ビルの2階の窓からコップに水を（　そそぐ　／　つぐ　）。
　　　　　　　　　　　　　　　　（レイアウトなどは変更した）

　これらの例から、導き出したルールは「「そそぐ」は一筋に水が流れ

込む。流れて入る。「つぐ」は器に物を満たす。特に液状のものを入れる。固体にも使える。(ご飯)」というものでした。

　……どうでしょうか？ちょっと苦しいのではないでしょうか。例えば、⑤の質問は「トポトポ」という擬音語をつけることで、水が一筋になるということを表現するという意図であり、「そそぐ」が使われるようになると予測していたようですが、回答者には共有されず、「つぐ」の答えも多くなりました。全体的に、非常に抽象的で、中国側の学生も質問には苦慮したようです。

　すると、中国側の指導教員の陳氏が「もし、この2つの語を学習者に説明するとしたら、私はどう言ったらいいですか？」という問いを投げかけました。この本質を突く質問により3人の学生は自分たちの説明が、「使い分け」に堪えるものではないということに気づかされたようです。もっとも、その後も「一筋に流れる」という説明を繰り返すだけでしたが。

　実はこのグループの説明は参考にした『日本国語大辞典』の記述に引っ張られたものでした。そこで最終的には私が⑥の質問文を元に、「上司にお茶をつぐ」としても意味は変わらないが「上司にお茶をそそぐ」とすると、嫌な上司の頭からお茶を注いでいるという解釈が生まれるという例を挙げ、「つぐ」は飲食に関係する際にのみ使われ、それ以外の時は「そそぐ」が使われる、という説明を行い、中国側の教員・学習者に納得してもらいました。しかし、日本人学生には、辞書の記述だけでは使い分けの説明にならないこと、最も本質的な違いが抜け落ちていることがあることの好例になったのではないでしょうか。

　余談ですが、「ごはんをつぐ」は方言の例であり、そのことも、日本人学生の中で②は両方とも使えないと回答した人がいたことで発覚しました。このことも中国の学生の興味をひいたようでした。

## 6.　評価

　ここでは、学生がこの「日中合同演習」をどのようにとらえていたか

について述べます。材料としては、交流活動期間終了後に書いてもらった参加者のコメントシート、5節で記した日に発表を行った学生5名に対するフォローアップインタビュー、そして、中国の学生に日本語で書いてもらった感想文を用います。

### 6.1　日本の学生のコメントシート

まず、日本の学生のコメントシートの内容です。(原文ママ)

（1）　中国の人の日本語の上手さに驚いた。
（2）　質問が鋭い。日本人の自分が考えたこともないようなことを考えていて、驚いた。
（3）　途中で雑音が入るのが、残念だった。

最も多かったのは(1)のような日本語そのものの流暢さに関するコメントで、次に(2)のような分析に関する内容も多かったです。これは一つには「日本語は特別な言語で外国人には理解できない」というビリーフを持っていたのかもしれません。多い不満点は(3)で、時々通信が切れたことです。ただ、これは両施設の回線の問題もあるので、解決するのは容易ではありません。

### 6.2　日本の学生のフォローアップ・インタビュー

次に、フォローアップ・インタビューについて述べます。5節で取り上げた2つのグループ、計5名の学生に対し、グループごとに2回に分けて半構造化インタビューを行いました。初めに、これまで非母語話者と接触した経験を聞いたところ、同じ学年に留学生がいる学生を除けば、ほとんど接触経験がなく、「小学校の時、ALTの先生と話したきり」という学生もいました。これまでほとんど接触がなかったので、中国にいながら流暢な日本語を話せる学生がいるということには皆驚いたようです。

（4）　日本語は難しいので、もっとカタコトだと思っていました。思っていたよりも、細かいところまでしっかりしていました。日本語学用語とか。（C さん）
（5）　英検とかで流れるようなきれいなしっかりした日本語やった。（D さん）
（6）　内容が難しいので、聞きづらかった。（E さん）
（7）　日本語に興味を持っている人が多いとは知っていたけど、アニメとかに興味があって、日本語を選択している人なのかな、と思っていた。まさか文法までやっていたとは。（D さん）

　次に、実際に発表をする時に気をつけたことや苦労したことを聞いてみました。

（8）　難しい用語を避ける。（B さん）
（9）　一語一語をはっきりゆっくり話す。（A さん）
（10）　向こうの人のレベルが高いので、大きい声でゆっくり話すだけで全然いけた。熟語とかは使わずに、目を見て話せば小学生よりは簡単。（C さん）
（11）　簡単な例文が難しい。ちょうどいい長さのものが難しい。（A さん）
（12）　外国の人に教えるのは勝手が違うな、と思った。説明してもわからないけど、列挙するとわかってもらえた。（C さん）
（13）　ごはんをつぐみたいに、例文の中に自然と日本の文化が入ってくると感じた。（D さん）
（14）　これとこれは明確に違うっていう、1 つ大きな違いをボンと見せて……例文が絶対に大事だと思いました。（E さん）

　教員養成課程の学生だけあって、子どもたちと関わった経験と比較しているようです。しかし、どんな人に話す時も、どんな内容を話す時も、大切なことは同じであるという認識を持っているようでした。ま

た、今回の活動はあくまでも国語学の演習として行っており、「日本語教育」という文脈ではとらえていなかったのですが、非母語話者も演習に参加することにより、参加者は自然と日本語教育で重要となるポイントに気づいていったようです。

　一方で筆者の想定を超えた答えもありました。Cさんはこの演習を通して外国語学習に興味を持ったと回答したのです。それは、中国人学生のあまりの日本語の流暢さに、日本人の英語学習とは何か違いがあるのではないか、日本人はなぜ英語が話せないのか、ということを考えたと言います。国際交流活動は、中心のトピックが国語学の狭い問題であっても、それに付随してグローバル化社会に対する様々な問題提起を学生たちに行っていると言えるでしょう。また、質疑応答で意外な活躍を見せたBさんは「意外といけました。発表というより会話って感じで」と語りました。今回はSkypeを使った形態でしたが、演習授業の発表のやり方を少し変えるだけでも、学生のパフォーマンスは大きく変化するのかもしれません。

### 6.3　中国の学生の感想

　最後に、中国側の参加者の感想を紹介します（いずれも原文ママ）。実践後、メールで送ってもらいました。

(15)　最初の時は京都教育大学の学生が話しことを聞いて、自分は何をどう話したらいいかと緊張して、あまり自信がなかった。そして、発表の内容について、なんか分かるような分からないような気がしていた。でも、日本の先生と学生が話しのスピードを下げたり、陳先生が聞きにくいことを復唱したりするなどいろいろと配慮してくれたので、だんだん日本の先生と学生の話を聞き取ってきて、さらに発表の内容を面白く思ってきた。

(16)　今回の授業の時間は短かったが、伝統的な教育活動と違う影響を与えてくれた。正直にいえば、初めの時、このような授業の利点

はあまり見えないが、だんだんこのような方式学術研究にとって必要と感じがする。両側の討論の中で、学術の熱情が燃えられていた。違う学術知識と研究方法を了解した。また、いろいろな問題は討論の中で解けるようになったと感じがしている。来学期、このような授業のやり方を続けたほうがいいと思っていて、楽しみにしている。

(17) 今回の学術交流コースを通じて、「考えさえすれば得るものはある」のような名言が完全に理解できた。辞典の解釈が100%正しいことが信じらななくて、自分でじっくり考えてみたほうがいい。そして、調査したいことについてのアンケートを作成し、多数の人に回答してもらったものを集計して資料化する。調査者はアンケートを通じて、言葉の使用状況を如実で客観的に判断することができる。そんな調査の方法がわれわれの参考にはなる。

(18) 日本人の学生たちのアンケートを真似て、自分の研究テーマに関するアンケートを早く作り出した。日本語の研究は細かいところから、一歩ずつ深く研究したほうがいいと思われる。

　陳氏によれば、中国では大学院の授業といえども、発表形式の授業はあまりなく、先行研究を読み込むことが中心であるそうです。そのため、今回の類似表現の分析の活動がかなり刺激になったようです。

## 7. おわりに
### 7.1　日本語学の強みを活かして
　ここまで、Skypeを使った日本語学の合同演習について紹介してきました。Skypeを使って遠隔地や海外と交流する授業実践はたくさん行われており、枚挙に暇がありません。しかし、多くの活動では「言語の壁」が存在します。その点で、日本語を海外で学ぶ学生と交流するということは、言語の壁が存在しない点で多くの日本人学生にとって大きなアドバンテージとなります。また、日本語は海外で日本語を勉強する学

生と、国内の学生の双方が関心を持って取り組めるテーマです。それまで日本語について深く考えていなかった学生も、非母語話者から素朴な疑問を提出されると、日本語について新たな気づきを得たり、何とか説明したくなる、というように積極的に交流を促す働きもあるように考えられます。つまり、日本語学はある意味では国際交流に非常に適したテーマなのです。日本語学の授業をする上で、この特性を活かさない手はありません。

　特に、類似表現は多くの場合、無意識に使われており、それでいてほとんど問題を起こすことがないものです。また、改めて問われても「だいたい同じ」という反応をしてしまうことがあるかもしれません。しかし、非母語話者から指摘を受けることで、いつもと異なる目線で日本語を眺めることが可能になります。そして、そこに違いがあることを意識すると同時に、そのような目線を持つ非母語話者の存在も意識することになります。類似表現は大学生が二重の意識化を行える教材と言えるでしょう。

### 7.2　国際的な視野をもつきっかけになれば

　当初はSkypeを使った交流活動は、日本語教員志望の学生には有益であっても、国語教員志望の学生にとっては（無益とまでは言わなくても）あまり必要のないことではないかと考えていました。

　しかし、考えてみれば、日本語教員を目指すような学生は、私自身もそうでしたが、何もこんな授業が用意されていなくても、大学の中、あるいは地域に住む非母語話者と自力でコンタクトをとり、色々交流を図ったりするものです（私も地域のボランティア日本語教室に参加したり、自主ゼミという形で大学内に日本語補講教室を開講していました）。

　むしろ問題なのは、将来学校の教員になろうとする学生が、これまで非母語話者と日本語でほとんどコミュニケーションをとった経験がないという現状の方であると本活動を終えて気づきました。そのような学生に、非母語話者に何かを説明するという機会を与えることに意味がある

と思います。非母語話者とコミュニケーションをとる活動に意義を見出している学生は残念ながら一部です。気づいていない学生は放っておいたら卒業まで気づきません。本活動での交流は時間的には大変不十分なものですが、これがきっかけで、非母語話者の存在に目が向き、国際交流を意識したり、他の活動に参加してくれれば、十分な役割を果たしたと言えるのではないでしょうか。また、中国などはヘイトスピーチの対象になりやすい国ですが、その意味でも、中国に住む同年代の学生の声を聞くという経験は重要だと考えます。

　今の教員に求められる資質の一つに、国際感覚が挙げられます。しかし、「国際」という看板を掲げていろいろな活動をすると、「国際」に関心のない学生は来ないという落とし穴があります。その意味でも、「日本語学」という看板で行う国際交流は、多くの学生に非母語話者の存在を知ってもらい、国際的な視野を持つ第一歩となるでしょう。今では、日本語教員養成ではなく、国語教員養成課程にこそ、この活動は必要であると確信しています。

## 7.3　若い学生へのメッセージ

　最後に、将来日本語学の授業を持つ大学の教員になりたい、と考えている若い学生の方が、もし、将来自分でもこういう活動をしてみたい、という場合に、今からやっておくべきことを書いて締めくくりたいと思います。

　授業方法や技術はまさに日進月歩ですから、今学んだことが将来の役に立つとは限りません。よって、院生時代にやっておくべきことは一つ。自分とは異なる国の（つまり、日本人は留学生の、留学生は日本人の）友人を作っておくということです。大学においては様々なレベルの交流があり、協定校という公的な制度もあります。しかし、どのレベルの交流も、つきつめれば個人どうしの関係である、ということが多いです。西安工業大学の陳さんも、私と院生時代に苦楽を共にした同期の学生でした。

もっとも、留学生、あるいは、日本人の友人ならいるよ、という答えは返ってきそうですね。しかし、その友人は何でも頼める関係でしょうか？もしそうでないなら、どうやったら何でも頼める関係になれるでしょうか？その答えは千差万別でしょうが、私が考える1つの答えは、普段から論文などいろいろなもののチェックを頼んだり頼まれたりしておく、ということです。そういう関係でいたからこそ、社会人になってからも色々な頼みごとがしやすくなるのです。学生時代、何も頼んだことがない人に、就職してお互いに忙しくなってから何か頼めるでしょうか？

　現実問題として、1人の日本人がたくさんの留学生の原稿をチェックすることになるかもしれません。しかし、それでも可能な限り、見るべきです。私は5人の修士論文を一気にチェックしたことがあります。また、この点を誤解している人が多いのですが、非母語話者であっても、母語話者の原稿をチェックするべきです。母語話者の原稿にもミスはつきものです。そして、大学院に入学するレベルの（ましてや日本語専攻の）院生ならば、助詞の間違いなどは指摘できるはずです（母語話者はエラーはないかもしれません。しかし、ミステイク、つまりうっかり間違いはあるでしょう）。仮に、日本語がチェックできないとしても、数字はチェックできるはずです。また、そのような作業を通して、日本語の論文の書き方を学ぶこともできるでしょう。

　私は院生時代、書いたものは母語話者・非母語話者を問わず多くの人に見てもらっていました。そして、もちろん、非母語話者の人にもたくさん訂正をしてもらいました。そうした学生時代の経験が、実は将来授業を行う時に重要な役割を果たすのです。

**参照文献**

大谷つかさ・中俣尚己（2012）「Skype を活用した会話活動：「教えこむ立場」からの脱却」『日本語教育世界大会 2012 発表予稿集』〈http://nakamata.info/ICJLE2012.jpg〉

大塚薫・王勇萍（2013）「日中二大学間協働日本語遠隔授業の構築：授業内容の樹立

を中心に」『高知大学留学生教育』7: 65–81. 高知大学国際・地域連携センター国際連携部門.
曽余田浩史・岡東壽隆（2002）『ティーチング・プロフェッション：21世紀に通用する教師を目指して』東京：明治図書.
寺田守（2013）「解釈を巡って対話する文学の授業の研究：小集団で一文を読む」『京都教育大学紀要』122: 11–26. 京都教育大学.
中俣尚己・岩崎瑠莉恵・荻原知世・中野仁美・山上聡美（2012）「Skypeを活用した初級日本語教育プログラム」『實踐國文學』82:（左）26–39. 実践女子大学実践国文学会.
中俣尚己・漆田彩・小野真依子・北見友香・竹原英里（2013）「Skypeを活用した日中会話交流プログラム」『實踐國文學』83:（左）25–48. 実践女子大学実践国文学会.
日本語教育誤用例研究会（1997）『類似表現の使い分けと指導法』東京：アルク.
山内博之（2013）「日本語教師の能力を高めるための類似表現研究」『日本語／日本語教育研究』4: 4–20. 日本語／日本語教育研究会.

## chapter 7

# 「初めて学ぶ日本語音声学」をどう教えるか

## 「日本語の音声」授業実践報告

高田三枝子

### 1. 授業の概要

　筆者の担当する「日本語の音声」は、愛知学院大学文学部日本文化学科（以下、日本文化学科）の2年次以上の学年を対象に開講されている専門科目の講義で、科目名は「日本語の音声」ですが、いわゆる「日本語音声学概論」（若干の音韻論的な内容も含む）の内容を扱っています。日本文化学科は、言語を含む4つの領域（言語、文学、思想と芸術、社会と民俗）を柱にして、広く日本文化を学んでもらうことを目指しています。本授業はその中の言語、すなわち日本語についての専門科目の一つという位置づけです。専門科目は専門性の段階によって1年次から履修できるもの、2年次から履修できるもの、3年次から履修できるものと分けられていますが、本授業は2年次の段階で履修するものとなっています。

　言語領域の専門科目としては、1年次では「日本語学」と「言語学」という科目が用意されており、そこではより広範囲の概論的な事項を扱います。筆者は「言語学」を担当していますが、音声に関する事項についてはいくつかの音声に関する類型論的なトピックを取り上げる程度にとどめ、音声については「日本語の音声」で詳しく取り上げることをア

ナウンスしています。なおこれらの科目は卒業するまでに履修すればよいので、「日本語の音声」の履修以前に必ずしも履修しているとは限りません。従って「日本語の音声」で初めて言語学系の授業に触れるという学生もいます。

　「日本語の音声」自体履修せずとも卒業は可能です。その意味では、全く興味が持てないまま再履修を繰り返す、というような悲劇は比較的起こりにくいのではないかと思われます。逆に言えば、受講生は（それが消去法による選択だとしても）わずかなりとも本授業に期待を持って臨んでいるのだろうと思います。教員としてはその期待を上昇気流に乗せてあげたいところです。

　授業の受講者数は、選択科目であることも関係して、40人程度の年もあれば100人を超えることもあるといったように、年によってかなりばらつきがあり、ふたを開けてみないとわからないといった感があります。また全体に本学科の学生は（同じ学部の他学科と比べても）おとなしくて真面目な学生が多く、あまり騒がしくなることもないという一方で、積極的な発言もごく一部の学生に限られます。

　講義の工夫のポイントとしては、いかに学生が集中力を保ち、専門的で「難しそう」な内容を理解し、頭に入れることができるようにするかということです。本授業の場合は、できるだけ多様な活動を織り交ぜること、学生自身が耳、目を使って情報を受け取り、考え、手、口を働かせて産出する機会をできるだけ多く設けることを心掛けています。本稿では春学期（半期）の「日本語の音声Ⅰ」の授業における具体的な活動を中心に紹介したいと思います（なお秋学期には続編として主に超分節的特徴を扱う「日本語の音声Ⅱ」を開講します）。

　本稿で半期の授業全てを取り上げて紹介することはできませんが、ここで半期の授業の全体的な流れとして、2015年度春学期のシラバスを示しておきます（改めて見直すと、反省する部分も多々ありますが）。

## chapter 7 「初めて学ぶ日本語音声学」をどう教えるか

【科目のねらい】普段私たちはことばを「話して」います。ことばを話すということは、同時に音韻的な知識を使って音声を道具として使用しているということでもあります。ではその音韻とか音声とは何なのでしょう？この授業を通して、今まで何気なく使っている音声や音韻という事象にあらためて気づきを得てほしいと思います。

【到達目標】日本語音声の特徴について基礎的な知識を得るとともに、日常的事柄を音声学的に観察する目を養うことを目標とします。

【授業の内容・計画】共通語を中心とする日本語の音韻体系とその音声詳細について、主に一つひとつの音（分節音）の調音音声学的な内容について学びます。授業では出席者に問を発し、答えてもらうことで進めるので、授業への積極的な参加が求められます。
第1回　音声とは、音声学とは？
第2回　音声と音声器官1
第3回　音声と音声器官2
第4回　音声と音素
第5回　母音1
第6回　母音2
第7回　子音1
第8回　子音2
第9回　子音3
第10回　子音4
第11回　特殊音素と音声1
第12回　特殊音素と音声2
第13回　日本語の音素と音声表記まとめ
第14回　その他の音韻現象1
第15回　その他の音韻現象2

【評価方法】授業参加度30％、期末筆記試験70％

　この授業では教科書は使用しませんが、参考書として斎藤純男氏の『日本語音声学入門』(改訂版、2006年、三省堂)を指定し、また授業中に配布するプリントの内容面でもこの斎藤(2006)を大いに参考にしています。配布プリントは書き込み式になっており、指定箇所を全て記入すれば基本的な事項(試験で問われる事項)のノートはとれるようになっています(この方式の是非は対象の学生にもよると思います)。また学生には、授業の初めにプリントの穴埋めに終始せず教員の補足的な

説明や具体的な例示も書き留めた方がよいことを伝えています。

　なお初回の授業の冒頭では、授業の全体的な流れの説明や諸注意を述べますが、その際にこの授業では積極的な発言を求めること、また指名して答えてもらう機会が多いことも伝えます。

　上の「科目のねらい」でも示したように、この授業では、普段の生活で何気なく使いつつもあまり気に留めることのない音声や音韻に目を向けて観察する経験と基本的な知識を得ることを目標にしています。より具体的には、この半期の授業を通しておおよそ日本語の音素表記と音声表記ができるようになること、つまり音素の種類とその実現形である音声の関係を理解できるところまでを目指します。そしてそれに加えていくつかの音韻現象を説明できるようにします。

## 2. 音声学を学ぶ意義

　現在の大学教育の目的の一つとしては、人間としての基本的な力を養う窓口を、各学部、学科の専門に応じて提供するということがあると思います。そうした基本的な人間力の養成という点では、音声学の教授においては特に、身の回りの現象を改めて科学的な目で観察し、考えるという態度や力を養うということを重視します。こうした態度は、もちろん、音声学、また日本語学に関する科目でのみ養われるものではありません。むしろ大学のカリキュラム全体を通して学生に身につけてほしいものです。しかし例えば筆者が教える文学部という枠組みにおいては、音声学は他の科目とは少し違った側面から刺激を与え、知的興味を引き出すことができるかもしれないと思います。

　音声学の入門の授業は、本学科のように文系の学生に対して開かれることも多いと思いますが、文系の学生の中には高校までの「文系／理系」という区分から、自分は「理系」に関わること一切を「理解不能」と思い込んでいる場合があります。しかし実際には、物理的な現象自体への興味は誰もが持つものですし、その面白さは広く共有できます。音声自体は物理的な現象ですから、学生の前に具体的に観察できる対象を

示しやすく、その点でわかりやすさがあります。音声学は物理学、生理学などとも深い関わりを持ちますし、あえて誤解を恐れず言えば、音声学は言語学の中でも特に対象との関わりにおいてより自然科学的な特徴を見て取りやすい分野と言えると思います。より内省的な観察を求める学問領域とその科目が多い中で、観察対象を物理的に見ることができるという点で、ちょっと違った刺激を与えるスパイスのような役割を持つことができるのではないかと思います。

音声学の授業は「理系アレルギー」と言われるような思い込みを取り除くのにうってつけの機会となり得ると思います。また科学的な観察に喜びを感じるという機会を、文系の学部・学科でも提供できるということにも意義があるのではないでしょうか。

## 3. 授業の実践と工夫

本節では具体的な授業の実践について、前期の15回の授業で扱う内容のうち、いくつかの項目について具体的な提示方法や活動内容を報告します。

### 3.1 導入の授業：全員活動と個人指名

まず4月の授業開始時の、この授業で扱う"音声"とは何かということを確認する導入部分を例に、授業中に自分の意見を表明させる活動について述べたいと思います。学生に答えさせるということは多くの教員の方々が行う活動だと思いますが、そのやり方によって学生にとっての負担感が違いますし、これらをどう組み合わせるかということも工夫の一つになるのではないかと思います。

4月の初回の授業では、導入として、まずこの授業で学ぶのが音声学や音韻論という、言語学の中でも音声を扱う分野の知識であることを伝えます。そして学生全員に対し次のような問いかけをします。

問　「"音声"とは何だろう？」

黒板には①くしゃみ、②咳払い、③笑い、と書き、実際にその音を立てて聞かせます。そして「アンケート」として、①〜③それぞれについて、音声であると思うところ全てに直感で手を挙げてもらいます。最後に、全部違うと思う人、という項目も設けます。結果はおおよそ、①くしゃみはYesと答える人がほぼなし、②咳払いは一部がYes、③笑いはそれより多くがYesと答える、といった構成になることが多いようです。また全部違うという回答者も数名はいるように思います。咳払いについて音声であると答えた回答者は笑い声も音声であると回答するといった傾向があるようです。

　なお筆者がここで用意する答えは、いずれも「言語音」ではないのでどれも"音声"ではないということになります。ただしこの定義は、授業が言語学の一分野としてのものであることを前提とするもので、音声に関わる研究全体から見れば比較的狭い定義です（音声の定義については先の斎藤 (2006) の他、福盛 (2011) の「音声」の項が参考になります）。このことは、最終的に答えを導きだしたところで補足的に説明します。

　学生に回答させる方法として、例えば回答者を教員が指名するという方法もありますが、ここで示したような自分の考えに近いものに全員に挙手させるという方法は、自分だけに注目が集まるという負担感がない分、気楽に自分の反応を外に出すことができるように思います。まずはこの授業が受け身では済まない、積極的な参加を求めるという場を示し、また参加や発言のしやすさの雰囲気を作り出す上では適した方法なのではないかと思います。

　さて、全員挙手の「アンケート」の結果を踏まえて、次に、どうしてそう答えたのか自分で考えてみましょう、と働きかけます。そして①〜③それぞれについて、個別に指名して意見を聞きます。これはちょっとひっかけのようでもありますが、先の全員挙手制でとにかく全員が何かしら判断をしたでしょう、それには理由があるはずでしょう、というわけです。自分の行動を手掛かりに、自分の意見を内省してもらいます。

　個人の指名ではまずは自発的な挙手を求めますが、実際に手を挙げる

学生はいないことも多いので、その場合には名簿を使って一人ずつ指名します。回答する学生には、自分はそれを（この授業で対象とする）音声だと思うか、またどうしてそう思うか、を答えてもらいます。ただし、ここで求めるのは理路整然とした回答ではありません。とにかく気楽に、関係しそうなこと、思いついたことを単語でよいので言ってみるよう促します。とはいっても、どう答えたらいいものか難しいと感じる学生も多いようで、その場合には手掛かりとして、①くしゃみは違うとほぼ全員が答えることを利用して、「くしゃみは違うんだよね、でも咳は音声だと思うんだ。どこが違うんだろう？」といったように誘導していきます。とにかく多くの人に気軽に発言する練習をしてもらうことも目的の一つですので、「わからない」「何となく」といった答えも許容します。とにかく、質より量、という感じで気楽に答えてもらいます。教員側は何人かに答えてもらう中で、出てきたことばが音声学的にどう解釈できるか考えながら、重ならない部分をできるだけ拾い上げ、黒板にメモ的に書き留めます。表現はもっと部分的な場合もありますが、大体次のような回答がよく出てきますし、おおよそ出てきたところで切り上げます（下線は黒板にメモする部分）。

（ア）「咳は<u>ここらへん（のどや口の辺りを指して）を使う</u>から音声かなと思った」

（イ）「笑いは<u>声が出る</u>から音声だけど、咳は出ないから違うと思った」

（ウ）「くしゃみは<u>突発的に出ちゃう</u>ものだから、音声じゃない気がした」

（エ）「咳は<u>わざと出す</u>こともあるから、音声だと思う」

（オ）「笑いは<u>相手に伝える意味がある</u>ような気がするから音声だと思った」

個人に回答させるという方法は、全員挙手の「アンケート」方式に比べて学生の負担感（ストレス）は増えると思われます。しかし一方で、「アンケート」方式では、負担感がない分、責任もないのでこの時点で

学生は自分の発言について深く考える必要も生じません。個人での回答は、ある程度（大勢の前で発言するという）負荷がかかり、その分よく考える機会になります。そこで、とりあえず全員での挙手制にすることで各自の「何となく」の意見を形にさせ、その後で、一人ずつ指名して内省の機会を与えるというように組み合わせます。また一人ずつ指名し回答させる際には、同時に考察の手助けを与えて負担感を軽減することも積極的に行います。4月初頭の授業で、発言を重荷に思わないでほしい、気負わず、思いついたことを素直に発言してよいのだというメッセージを送るためです。

　次は学生から得られた多くの意見を、その最終目的地につないでいく段階です。ここでは黒板に書き留めたメモを参照しながら、できるだけそれと結びつける形で音声学の対象としての音声とは何かを示していきます。例えば上の（ア）〜（オ）はそれぞれ次のように説明がつけられます。

　「口やのどの辺りを使うから、とか声が出るから、と答えてくれた人がいますね。なるほど、何となくこの辺りが関係しそうだな、と思う人がいるんですね。」「これはなかなかよい指摘です。実は口やのどはまさに音声器官と言って音声を作り出す時に使う器官で、逆に言えば音声は、音声器官を使って出す音と言えます。拍手は音声器官を使わないから、音声ではないと言えますね。」（…（ア）（イ）に対して）

　「突発的に出ること、意識的に出すこと、ということを言ってくれた人がいますね。それから、何かを相手に伝えるということ。これらも重要な指摘です。」「音声は、実のところ話しことばにおいて出す音ですが、ことばというのは、基本的に、相手に何かを伝えるという意図のもとに自分でコントロールして出しますね。」「咳や笑いは、確かに意図を持ってコントロールすることもありますが、基本的にはもっと反応に近いものですね。そしてことばではありません。ですからこの授業で扱う音声には含めません。」（…（ウ）（エ）（オ）に対して）

　最後に、最初の問に答える形で次のようにまとめます。

問　「"音声"とは何だろう？」
→音声言語の使用において、音声器官を用いて産出される音

　まとめてしまえばこれだけのことで、説明をするだけなら3分もあれば教え終わる内容ですが、ここまでの授業でおおよそ20分近くかかります。しかしなぜここまで時間をかけるのかと言えば、受講者に主体的に関わる姿勢になってもらう機会として利用するためです。もちろん学生にもよりますが、残念ながらこれまでの経験では本学科の場合は、自ら考えることを放棄して教員から「正しい」答えが出るのを待ち、それを記録するという受け身のスタイルの学生も多く見受けられます。ご存じのように、それは「正しい」答えの記録には確かに効率的かもしれませんが、一方で、学び取り先に進むにはいい方法とは言えません。そのためこの授業ではできるだけ、自分で考えざるを得ない機会を作り、それを他人に向けて表明する機会を与えたいと思っています。そしてその行動を気軽に、気負わずできる関係作り、雰囲気作りをしたいという考えです。

## 3.2　音素表記とIPA表記の課題：個人と個人としての対話

　本授業では、先にも述べたように、半期の授業を通しておおよそ日本語の音素表記と音声表記ができるようになることも一つの目標にしています。しかし音素表記と音声表記の記憶は学生にとって負担感の大きい部分です。

　覚えるには、教員からの解説もさることながら、とにかく実際に書く経験を積んでもらうことが一番だと思います。しかし宿題として出しても、やってこなかったり、あるいは直前に友達の答えを写すなどして、効果的な課題にはならない場合が多いようでした。そこでできるだけ授業時間内に解いて答え合わせをする時間を設けるようにしています。できるだけ多くの学生を指名し、前に出て書いてもらい、それを添削します。前に出て書かねばならないということで、学生としてはどうしても

解かなければならなくなります。わからない場合は友達あるいは教員に聞くように促しています。なお指名の頻度は、この音素・音声表記の課題以外も含め、60名程度であれば半期の授業で一人4～5回指名される程度です。

　実際の指導では、特に子音について教える場合について言えば、まず全体への講義として調音法ごとに五十音表の行をまとめ、各行の音素と音声表記（簡易表記）を教えます。例えば摩擦音であれば、サ行、ザ行、ハ行を摩擦子音（音韻的に）に関する行としてまとめ、音声特徴について解説しながら、次のような表を完成させます。

表1　講義で学生が完成させる音素・音声の参照表例（摩擦音）

| 行<br>(50音) | 子音<br>音素 | 調音<br>位置* | 有声性 | 後続母音 | | | | |
|---|---|---|---|---|---|---|---|---|
| | | | | /a/ | /i/ | /u/ | /e/ | /o/ |
| サ行 | /s/ | 歯茎 | 無声 | [s] | [ɕ] | [s] | [s] | [s] |
| ザ行 | /z/ | 歯茎 | 有声 | [z][d͡z] | [z][d͡z] | [z][d͡z] | [z][d͡z] | [z][d͡z] |
| ハ行 | /h/ | 声門 | 無声 | [h] | [ɕ] | [ɸ] | [h] | [h] |

*代表的異音の調音位置

　その後、学生はこの表を見ながら、与えられた語の音素表記と音声表記を行う課題を数問（6～10問程度）行います。問には表にまとめた子音を多く含む語を選びます。例えば摩擦音の回であれば「不思議、すじこ、東」などです（この時点で母音、破裂音、鼻音については既習）。

　課題を出す際に重要視しているのは、この課題解答時間中の声掛けです。解答時間は6～8問で大体5～6分取りますが、その間教員は机間巡視をして、積極的に声を掛けます。時間は限られますので、毎回全員に声を掛けることはとてもできませんが、課題の度にできるだけ色々な学生を見るようにすることと、問題がありそうな学生は気をつけて見るようにしています。いつもよくできる学生にも「さすが！」などと短くても評価することばを掛けます。学生が課題に取り掛かっているか、解いたものは合っているかどうか、などを確認しながら、問題なければ「いいね」など肯定的な声掛けをします。

問題がある場合には、「ここ違うよ」で済む場合もありますが、もっと根本的な解決が必要な場合もあります。例えば、授業の配布プリントに何も書かず、課題に取り掛かっていない学生を見つけることがありますが、それはそもそも今何をすべきなのかがわかっていない場合があります。またそれはわかっていても何を手掛かりにその課題を解けばよいのか、どの資料を参照すればいいのか、どのような手順で解けばよいのかなどがわかっていないという場合もあります。いずれの場合も、とにかく目の前で1題正答を導き出すところまで一緒にやることを基本にしています。

例えば先の摩擦音の回の課題に対して、何も手をつけていない学生がいたとすると、まずその学生にはやり方がわかるか声を掛けます。わからないという反応が返ってきた場合には、摩擦音についてまとめた表（表1）を一緒に参照し（その表さえ持っていない場合には、周囲に見せてもらうよう頼ませます）、指さししながら1題、一緒に解きます。例えば「不思議」という語の音素・音声表記をさせる場合の指導の流れは次のようになります。

（1）「「ふ」は五十音の何行か」→「ハ行」という回答を引き出す
（2）表1の「ハ行」で「音素の列には何が書いてあるか」→/h/ という回答を引き出す
　　＊「音素を書け」という場合、子音はこの「音素の列」の記号を参照すればよいことを確認する
（3）母音音素も書かせる（これは比較的理解している学生が多い）

（1）～（3）を繰り返して音素表記を完成させ、次に音声表記に取り掛かる

（4）表1のハ行を見ながら「「ふ」の母音は何か」→「う」という回答を引き出す
（5）「ハ行で、(後続)母音が「う」=/u/ の列には何が書いてあるか」

→ [ɸ] という回答を引き出す
　　＊「音声を書け」という場合、子音は「（後続）母音の列」の記号
　　　を参照すればよいことを確認する。

（1）〜（5）を繰り返して課題1問完成。

　声掛けをきっかけに学生が自力でやり始めた場合には、1問のポイント部分（音素表記と音声表記の食いちがうところ）まで書くのを確認して、「いいね、できてるね、続きもやって」などと声を掛けて次の学生に行きます。

　上記の学生への対応は、筆者自身、大学生に対する対応ではないのでは、甘すぎるのではと思う時もあります。実際、受講する学生層によっては必要ない、あるいは逆効果の場合もあるかもしれません。それでも続けているのは、続ける中で学生の態度が変わることがあるからです。やる気のない学生に一方的なダメ出しをしても結局だめですが、一緒に伴走してみることで（もちろん最後までだめという場合もありますが）、何回か後には自分たちで取り組み、教員の巡回時に質問するようになる学生もいます。

　学生の態度が変わるというのは、要は学生の教員への意識の変化によるものなのではないかと思います。それまで学生は自分を多くの受講者の一人、つまり教員に対して匿名の存在であるという意識であったのが、個人的に声を掛けられることで（そして他の受講生も声を掛けられるのを頻繁に見ることで）、教員が自分を一人の個人として見ている、教員は自分と個人的にコミュニケーションをとる可能性のある相手であると認識するようになる、ということかと思います（もちろん何度も問題児扱いされるのが嫌、一々かまわれたくないから、という消極的な理由によるかもしれませんが）。相手と自分との繋がりが感じられるほど、その相手との関係をできるだけ良好に保ちたいという意識も働きます。学生にとっての教員も然りで、自分と目線を合わせてくる相手であれば

こそ、その教員の求める課題も手を抜けないと思うということなのではないかと思います。

### 3.3 PCによる視聴覚資料の提示

講義において教員のことばによる説明が続くとどうしても単調になりがちです。できるだけ学生の発言や活動の機会を増やすことも一つですが、また教員からの情報提示においてもそのメディアを変えるだけでも単調な流れは変わります。音声学で扱う多くの事項は様々なメディアを使って説明することが可能ですし、また教員のことばによる説明だけで理解させるよりもイメージが持ちやすくなり、理解しやすくなると思います。筆者がよく利用する音響分析画面に関して言えば、聴覚的な刺激である音声を目で見るという体験自体も興味を持ちやすいようです。そうした様々なメディアをうまく取り入れることで、学生の「目が覚める」時間を作り出せるとしばしば感じています。

本授業ではしばしばPCを使って視聴覚資料を提示します。提示箇所として例えば表のような箇所があります。

表2　授業で示す視聴覚資料例

| | 講義内容 | 説明事項 | 使用メディア |
| --- | --- | --- | --- |
| 1. | 音声の観察ポイント | 日本語学習者の発話音声 | 音声 |
| 2. | 発声 | 声門の開閉と声帯の振動 | 動画 |
| 3. | 子音の調音法 | 破裂／摩擦／破擦の違い | 音声分析画面 |
| 4. | 子音の調音法 | 流音 /r/ の音声の多様性 | 音声分析画面 |
| 5. | 子音の調音法 | 半母音 /y, w/ の音声の特性 | 音声分析画面 |

資料提示はPCでしなくてはならないわけではありませんが、PCは資料を一括して管理できるので便利です。特に音声の説明においては、その場で声を録音し、音声分析ソフトを使って音声を操作し聞かせる一連の活動ができるのは大変な強みです。音声分析ソフトはフリーでよいものが公開されており、筆者は主にPraatやWaveSurferというソフトを

利用しています。以下では表2で示したものの具体的な提示の内容と方法について簡単に説明したいと思います。

まず1の音声の観察ポイントを説明する際の日本語学習者の音声提示ですが、これは「音声を観察する時に何に注目するか」ということと、「音声学を学ぶことでどんなことができるようになるのか、その具体例を示す」ということを意図しています。ここでは、日本語学習者の音声（鹿島（2002）付録 CD 収録音声）を聞かせ、日本語母語話者として違和感を持つ箇所を、高さ、強さ、長さ、質という観点を用いて指摘してもらいます。「何となく違う」から一歩進んで「どこの何（高さ、強さ、長さ、質）が違う」と言える、そしてさらに音声学を学ぶことで「何がどう違う」ということができるようになる、というイメージを持ってもらいます。

2の発声についての解説では声門を撮影した動画を見せ、声門が開閉する様子や声帯が振動する際の声門閉鎖の程度などを示します。筆者は自身の声門を撮影した動画を使用していますが、ネット上の動画サイトにも同様の動画が公開されています。

表2の3以降は音声分析画面を示す箇所の例ですが、音声分析画面は特に子音の調音法について説明する際に役立ちます。表2には改めて取り上げませんでしたが、そもそも子音＋母音という構造の音節において、子音と母音とを切り離して認識するということが難しい学生も多いようです。[t] は無声音で声帯振動なし、[d] は有声音で声帯振動ありと説明しても、母音を後続させずに子音だけ発音するというイメージがつかめない、あるいは [d] という発音にはどうしても /u/ が後続していると聞いてしまう学生もいます。こうしたことに対して、音声分析ソフトを用い、例えば「タ、ダ」といった音節を目の前で録音し、分析画面上でその子音部分や母音部分を選択・再生してみせれば、視覚的にも聴覚的にも、子音と母音という異なる音声が連続していることが確認できます。

3の破裂／摩擦／破擦の違いを示す際には、「タ、サ、ツ」といった音節をその場で録音し、音声波形と広帯域スペクトログラムの分析画面

を示します(図1)。そして子音部分だけを再生し、それぞれの音声の違いを目と耳で確認してもらいます。特に、破擦音については破裂成分の後に摩擦成分が続くという時間構造をしており、これと破擦という名称の関係を、目と耳で確認してもらいます。

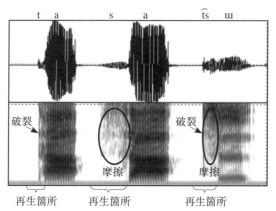

破裂音や破擦音の破裂部分を聞かせると「プチッ」というような破裂の音が聞こえる。摩擦音の摩擦成分の音と対比させると違いがわかりやすい。ただし、摩擦子音は開始部分を削ると破擦音に聞こえてしまうので注意が必要。

図1 発話「タ・サ・ツ」の音声分析画面と子音 [t, s, t͡s] 部分再生箇所

　流音 /r/ の音声の多様性について(表2の4)は複数の学生にPCに接続したマイクに向かってラ行を含むことばを発音してもらい(筆者は「アラリルレロ」などと言わせます)、その分析画面をその場で示しながら解説します。日本語の流音の音素としてはラ行の子音 /r/ がありますが、その調音法はIPAの音声分類で考えると多岐にわたります(斎藤2006)。簡易表記としては [r] を用いることが多く、授業でも簡易表記としてこれを使いますが、実際には個人内でもまた個人間でも様々な調音法の音声が現れることを実際に目で見て確認してもらいます。

　/r/ の部分の高周波数帯域のエネルギーは /r/ の調音法の違いを見るのに比較的容易な観察ポイントです。スペクトログラムにおいて高周波数帯域まで周期的なエネルギーがはっきり見えるのであれば、口腔内の閉鎖が完全ではないことになりますし、一方低い帯域(基本周波数帯域)

のエネルギーだけしか見られないならば口腔が完全に閉鎖されたと見ることができます（図2のc）。さらに高周波数帯域まで周期的なエネルギーが見える場合でも、そのフォルマント構造から調音の中線性を推測することができます。かなり単純化して言えば、母音と同じように高次フォルマントまで見えるなら中線的、母音と異なり特に高次フォルマントが薄く（図2のa）見えるなら側面的な調音を推測することができます。

もちろんこれらの中間的な音声もあり得ます（図2のb）。また調音にかかる時間のこともありますので、実際にはそう単純に「○○音」と言い切れるわけではありません。しかしいずれにしても、個人間そして個人内でも様々な音声が現れているのだということを目で見て確認させることができますし、学生は自分たちの声の分析がその場で視覚化されることで、自分と関係する現象として興味を持ちやすいようです。

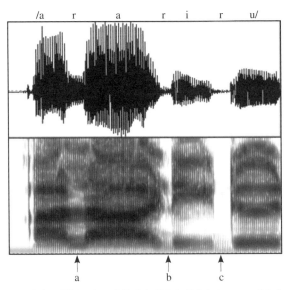

aは側面的、cは完全な閉鎖のある中線的な調音と考えられる。bはどちらかといえば中線的だが、cに比べて閉鎖が弱い調音であると推測される。

図2　発話「アラリル」内流音 /r/ の音声の多様性

半母音 /y, w/ の音声（表2の5）は、音質としてはそれぞれ /i/ や /u/ といった母音とほぼ同じで、ただしその定常部がなく、後続母音に移行する変化自体をその特性とします。従って口頭でこれらの子音のみを発音して示すのはなかなか困難ですし、その特性もことばでの説明では伝わりにくい部分があります。しかし分析画面を用い音声を提示すると、非常にシンプルに説明が可能です。

例えば、図3は、/i/ と /a/ をそれぞれ長く連続させて発音し（「イーアー」/i:a:/）、そのスペクトログラムと音声波形を表示したものです。この /i/ を前からだんだん削り、聞かせる部分がフォルマントの遷移開始に近づくと、聞こえる音声は次第に /i:a:/ → /ia:/ → /ya:/ と変わります（図3）。つまりここから、/i/ の定常部がなくなると /y/ となるということが理解できます。

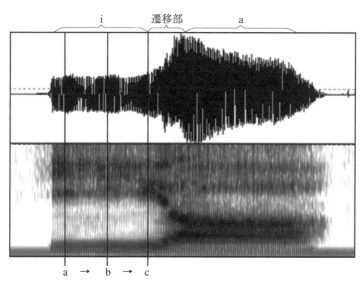

再生開始時点を a から b、c とずらし、/i/ が充分短くなると /ya:/ と聞こえる
図3　発話「イーアー」の音声分析画面と再生開始箇所

当然のことながら、以上に紹介した以外にも様々な箇所で、様々なメ

ディアを取り入れることが可能です。筆者の授業では主に音響分析のツールを使いますが、その他にも教材として使えそうなものが公開されています。例えば定延利之氏らによるWebサイト「状況に基づく日本語話しことばの研究と、日本語教育のための基礎資料の作成」ではMRIによる調音運動の動画が提供されていますし、林良子氏らによるWebサイト「発声と声帯振動：ファイバースコープを用いた観察」などへのリンクも貼られています。これらの資料は今後ぜひ使ってみたいと思っています。また故Peater Ladefoged氏の"UCLA Phonetics Lab Data"というサイトには、音声学の授業で使用するのに非常に有益な資料が集められています。その他、動画投稿サイト"You Tube"上には言語聴覚士関連の資料が多く公開されています。今後も時間とのバランスを見て新しい資料やツールを加えたり、前年度の学生の反応を見て取りやめたりしながら、工夫していきたいと思っています。

## 4. 「自らの学び」としての授業参加を求める

　ここまで、筆者が「日本語の音声I」という授業で実践している活動内容や方法、またそれらを行う上での考えについて述べてきました。筆者の工夫の方向性は、要するに、学生が自らの問題（学び）として積極的に参加することを求め、教員はそのための雰囲気作りや道具立てを工夫するということで、それ自体、あまり目新しいことではないと思います。このことはあまりにも基本的なことであるようにも思われます。しかし、だからこそ、常に意識的でなくてはいけないのだと思います。筆者の挙げた具体的な方法が全ての大学のどんな学生対象にも通用するやり方とは思いませんが、しかし、その方向性については共有できるのではないかと思います。あまり意識したことはありませんでしたが、大学教育改革のキーワードとしてよく耳にするアクティブ・ラーニング（能動的学修）としても解釈できると思います。学生からの評価（直接、または間接的に聞くもの）においても、音声分析画面などの多様なメディアの使用や、学生とコミュニケーションをとりつつ進めるスタイルは好

ましいやり方として受けとめられているようです。ですが何より、こちらの壇上からの話しかけに対して、目を合わせて頷いたり、わからなければわからないというジェスチャーを返してくれる学生が増える、あるいは巡回時や授業後に積極的に質問する学生が増えれば、それは授業を行う教員として素直に嬉しいですし、授業も進めやすくなり、そこからよい循環が生まれると思います。

**参照文献**

鹿島央 (2002)『日本語教育をめざす人のための基礎から学ぶ音声学』東京:スリーエーネットワーク.
斎藤純男 (2006)『日本語音声学入門』改訂版.東京:三省堂.
福盛貴弘 (2011)「音声」城生伯太郎・福盛貴弘・斎藤純男 (編著)『音声学基本事典』6–10.東京:勉誠出版.

**参照サイト**

「状況に基づく日本語話しことばの研究と、日本語教育のための基礎資料の作成」
　〈http://www.speech-data.jp/phonation/index.html〉(2016 年 4 月 18 日確認)
「発声と声帯振動:ファイバースコープを用いた観察」〈http://www.speech-data.jp/phonation/index.html〉(2016 年 4 月 18 日確認)
"UCLA Phonetics Lab Data"〈http://www.phonetics.ucla.edu/〉(2016 年 4 月 18 日確認)

## chapter 8

# 「日本語学」でなければ面白いことができる

音韻史から何を学ぶか

高山知明

## 1. はじめに

　本稿では、日本語音韻史の教育上の意義について原点に立ち戻って考え、授業で私自身がどんな悩みを持ち、それに対してどんな試みをしているかについて述べることにします。まず、2節では「何のために日本語学を教え、学ぶのか」という問題を取り扱いますが、日本語学全体に関する点と、とくに音韻史に関する点に分けて考えます[1]。3節では「どのように授業をおこなっているか」に話題を移していきます[2]。

　さて、あえて物議をかもしそうな表題を掲げましたが、その真意は、この機会に日本語学が果たす教育上の役割をより明確にしたいというところにあります。やや逆説めいて聞こえますが、日本語に関わる事柄を、授業の枠組みとしての「日本語学」の定型に収めようとしないほう

---

[1] 本稿（とくに2節）で述べる内容は、「国語学」「日本語学」の名称に関わる一連の問題と決して無縁ではありませんが、そこには触れず、文中では「日本語学」を統一して使います。「国語学」と「日本語学」とを切り分けることは現状にそぐわないからです。結果的に「日本語学」の意味するところは多義的になっています。

[2] 本稿では、「受講者」と「学生」を使い分けます。前者は、文脈中で話題にする当該の授業を履修する人を指し、後者は、学部レベルの学生一般を指します（多くの場合、平均的な日本人学生を指します）。

が、その事柄が持つ潜在的な価値を掘り起こすことができるのではないかという意味を込めています。

　日本の大学が日本語に関する事柄を学問的に取り扱い、その教育にあたることの重要性は誰しも認めるところです。他ならぬ日本において日本語の研究が十分に進められず、研究の成果を教育に反映する機会が奪われるとすれば、社会的見地から大いに問題です。しかし、これまで私たち日本語学関係者はそこに安住してきた面があるのではないでしょうか。本書のような企画が成立し、受け入れられるとすれば、それを金科玉条とするだけでは済まされないことを意味します。この機会に根本のところにいったん立ち戻る必要があるゆえんです。

## 2.　授業としての日本語学の意義
### 2.1　音韻史の授業から見えること

　同じ日本語学といっても、たとえば現代語の記述文法を扱う授業では、教員にとっても受講者にとってもその有用性は自明です。たとえば、日本語教師を志す人にとっては、日本語母語話者であるか否かを問わず、その意義は説明するまでもありませんし、それ以外の道に進む日本語母語話者にとっても、私の経験に依れば、一定程度の関心が比較的容易に持続します。「自分たちは日本語をこんなふうに使っていたのか」との刺激を受けますし、文の構造と意味を的確に内省する力は実用面でも役に立ちます。文法に比べると関心は低下しますが、現代語の音声学・音韻論も同様の条件にあるといえます。

　ところが、音韻史となるとそうはいきません。授業で取り扱おうとすれば、その意義を明確化し、具体的な意図を受講者に周到に伝える必要が出てきます。もちろん、開講理由を述べるだけなら事欠きません。「仮名遣いの諸問題を理解するための背景的知識として必要」「上代語の基礎的知識として音韻の問題は不可欠」「『五十音図』『いろはうた』などの基本事項が含まれる」「仮名文字を理解するための基礎となる」などいくらでも挙げられます。日本語学・日本文学を専攻する学生に期待

される基本知識ですし、古典文学のテクストを正しく扱う上でも必要です。それに「今日に至るまで日本語がたどってきた道を理解し、考えるのは重要なことだ」といえば、それで納得する人はけっこういます。

　しかし、受講者を前に話し始めると、こうした事柄を示すだけでは物足りない気がしてきます。上に挙げたのはいずれも日本語学の事項です。つまり、音韻史の内容をそれに関連する具体的事項によって暗示したものにすぎません。もちろん、それらの事項を意識することは大切ですが、これだけでは音韻史を学ぶことが我々にとってどのような（知的意味での）糧になるかという、肝心の部分が見えてきません。

　もっとも、これに対しては、学問対象それ自体に価値を認める立場があり、むしろそれが標準的な考え方でしょう。これに従えば、「そういう意義は、学ぶ者が認識を深める過程でおのずと感得していくべきものだ、そもそも学問とはそういうものだ」ということになるでしょう。受講者の興味・判断に委ねる点では、ある種の自由さを重視する立場です。私自身もとくに専門の学科ではそのような考えに基づいて授業を進めていました[3]。しかし、その限界を感じ始めるようになり、試行錯誤をしながらではありますが、授業内容の持つ意義をより具体的かつ明確に示すことをだんだんと心掛けるようになりました。

　言語変化や音韻に最初から関心のある人は別として、平均的には、日本語の音変化といわれても、最初のうち、何が問題とされているのか見当が付きません。授業に2、3回出るうちに関心が失せてしまう危険性もあります。こうした受講者に対して放任主義でいいとは思えません。

　そこで、音韻史を学ぶことの意義を突き詰めるわけですが、すると、いったいなぜ日本語学を学ぶのかをまず問題にせざるを得なくなります。このことは、上述の現代語の文法に対しても同様に当てはまるはずですが、当面の有用性が幸いしてか、正面から向き合わずに済んでいる

---

[3] ただし、教員養成系の学部では、「国語」の教員免許状取得に際しての意味づけの明示が求められますし、そうした学部でなくとも、当該授業が教職課程の中に位置づけられている場合も同様です。

かもしれません。しかし、なぜ日本語学を学ぶのかという根本的な問題が存在することには変わりありません。そこで、以下では 2.2 節で日本語学を学ぶことの意義について考え、その上で 2.3 節において音韻史を学ぶことの意義について考えます。

## 2.2　日本語学を学ぶ基本的な意義について

　学部教育において、日本語学を学ぶことの意義として最も基本的なことは、日本語と呼ばれている対象を客観的に見る目を養う点にあります。日本語なら日本語についての様々な先入観が一般には存在します。11 章の福嶋健伸氏の体験談にある「日本語には文法はない」という思い込みもその一つでしょう。中等教育の国語の先生のような、本来なら専門の知識を修得しているはずの人にもめずらしくないですし[4]、生成文法を熟知しているらしき英語学の大学教員の口から「日本語は英語に比べたら劣る言語だと思っていたけど、実際は奥深いねえ」と聞かされて唖然としたことさえあります。このときにはさすがに根深い問題だということを再認識させられました。他にも、言語と文化を不用意に混同する、思考様式と言語の性質を短絡的に結び付ける、民族と言語とを誤って同一視するといったことは日頃よく耳にすることです。それらは、方言に対するいわれのない誤解や、日本語以外の言語や民族に対する誤った認識に発展する危険もはらんでいます。日本語、言語を客観的に見る目を持たなければ、こうした様々な先入観から脱することはできません。それには、日本語に関する諸々の事実を知り、考えるといった、けっこう手間の掛かる過程を経る必要があります。学部教育における日本語学の意義を考えるとき、その機会を提供するという重要な役割を忘

---

[4] これは、国語の先生の勉強不足では決してなくて、日本語、言語に関する先入観を取り払うことが、大学での国語学・日本語学の授業において十分におこなわれてこなかったことを反映するものだろうと思います。福嶋氏の指摘の通り、大学教育の当事者の責任に帰すべき問題です。

れることはできません[5]。

一例を挙げると、たとえば、日本語の語頭には無声両唇破裂音 [p] は擬音語・擬態語、外来語を除くとほとんど出てきません。[p] の限られた分布こそが、この音が持つ独特の印象の源泉です。それは日本語の体系・構造に由来する個別言語の特徴です。1980年代前半、竹内まりあさんの「アップル・パップル・プリンセス」（作詞：柴田陽平、作曲：加瀬邦彦）という、ことばあそびを盛り込んだ曲がありました。その歌詞の中の「魔法の歌」に「アップル、パップル、ピプル、ポプル、ピプパペ」といった呪文のような文句が登場します。日本語の [p] の独特の印象が外来語的な響きと相まって、軽快で不思議な夢の世界を現出させる歌です。パ行の子音を多用すると、一人前のことばでないとの直感がはたらきます。小島よしおさんのギャグ「オッパッピー」、それに川上音二郎の「オッペケペ」も同様の効果をもとにしています。この感覚は、[p] が語彙の中核部分にふつうは現れず、周辺的位置に限られるという、日本語のしくみに因るものです。これに対し、この音が基本語の語頭にふつうに出てくる言語もあります。英語、中国語、朝鮮・韓国語はその具体例ですが、日本語母語話者が [p] に感じる独特の印象は根強いものがあり、その「耳」によって他言語の音も同様に感じることさえ起こります[6]。本居宣長は、半濁音は「不正鄙俚」の音であり、鳥や獣の声、物の音であって「人ノ正音」ではない、諸々の外国語にはあっても、「皇国」のことばには元来ないとして、これを自国語優位の「証拠」にまでしてしまいます（『漢字三音考』、1785年刊）[7]。時代錯誤の偏見で

---

[5] 日本語学を学ぶ人には、日本語、言語に関する誤った見方に惑わされない目を持つことを求めますし、さらに、その中で国語の教員になる人には、その力を現実の教育の場で生かし、他者を正しい認識に導く役割を期待します。理科の先生が科学的なものの考え方や知見を正しく伝える役割を果たすのと基本的に同じことです。

[6] 本稿では一貫して「朝鮮・韓国語」の名称でこの言語を指し示します。

[7] もちろん、宣長はここで、古代のハ行子音が唇を合わせる音であるとは考えていません。

あるというのはたやすいですが、宣長が抱いた感覚は現代の我々にも通じるものがあります。日本語学の授業では、こうした感覚を生み出すからくりについても取り上げ、日本語母語話者一般が持つ「錯覚」に自ら気づく機会を提供しなければなりません。日本語の世界にどっぷり浸るというのではなく、日本語を突き放した目で見る視点を着実に身に付けることです。日本語に対する客観的な見方に加えて、他言語に対する想像力も培えるような配慮と方向付けも必要でしょう。同様のことは方言の違いを正しく認識する場合にも求められるはずです。

　先入観の例をもう一つ挙げれば、一般に、日本語は漢字と平仮名、片仮名から成り立っているという根強い思い込みがあることです。そこから脱するには、文字と言語本体の峻別ができなければなりません。日本語学はそれを学ぶ機会を提供します。両者の違いがわかることは基本中の基本であり、それなしには、音声学や音韻論をはじめとして、概説レベルの内容も正確に理解できずに終わります。ただ、教科書の類にいくらでも書いてあることとはいえ、授業において、受講者をその獲得へと導くには意外に時間と手間を要します。一方的に講義で話すだけでは定着しません。私の経験からすると、いろいろな工夫を施しても、入学したての１年生の場合、個人差はありますが、その認識が根付くまでに週１回の授業で１か月以上掛かります[8]。ただし、一度それが認識されると言語に対する見方ががらりと変わり、音声言語、文字に対する理解が格段に容易になります[9]。

　ところで、文字と言語本体を切り離してとらえることは、専門家のみが身に付けていればよいことであって、一般生活を営む上では不必要との意見もあると思います。しかし、日常の問題として、点字を使う人の状況を的確に理解するには不可欠の知識です。同一の言語に対し、点字

---

[8] 文字・書記をテーマとする教養教育の授業（全学部生に対して開講）における経験に基づいています。

[9] その認識を獲得した喜びは、リアクションペーパーからうかがえます。雲がなくなり晴れたような感覚を感じるようです。

と漢字・仮名というように、異なる文字体系が並列して用いられており、この関係は、文字と言語本体の峻別ができてはじめて正しくとらえられます。その意味では文字と言語本体の相違は社会一般にもっと広く認識されてよいと思いますが、点字を仮名の代用物としてとらえてしまうのが大方でしょう（点字を取り上げた授業で受講者はそれまで抱いていた誤解を正直に書いてくれます）。そうしたことに対する目配りもこれまでの日本語学では十分でなかったと思います（なかの (2015) など参照）。同様に、日常生活に関しては、今日のようにこれだけ頻繁にテキストメッセージのやり取りをする状況においては、文字と言語本体を正しく峻別し、かつ書記言語と音声言語の性質の違いを知ることの重要性は増しています。

　中川 (1995) はその「あとがき」で「私自身は言語学というのは『実学』だと思っている。たとえば『醬油の味の向上』を追求すること以上に、言語学というのは一般社会に利益をもたらすことが可能であり、その義務もあるのではないかと思う」（中川 1995: 251）と述べていますが、たいへん示唆に富む発言です。大学教育としての日本語学に関してももっと真剣に考えてよいと思います。

　以上、学部教育に焦点を当てて述べてきましたが、大学院に進学し、専門を深める学生についても、日本語や言語に対するこうした基本的な考え方が十分に備わっていなければ、いくら専門的な知識を蓄え、個々のテーマに取り組んだとしても意味をなさないのではないでしょうか。

## 2.3　音韻史を学ぶ意義について

　2.2節をふまえた上で、音韻史を学ぶ意義として、主に次の三点が考えられます。整理の必要上分けていますが、これらは、実際には互いに深く関連し合います。

　まず、言語変化、なかんずく音の変化について知ることの意義です。過去から現代まで日本語が変化してきたというだけのことなら、学生は高校での古文の学習や古典文学等を通して間接的に触れており、とりた

てて目新しいことではありません。しかし、どのように変化してきたかを具体的に知り、変化のメカニズムについて考察する機会はふつうありません。とかく言語変化はことばの乱れとしてとらえられがちです。そのような固定観念とは違った見方で理解することができれば、日本語、さらには言語に対する認識を深めることにつながります。もちろん、これには日本語史全般が関わりますが、とくに音韻史は、ふだんなかなか知る機会の少ない種類の言語変化を取り上げます。音が変化するというのは、学生の多くにとって意外な事実であり、それについて具体的に知ることの意味は大きいと考えます。

　第二は、2.2節で述べた、日本語を客観的にとらえることに関係します。客観的にとらえるためには、我々にとって身近な日本語を相対化する必要がありました。もし、過去の日本語がどうであったかを具体的に知り、今日との違いが明らかになれば、日頃使っている日本語を絶対視してきた見方を変えることができます。

　音韻史では、今日とどのように音声実現が違っていたのか、音韻体系はどのようであったか、あるいは、音配列はどうであったかといった点を扱います。これらの特徴は個別の語の形を通して現れます。もちろん、過去の推定音形は理論上の産物であり、一種の仮構ですが、その形は現代語から見て奇異なものです。「這ふ」は papu だったというふうに、過去の語形は身近な日本語を相対化するきっかけにはなります。

　しかし、そのとき、現代語の音の印象をそのまま持ち込んで判断すべきでないことがそれ以上に重要です。2.2節で示した [p] を例にとると、古代語では現代語とは異なる分布を持っており、それによってその音の印象も異なったのではないかと考える必要が出てきます。受講者の興味を引こうとして、「古代では『母』は papa だった」のような雑学ネタで済ませるのではなく、現代語の感覚が絶対的でないことを併せて考えることです。その機会が与えられなければ、現代語を相対化させる手前のところで終わってしまいます。それでは何にもなりません。

　第三は、音韻史の問題を取り扱うことによって、日本語、言語に対す

る基礎的知識をさらに固めることです。音韻史を正確に理解するためには、2.2節で述べた、言語本体とそれを表す文字との峻別ができていなければなりません。それができないうちは混乱するばかりで、次々に話題にされる事実がきちんと整理できなくなります。他にも、音声学と音韻論との違いなど、音韻史の内容理解には乗り越えるべきハードルが少なからずあります。もちろん、そうした基本は概説などで修得済みであるはずですが、すべての受講者に十全な理解を期待するのは非現実的です。こうしたハードルの存在は、実際に授業を進める上では障壁になりはしますが、それをむしろ生かして、あらためて受講者の基礎を固める機会に転換できるという利点があります。

　以上、音韻史を学ぶ意義を三つに分けて見てきました。音韻史の授業をより意味ある中身にできるかどうかは、内容の提示の仕方に掛かってきます。とくに音の変化は直接体験できません。音が変化することは、頭ではわかっても、それをリアルにとらえるのは困難です。しかし、何らかのやり方で、少しでも変化を実感することができれば、音韻史の内容はもっと身近なものになるはずです。変化の事実が一方的に教えられるのではなく、受講者が言語音の変化を見出すことができるような仕掛けをなんとか作り出したいものです。

## 3. 実際の授業における試み
### 3.1 授業としての音韻史の難しさ

　音韻史の授業の最大の壁は、受講者にとって扱う現象の抽象度が高く感じられることです。文献の背後にある音の問題に切り込もうとすると、それ相応の抽象化は避けられず、ある程度、IPAやそれに類する記号を使って説明する必要にも迫られます。現代語なら、教室で実際に発音するなど、その場で確かめつつ授業を進めることもできますが、過去の言語音となると、音価を示す記号や専門用語との格闘は不可避です。

　また、いわゆる通史では、どんな変化がどのように起こったかを順を追って説明しなければならず、受講者が能動的に理解する機会は確保し

にくくなります。

　全体として音韻史の授業では、一方的な講義形式に頼りがちになってしまいます。そうならないように、2.3節の最後に述べた、受講者自身が、変化が起こっていることをなるべく実感できるような体験型の仕掛けが必要です。ここで紹介するのは、そのような考えに基づいて、2014（平成26）年度後期の授業で実施した活動例です。

### 3.2　授業全体の構成（シラバス）

　該当する授業のシラバスを以下に掲げます（実際のものを適宜改変しています）。この授業は金沢大学・人間社会学域・人文学類の言語文化学コース・日本語学日本文学専門分野、および同学域・国際学類の日本・日本語教育コースの開講科目で、受講者はこれらの所属学生が中心ですが、他に人文学類の他分野の学生も受講しています。また、中学、高校の「国語」の教員免許取得を目的に履修する学生が含まれます。実質的な受講者数は約50名です。

---

**授業の主題（タイトル）**：日本語音韻史
**授業の目標（授業の概括的記述）**：日本語の歴史についての理解を深める。とくにこの授業では音韻史に関する話題を取り上げる。音韻史の基本的な考え方、文献資料に基づく研究方法とその実際を知り日本語がどのように変化してきたかについて考える。
**学生の学習目標**
[1] 科学的な考え方に基づいて日本語の事象をとらえる。
[2] 言語変化に対する客観的な見方を身に付ける。
[3] 音と文字（仮名）との関係を理解する。
[4] 歴史的な文献の具体的内容を解釈する。
[5] 知識を整理するだけでなく学習した内容を的確に表現する。
**授業概要（各回の内容）**
第1–3回：ガイダンス『捷解新語』（原刊本）に見るハ行子音／第4回：17世紀以後のハ行子音／第5回：古代語のハ行子音／第6回：古代語のハ行子音の変化／第7回：ア行ヤ行ワ行の子音／第8回：「あめつち」「たゐに」「いろは」／第9回：母音連続の融合と長母音化／第10回：破擦音化からジヂズヅの合流へ／第11回：ハ行子音、パ行子音と擬音語・擬態語／第12回：五十音図／第13回：上代の文字と音韻(1)／第14回：上代の文字と音韻(2)／第15回：まとめ

> **授業概要の補足説明**
> 【1】第1回から第3回では個別の事例に焦点を絞り音韻史で扱う問題がどのようなものかを知る。受講者自身による活動を基本とする。具体的には朝鮮資料と呼ばれる文献の一つである『捷解新語』(原刊本)を読み、17世紀頃のハ行子音がどのようであったかについて調査考察する。
> 【2】第4回ではその他の文献にも視野を広げてそれらをもとにして中世から現代にかけてのハ行子音の諸問題について考察する。ここでも受講者自身による活動を基本とする。
> 【3】第5回以降は以上【1】【2】における経験を土台としてその他の問題を取り扱う。主に講義形式でおこなう。
> 履修条件：概説などで音声学および音韻論についての基礎的知識が既習であること。

上記シラバスの「授業概要の補足説明」にあるように、この授業は大きく（1）（2）の二つの部分に分かれています。

（1）　第1回から第4回
（2）　第5回以降

（1）では受講者の活動を中心に進めるのに対し、（2）はプリントを使って主に講義形式で進めます。要するに、（2）はどちらかといえば典型的な講義型の音韻史です。ただし、上代から現代へという時系列順で見ていくことはしません。たとえば、（2）の最初は、（1）からの関連を考慮し、ハ行子音の問題を先に取り上げます。そして、第15回「まとめ」で、それまでに見てきた諸変化を時系列順に再構成します。この作業は3名程度のグループでおこない、それまでの内容を受講者どうしで確かめ、また、この作業を通じて「相対年代」の概念を体験的に知ります。

　ところで、（1）の4回分を17世紀およびそれ以降のハ行子音に絞った内容に充てるわけですから、（2）の時間が短くなってしまいます。しかし、この授業は、（1）の経験を土台にして（2）に入るという設計で、（1）において音の変化がより実感的にとらえられれば、（2）の内容理解に効果が上がることを期待しています。その分だけ時間的にも短縮できるのではないかとのもくろみがあります（本当にそのようにうまくい

くかどうかは今後、実施を繰り返す中で検証が必要です）。3.3節以下では（1）でどんな活動をしたかを詳細に見ていきます。

### 3.3 『捷解新語』（原刊本）を使った活動内容

ここでは、（1）のうち第1回から第3回までの、『捷解新語』（原刊本）を使った活動に焦点を絞ります。康遇聖『捷解新語』（原刊本；1676年、朝鮮刊）の日本語文に付せられた訓民正音（以下、ハングル）の音注を見ると、ハ行音は（3）のように記されています（ヒヘハホフの順で示す。以下、本稿ではハ行の子音だけを指す場合には「ハ行子音」を、母音も含めた音節全体を指すときには「ハ行音」を使う）。これに比べ、現代のハ行音は（4）のようになるのが一般的です。

（3）　피 (p'i), 폐 (p'jəi) ／펴 (p'jə), 화 (hoa), 호 (ho), 후 (hu) [10]
（4）　히 (hi),　　헤 (həi),　　하 (ha), 호 (ho), 후 (hu)

なお、エ段の表記は双方の音韻史にとって問題のある部分で、取り扱いに注意を要しますが、この授業では深く立ち入らずに済ませます。

　従来の私の授業では最初にプリントや板書で（3）（4）を示し、それを使って考察していました。しかし、ここでは、（3）（4）を受講者自身が一連の作業を通じて導き出します。結果を得るまでに時間と手間は掛かりますが、活動を通じて、各受講者はハングルのしくみについても能動的に理解することを求められるので、結果として、音注が何を表しているのかについてもより深く考えられるようになります。実際に、時間の許す範囲に限られますが、『捷解新語』の複製本のテクストを読み進めるので、受講者はその背後にある人の営みにも興味を持つようです。結果として、ハングルの音注を手掛かりに、当時のハ行音が今日の

---

10 括弧内はハングルのローマ字転写（transliteration）です。実際の授業でも、文字転写と音形表示の違いに注意を払うように言及します。とくに、ハングルのローマ字転写は、レポートを作成するときに必要になります。また、この違いは今後、専門の論文を読む場合にも必要な知識になります。

それと異なることをより実感的にとらえることが可能になります。このような点においても、『捷解新語』は最適の文献であると思います。

　むろん、ハングルおよび朝鮮・韓国語の音韻に関する知識は履修に際して要求できないので、具体的な作業に入る前に最低限の内容を講義で補います。受講者に対しては、ハングルを学ぶのが目的ではなく、作業を進める上で必要である旨を断っておきます。演習ならまだしも、学部レベルの日本語学の講義系の科目としては逸脱した感があるかもしれませんが、それに構わずこの活動を取り入れます。これによって、現代日本語を過去の日本語と対置し相対化させると同時に、他言語と対置させることで、もう一つの相対化も盛り込むことができるからです。以下、時系列に沿って具体的な活動計画を掲げます。

〈1〉15回の授業を通して使う以下の資料を配付する。
　　a）国際音声字母（IPA）の一覧表、b）音声器官の断面図
〈2〉第1回から第3回で使用する以下の資料を配付する。各資料を紹介しながら、「ハングルで写された日本語のハ行音について、現代と17世紀の資料でどう異なるかを調べる」との目的を示す。
　　a）現代語のハ行子音の音声実現に関する説明（特定の調音点を持たず、後続母音の口の構えで無声で発音される点を説明。IPA は [i̥e][e̥][ḁa][o̥o][u̥u] と [çi][he][ha][ho][ɸu] の二種を提示）[11]
　　b）現代ハングル字母表（各字母には主な音声実現を IPA で併記し、仮名文字の五十音順に相当する가나다順ではなく、子音体系、母音体系を考慮した配置で提示）
　　c）現代ハングルによる日本語資料（漢字併記のハングル版の日本地図、日本語の教材、その他、留学生の力を借りて作成した人名表など、日本語表記ないし漢字と、ハングルの音訳が付されているもの

---

[11] 日本語の後舌狭母音は円唇性が弱く、多くの場合 [ɯ] で記されます。しかし、本稿では、後舌母音が前舌母音に比べて相対的に円唇的であること、また、後舌狭母音が円唇と非円唇で対立する朝鮮・韓国語やベトナム語と違い、積極的に非円唇で実現されるわけでないことに注目し、[u] で表します。

であればよい。ハ行音が網羅されていること）

　　d)『捷解新語』原刊本（冒頭部分の他、旧国郡名を列挙した「国尽くし」の箇所も入れる。この箇所は「はりま」「ひだ」「ほくろく（北陸）」等々、用例を比較的見つけやすい。ハ行音が網羅されているよう配慮する）

〈3〉資料〈2〉b)を使って、ハングルのしくみ、朝鮮・韓国語の音韻に関して、本活動に必要な最低限の説明をおこなう。ペアを組んで相手の名前を書くなどして、多少ともハングルに慣れる。ただし、覚える必要のないことを断っておく。留学生がいれば手伝ってもらう。

〈4〉資料〈2〉c)を使って、現代日本語のハ行音がハングルでどのように記されているかを調べる。たとえば「浜田」「広島」「福井」「八戸」「東北（地方）」がどう書かれているかを地図中から見つける。これは、4名程度のグループでおこなう（1名が取りまとめ役）。あるいは、まず各自が宿題としておこない、次回に、結果を持ち寄ってグループで確認するのでもよい（授業の進捗状況に応じて変える）。

〈5〉各グループから結果を報告し、その内容をまとめる。

〈6〉二つの母音字母の組み合わせ'ㅘ(oa)'がどんな音を表すのか、たとえば「和歌山」「金沢」の「わ」で確認しておく。後で調べる『捷解新語』（原刊本）のハ行音「は」が'화(hoa)'と記されているので、予めこの母音字母の組み合わせをこの段階で知っておく。

〈7〉資料〈2〉d)を使って、『捷解新語』（原刊本）がどのような文献であるか、また著者康遇聖がどのような人物であるかを説明する。そして、ある程度の長さのテキストを実際に読み、必要な解説を加える。読む箇所をグループで分担してもよい。少しでもテキストに慣れる。

〈8〉この時期のハングルおよび朝鮮・韓国語の音韻について必要な説明をおこなう。

〈9〉資料〈2〉d) を使って、『捷解新語』（原刊本）の日本語文に付されたハングルで、ハ行音がどのように記されているかを調べる。ハ行の仮名で書かれていても、ハ行転呼音（ワ音、イウエオ音）とバ行音も含まれるので、ハ行の仮名がどう記されているかではなく、そのうちのハ行音が調査の対象であることに注意を促す。現代語の〈4〉の場合と同様、グループでおこなう（同じメンバーである必要はない）。
〈10〉各グループから結果を報告し、その内容をまとめる。
〈11〉ハ行音に関して、現代と『捷解新語』（原刊本）のハングルを比較し、その違いが何を意味するのかについて考察する。各受講者が自分の考えを書いてまとめ、提出する。
〈12〉全体の討議（あるいは、まずグループごとに討議をおこない、それをもとに全体の討議につなげるのでもよい）

授業の流れは以上のとおりです。なお、第1回にはガイダンスがあり、また、概説の基本事項の再確認に時間が掛かり、すべてが3回分に収まらない場合には、たとえば〈12〉は第4回にまわすことも考えられます。

### 3.4 考察を進める上で必要とされる能力

　日本語の特徴が音韻体系の異なる朝鮮・韓国語から見てどのようにとらえられているかに注意を払いつつ、考察を進めることになりますが、その考察の過程で、受講者には次のような能力が要求されます。

（5）　音のレベルと文字のレベルを混同せずに区別できる。
（6）　各音声の特徴を適切な用語を用いて同定できる。
（7）　音声実現と音素とのレベルの違いが理解できる。
（8）　異言語間の音韻体系の違いを具体的かつ的確に説明できる。

（5）（6）（7）（8）は概説等の既修事項とはいえ、その知識が十分に定着しているとは限りません。実際の受講者のリアクションペーパーにも、「概説で学んだはずだが、内容がうまく思い出せない」「もう一度復

習が必要です」と理解不足を表明するものが出てきます。2.3 節でも述べたように、音韻史の授業はこうした基本的能力を実際に使う機会を提供し、その定着を促す意義も持っています。もしそのまま放置すれば、それを有効に使う機会とはなりません。そして、なにより問題なのは、（5）（6）（7）（8）がなければ漠然とした考察にしかならず、有意義な議論ができなくなります。そこで受講者には、この授業では（5）（6）（7）（8）の能力が必要であることを予告するとともに、不安のある場合には復習をおこなうよう求めます。「音声学や音韻論の基礎的知識が必要」というだけでは具体的に何が求められるのか十分に伝わらないでしょう。復習を具体的に促す意味で、第 1 回目に予備課題（宿題）を出すことも考えられます。たとえば、「サ行音がヘボン式ローマ字綴りで s と sh とに書き分けられることに、英語の音韻体系がどのように関わっているか」といった問題を提示します。これに的確に答えるには（5）（6）（7）（8）が一通り必要とされるので、逆にいえば、答案から、どの点が不十分かを判定することができ、その結果を受講者にフィードバックすることもできます。

### 3.5　考察

　実際の授業で、どのように（3）と（4）に関する考察を進めたかを、教室での議論や受講者の提出物を交えて見ることにします（紙幅の都合で提出物の文面は適宜要約します）。本題に入る前に、（3）の特徴を整理しておきます（亀井 1984、森田 1957 などを参照）。その現れ方は、①前舌母音のヒヘは피 (pʻi)、폐 (pʻjəi)／펴 (pʻjə) のように有気両唇破裂音の ㅍ (pʻ) で写され、非前舌母音のハホフは無声（声門）摩擦音の ㅎ (h) で写されていること、②後者のハホフのうちハは、화 (hoa) のように唇音 [w] を伴うのに対し、ホフは今日と見た目の変わらない 호 (ho)、후 (hu) となっていること、の二点にまとめられます。さらに、このような相違があるものの、ホフの母音はヒヘハのそれに比べて相対的に円唇的ですから、子音か母音かにこだわらず、音節を単位として見ればヒ

ヘハホフはいずれも唇に関わる点で共通しています。この点は見逃せません（実際の授業ではこれらの整理は予め示しません）。

　受講者は最初、（3）の結果を見てこれが現代と違う発音を表しているとすぐには判断せず、「正確に聞き取れなかったため、現代の（4）とは違って、ばらつきのある表記になった」のような意見がけっこう出てきます（私からはハ行子音が変化した事実は示しません）。そこで次に、「ばらつきがあるように見えても、何か秩序を見出すことはできないか」と尋ねると、母音の前後の特徴と関係するとの答えが返ってきます。当然、異音の概念に想到する受講者も出てきます。つまり、ヒヘハホフには共通する特徴があり、それが母音の影響で異なる音声として現れるという見通しで全体を見るようになります。この段階になって、当時のハ行音は現代語とは異なる発音をしていたらしい、また、そうだとすれば、これ以降に変化したらしいことが受講者の間で広く認識されるようになります。迂遠のようですが、この過程がたいへん重要です。なお、議論の過程で「朝鮮・韓国語の変化は考えなくてよいのか」との質問も出てきます。これには、目下の考察対象に関しては当面問題にしなくてよい旨答える一方、一般論としては、こういう場合には当然考えるべき重要な点であることを受講者全体に伝えるようにします。

　このあたりで、当時のハ行子音がどのような音声であったかに論点を移します。受講者から出される見方は大別すると、（あ）ハングル表記から、ヒヘの子音は有気破裂音、それ以外はhの摩擦音であったことがわかる、（い）ヒヘハホフの子音はハングルの示す朝鮮・韓国語の音に近かった（しかし、同じではない）、の二つがあります。（あ）に対して（い）は、朝鮮・韓国語と日本語との間に体系上のズレがあり得ることが考慮されており、一定の留保を付ける点で異なります。さらに問題になるのは、どのようなズレがあるかであり、音韻体系の具体的な違いに関心を向ける必要が生じます（これについては後述）。

　さらに次の段階では、「ホフは現代と同じハングルが当てられているが、現代と同じ音を表していると考えてよいか」という質問をぶつけま

す。現代と異なるとする意見は、「ホフについて、もし、今より唇の狭めを伴う子音だったとしても、[o][u] はともに母音が円唇的であるため、目立たず現代と同じハングルの表記が当てられたのかもしれない。他のヒヘハが唇を狭める子音を持っているから、ホフも同じようにそうだったのではないか」のような内容です。これに対しては、「ホフの母音は円唇的であるために、より早くから、唇の狭めが目立たなくなっており、他の母音の場合よりも早く現代語の発音に近くなっていたのではないか」とする考えも出てきます。このように複数の立場が出てくることは大歓迎で、一般に音韻史では、しばしば解釈の幅が重要な意味を持ちます。そのことを授業の場で各人が考えを出し合う中で実現できればすばらしいことです。当時のハ行子音は [ɸ] であったと結論づけるのは一見きれいですが、それだけでは音韻史の大切な部分が欠落してしまいます。この考察でも、一定の答えに絞り込むことはせず、解釈の幅を示して終えることにします。実際、『捷解新語』（原刊本）のハングル音注からも一義的な結論を得ることはできません。

　最後に、残されていた音韻体系の違いの問題について見ることにします。朝鮮・韓国語の音韻体系には両唇および唇歯の摩擦音で実現される音素が存在しません。たとえば、現代の英語からの外来語も、英語の /f/ が、この言語では一般的に /pʰ/ で写されています。この事実も授業の中で触れるようにします（受講者の中に朝鮮・韓国語の学習経験者がいて、外来語「ファイティング」に 화이팅 (hoa・i・tʼing) があるとの指摘が出されました。파이팅 (pʻa・i・tʼing) といちおう共存しており、この授業にとって興味深い問題を提起してくれました）。

　ちなみに、英語の /f/ は日本語では「ファール」「フィールド」「フェスティバル」のようになるわけですが、だからといって朝鮮・韓国語の [pʰ] よりも英語に忠実とは限りません。音響面から見れば、有気の特徴を持つ朝鮮・韓国語の [pʰ] が日本語の [ɸ] よりも英語の [f] にふさわしいと見ることもできるからです。韓国語には日本語のような最適な音声がないので、[pʰ] で受け入れているとするのはその意味では危なっかしい

見方です。このように日本語音韻史の問題を通して、言語音を多面的にとらえ、日本語を相対的にとらえる重要な機会にすることも可能です。

### 3.6 発展

上記の考察で得られた結果をふまえて、第4回以降ではさらに扱う資料を広げていきます。『捷解新語』(改修本)におけるハ行に対する音注の改訂の問題(安田1980)、『コリャード日本文典』のハ行子音に関する記事[12]、概説書等で定番の後奈良院撰『何曽』(鈴木(編)1985)などとの関連を見ていくことになります。

以上の活動を通して、あらためて『捷解新語』がハ行子音の問題を考える上で非常に興味深くまた重要な文献であることが再認識されます。安田(1996, 2005)はこの文献が日本語史研究に果たす役割の重要性を説いていますが、そのことがあらためて想起されます。

### 4. おわりに

今も、実際の教室で、『捷解新語』のハングル音注が、現代と異なるハ行音の音声を伝えていることにじわじわ気づき始めた時の雰囲気を覚えています。その時の多くの受講者の顔つきは半信半疑といった印象です。学期の最初、内容に関する具体的説明は極力少なくしていました。授業後、あらためて話し過ぎないことの大切さを実感したものです。やはり、受講者自身で気づくことの重要性は無視できません。

中世のハ行音といえば後奈良院撰『何曽』がまず取り上げられるかもしれませんが、本授業では後回しにしています。また、3.5節で見たように、英語から朝鮮・韓国語に入った外来語の問題など、話題が日本語から外れることもいといません。しかし、そうすることで、かえって日

---

[12] 「fは、日本のある地方ではラテン語におけるように発音されるが、他の地方ではあたかも不完全なhのように発音される。しかし、経験によって容易に知られるであろうが、fとhとの中間の音であって、口と唇とは完全にではなく幾分重ね合わせて閉じられる。例.fito(人)」(Collado(著)大塚(訳)1957: 3–4)。

本語学の内容の潜在的価値を引き出すことができます。他にも同様の例を増やしていこうと考えています。表題の意図もそのような意味として理解していただければありがたいです。

**参照文献**

亀井孝 (1984)「室町時代末期の /ɸ/ に関するおぼえがき」『日本語のすがたとこころ (一)』, 亀井孝論文集 3. 東京：吉川弘文館.

京都大學文學部國語學國文學研究室 (編) (1957)『捷解新語』京都：京都大学国文学会.

京都大學文學部國語學國文學研究室 (編) (1987)『改修捷解新語　本文・国語索引・解題』京都：京都大学国文学会.

鈴木棠三 (編) (1985)『中世なぞなぞ集 (岩波文庫)』東京：岩波書店.

中川裕 (1995)『アイヌ語をフィールドワークする』東京：大修館書店.

なかの・まき (2015)『日本語点字のかなづかいの歴史的研究　日本語文とは漢字かなまじり文のことなのか』東京：三元社.

本居宣長 (1979)『漢字三音考　地名字音転用例 (勉誠社文庫 67)』東京：勉誠社.

森田武 (1957)「捷解新語解題」京都大學文學部國語學國文學研究室 (編)『捷解新語国語索引并解題』1–55. 京都：京都大学国文学会.

安田章 (1980)「ハ行音価と朝鮮資料」『朝鮮資料と中世国語』86–90. 東京：笠間書院.

安田章 (1996)「捷解新語の冒頭表現」『国語史の中世』75–89. 東京：三省堂.

安田章 (2005)「外国資料論」『国語史研究の構想』1–29. 東京：三省堂.

Collado, Didaco (著)・大塚高信 (訳) (1957)『コリャード日本文典』東京：風間書房.

# chapter 9 アンケート調査実習を通して日常の言葉を日本語学の俎上にのせる

小西いずみ

## 1. はじめに：赴任時の戸惑い

　現在の所属大学で初年次教育から卒業論文指導まで恒常的・継続的に大学の学部教育に携わるようになって、特に最初の数年は、次のような学生のありかたに戸惑いを感じました。

- 学習や研究の場において、既習のはずの基礎知識や概念を用いず、日常の語彙に頼り続ける。
- 言葉遣いに対する規範意識が強く、「誤った」「乱れた」とされる言葉遣いも含めて日本語を記述・分析しようという姿勢に乏しい。
- 個人で研究を行うよりも共同作業を志向する。
- 研究テーマに直接に関わるキーワードでのみネット検索し、「先行研究がなかった」と言う。
- 語彙調査データを、MS-Excel上で次頁の図1のように管理する[1]。
- 多くの学生の卒業論文構想発表資料の書き出しが「私は」。

---

[1] 図1は、小西（2011）で用いた、青空文庫所収の新美南吉童話作品の「母」を表す名詞データを、本稿に合わせて作り変えたものです。このように入力してしまうと、作品や語形ごとの用例数を目で見て数えねばなりませんし、同じ語形の用例を抽出することができません。

| | A | B | C | D | E | |
|---|---|---|---|---|---|---|
| 1 | 作品名 | ファイル名 | 用例 | | | |
| 2 | ごん狐 | gongitsune.txt | 「ははん、死んだのは兵十の【おっ母《かあ》】だ」 | 「兵十の【おっ母《かあ》】は、床《とこ》についていて、うなぎが食べたいと言ったにちがいない。 | だから兵十は、【おっ母《かあ》】にうなぎを食べさせることができなかった。 | その<br>は、<br>ちが |
| 3 | ごんごろ鐘 | gongorogane.txt | 【お母《かあ》さん】はじめ、うちじゅうのものがびっくりした。 | 【お母《かあ》さん】が、 | | |
| 4 | 花のき村と盗人たち | hananokimura.txt | じぶんが【母牛《ははうし》】ででもあるかのように、そばにすりよっています。 | | | |
| | 屁 | he.txt | たいていのなやみは、【おかあさん】に | だいいち、どういって【おかあさん】に説明 | 屁《へ》をひった話どしたら、まっさきに | どこ<br>てい |

図1　語彙調査入力データのよくない例

　上の多くは、講義形式の授業ではなく、演習形式の授業や卒業論文執筆段階で顕在化します。学生は一般に学ぶことに貪欲と言ってよく、学生の学習・研究意欲に起因するわけではありません。思い当たる原因は、今の学生と私自身の学生時代との環境の差です。つまり、所属学部・学科の設置趣旨・規模、履修制度、学習・研究を支える技術的環境などの違いが複合して、上のような事柄に顕現するのだと思います。私自身は少人数教育を謳う公立大学の国文学専攻に所属し、学生当時の専門科目は通年30回の授業が一般的でしたが、現在の所属先で担当するのは、教育学部の中等国語科教員養成を主目的とする課程の「国語学」の授業で、半期15回で構成されます。演習の授業の場合、私が学生のときは各受講生が1～2回発表を担当しましたが、現在の担当授業では2～4人のグループで発表することになります。上では学生が共同作業を志向すると書きましたが、こちらが学生にそれを強いている面もあります。

　赴任して数年は、上のような事柄に対し、現状を尊重すべきか、望ましくないとみなして改めるべきか、制度上しかたないとあきらめ、部分的な解決策を探るべきかが分かりませんでした。今も、コンピュータ等の学習・研究環境や大学組織の変化、学生の学年ごとの雰囲気（としか言いようのないもの）の違いもあり、少しずつ考えが変わります。「大学教育とはこうあるべきだ」という考えが定まってきたと言うよりも、

「大学教育とはこうあるべきだという (その時々の) 考えを、どのように授業に反映させるとよいか」が前より見えてきたように思います。

　本稿では、言葉に関するアンケート調査の企画から実施、分析・考察までを全15回で行う授業をとりあげ、その授業を通して上のような問題にどう対処してきたかを示します[2]。授業内容は、現代日本語を対象とした社会言語学に隣接するものですが、授業で目指しているのは、社会言語学の知識を得ることより、日本語学の基礎知識を一通り学んだ段階で実証的調査・研究を体験することで、その知識の定着をはかるとともに、その有用性を受講生が認識することです。

　この演習は、表題にも掲げたように、受講生自らの大学での言語経験を、日本語学という学問領域の俎上にのせ、研究課題として一般化することを課すものです。日本の大学で日本語学を学ぶ学生は、その多くが日本語を第1言語としており、彼・彼女らにとって、現代日本語学の学習・研究は、すでに身体化された自らの言語を対象化する営みと言えます。ただし、西日本出身者が多い私の所属先の学生にとって、「標準語」「共通語」は身体化された日常言語とは捉えにくく、あくまで改まったスタイルでの話し言葉や書き言葉という側面が強いようです。そのために現代日本語学の学習・研究の場でも、「標準語」「共通語」を対象にする限り、それを規範的に捉える姿勢から脱しにくいのだと思われます。この授業では、受講生と同じ大学生の日常の言語表現・言語行動を調査対象とすることで、記述者・分析者としての姿勢を保ちやすくすることをねらっています。

## 2. 授業の実際
### 2.1 シラバスとカリキュラム上の位置づけ

　この授業「現代国語文化演習A」は、私の本務先である広島大学教育学部国語文化系コースの専門科目として、2年次後期に設けているもの

---
[2] ここで紹介する調査の調査票や結果概略は筆者のウェブサイト (http://home.hiroshima-u.ac.jp/ikonishi/) で公開しています。

です。当コースは中等教育国語科教員の養成を主な設置趣旨としてカリキュラムを編成しており、実際に所属学生の多くが、中学・高校の国語科教員を志望して入学し、卒業後その職に就きます。受講生は、中高の国語科教員免許取得を目指す他コースの学生も加わり、30〜40名です。現代日本語学概論にあたる講義科目を履修済であることを受講条件としていますので、現代日本語の音韻・語彙・文法等の基礎知識があるという前提で授業を進めます。

2015年度のシラバスは次のとおりです（一部略記）。

---

**テーマ** ことばに関するアンケート調査の実施と分析
**概要・目標** 大学生を対象に、学生生活における言語表現・言語行動に関するアンケート調査を実施する。受講生は3、4人前後のグループに分かれ、調査項目を選定、結果を分析・考察する。次のことを目標とする。
(1) 現代日本語の多様性／均質性を実証的に把握し、その形成要因・形成過程を考察する。(2) 言語調査の方法、データ分析法、プレゼンテーションの技法の基礎を習得する。
　第1回　ガイダンス、日本語学に関する情報収集法（講義）
　第2回　言語調査の方法、調査方針の検討（講義と討論）
　第3〜6回　調査項目の検討（グループ発表）、調査票の完成
　第7〜8回　調査結果の入力・分析法（講義、PCを用いた実習）
　第9回　調査票の回収、調査結果の入力
　第10〜11回　調査結果の分析（グループ活動）
　第12〜15回　調査結果の分析と考察（グループ発表）

---

## 2.2　授業の展開1：調査票の配布開始まで

第1回は、授業の概要・計画についてシラバスの内容を補って説明するとともに、調査項目の選定や調査結果の分析に有用な参考書や文献データベースを紹介します[3]。大学生を対象とした言語表現・言語行動に

---

[3] 先行研究の収集、調査項目の選定に役立つウェブサイトとして、すでに受講生にお馴染みの国立情報学研究所 CiNii のほか、国立国語研究所「日本語研究・日本語教育文献データベース」、NHK 放送文化研究所「最近気になる放送用語」などを紹介します。基礎的な用語等を確認するための参考書としては、受講条件としている概論の授業の教科書である荻野（編著）(2014) のほか、飛田ほか（編）(2007) や計量国語学会（編）(2009) などの事典類、北原（監修）(2002–2005) などの叢書をあげています。

についてのアンケート調査を行うことは確定事項とし、どのような事柄が調査項目となりうるのかを例示します。また、学生の希望をなるべく生かして以後の調査項目作成の単位となるグループ（各班3〜4人）を作ります。

第2回は、話し言葉を対象とした言語調査の方法について、アンケート（自記式調査）とそれ以外（面接調査、談話収録など）を比較しながら講義します。また、これから行う調査の対象や内容の特質を確認しながら全体方針（対象者の条件、規模など）を決めるとともに、項目作成の留意点（回答者の知識を問うものにしない、専門用語を使わない、回答者の負担を考慮する、等）について講義します[4]。

第3〜6回は調査項目を検討します。まず第3〜5回で、班ごとに調査項目初案を発表し、質疑応答を行います。この発表では、調査項目だけでなく、調査の目的・背景・先行研究なども含めるよう予め指示しています。受講生は調査項目案に回答し、その後に質疑応答を行いますので、質疑応答では、回答者の立場から気づいた疑問点や改善案が活発に出されます。また、受講生が回答を書き込んだ調査項目案を授業後に担当班に返し、項目改善に生かすように指示します。それを受けて第6回に全班が改善案を発表し、再度受講生が回答してみて質疑応答を行い、調査項目をほぼ確定させます。フェイスシート項目については私が提案し、同様に検討します。

例えば「新語・造語」担当班の調査項目初案は次のようでした[5]。

---

　下のa〜cの言葉をどのような形で使用しますか。略して使用する場合は、その形を、そのままの形で使用する場合は、そのままの名称を書いてください。
　a. ゆめタウン　（　　　　　　　　）
　b. セブンイレブン　（　　　　　　　　）
　c. ユニバーサルスタジオジャパン　（　　　　　　　　）

---

[4] 調査項目の構成や設問のワーディングの参考文献として、佐藤（2004）、言語編集部（編）(1995)、安田・原（1982）などを紹介します。

[5] 「ゆめタウン」は中国地方を中心に分布するショッピングセンターです。

これに対し、「地元と大学とで違う可能性がある」「選択肢を示すべき」などの意見が出されました。そこで設問を練るとともに、回収した受講生の回答を参考に選択肢を設けるよう指示したところ、次の改善案が提出されました。

---

　次のa～dの言葉を（　）内の場所において、どのような形で使用しますか。下の選択肢から最も使用頻度の高いものを1つ選んでください。
　a. ゆめタウン
　　（大学）1. ゆめタウン　2. ゆめタ　3. ゆめ　4. タウン
　　　　　　5. その他（　　　　　　　　）
　　（地元）1. ゆめタウン　2. ゆめタ　3. ゆめ　4. タウン
　　　　　　5. その他（　　　　　　　　）
　b. セブンイレブン
　　（大学）1. セブンイレブン　2. セブン　3. セブイレ
　　　　　　4. イレブン　　　　5. その他（　　　　　　　　）
　　（以下略）

---

　また、「依頼または誘いの表現」担当班の調査項目初案は、次のようなものでした（回答欄は略）。

---

　あなたは地域の清掃ボランティアの運営委員になりました。次の相手に参加を依頼するとします。
　a. 親しい人（家族、友人）
　　1）どのように依頼しますか。実際に書くように（メール、LINE、手紙等）記してください。
　　2）どのように依頼しますか。実際に話すように（直接会って、電話等）記してください。
　b. 他人（不特定多数に向けて）
　　1）どのように依頼しますか。実際に書くように（チラシ、ポスター等）記してください。
　　2）どのように依頼しますか。実際に話すように（街頭で呼びかけ等）記してください。

---

　「清掃ボランティアの参加依頼」という状況設定は適切ですし、相手（特定の親しい個人／不特定多数）、書き言葉／話し言葉という2要因による差異を確かめる意図・意義も理解できます。しかし、質疑応答で

は、「日時や場所の情報がないと依頼できない」「大学生が地域の活動に参加することは想定しにくい」「家族と友人で表現が異なる」「4つも回答するのは面倒だ」などの意見が出ました。そこで、清掃ボランティアの参加という設定と自由記述式にすることは変えず、回答者の負担を考慮して再検討するよう指示すると、次の改善案が提示されました。

> あなたは大学内の清掃ボランティアの運営委員になりました。次の相手に直接会ってボランティアに誘うとします。あなたが実際に話すように書いてください。ボランティアに関する設定は以下のとおりです。
> 日時：12月27日（日）10時～14時
> 集合場所：広島大学中央図書館前
>
> 相手　a. 親しい同級生
> 　　　b. 顔見知り程度で親しくない同級生
> 　　　c. 初対面の同級生

「地域」ではなく「大学内」と変えるとともに、日時・集合場所が具体的に設定されました。また、対面での話し言葉に限定し、使い分けの要因を相手の親疎のみとし、それに伴い、言語行動の種類を「依頼」から「誘い」に位置づけし直しています。思い切った、しかし適切な改善ですが、さらに質疑応答で、bとcにあまり表現の差はないのではないかとの意見があり、最終的にcは除くこととなりました。

　前述のとおり、調査項目初案の発表資料には、調査の目的や、先行研究も含めた問題の所在を明記するよう予め指示しています。その際、同様の調査を行った研究論文を探すだけでなく、調査項目に関わる概念・用語について辞典・事典や概説書なども参照して確認するよう伝えました。例えば、「あいさつ」担当班の1つは、「あいさつ」の定義や特性、選択肢とする表現の意味論的意味や定型性などを予め整理して調査項目を検討しており、初案から完成度の高いものでした。

　また、調査の目的をどう設定するかの議論を通して、言語規範との距離のとりかたや、記述者・分析者としての態度について、認識を促すことができました。敬語などの言語規範を担当した班の発表資料に、典拠

を示した上で「目上の人に「了解」という言葉を使うべきではない。」と断じた部分がありましたが、質疑応答により、そう記した学生自身がこの規範を不便に感じていることがうかがえました。そこで、私から、調査者は規範に依拠して実態を「誤り」と断ずるのではなく、実態の記述・分析を通して規範の妥当性を検討すればよいこと、そのために「Xという言葉を使うべきではない。」ではなく、「資料AはXという言葉を使うべきではないとする。」などと表せばよいことを述べました。

　授業後、各班の調査項目を電子メールで送るよう指示し、私が1つの調査票にまとめます。項目の配列順は私が決めますが、あとは最低限の表記・語句や書式の統一を行うのみで、基本的には受講生が提出してきた項目をそのまま用います。

　以上は、予備調査を兼ねながら調査項目を練る過程と言えます。受講生が調査対象母集団の部分集合だからこそ可能なことですが、限られた時間で一定の質を保った調査を実施するために、その利点を積極的に生かしています。議論を経て調査項目が見違えるように改善されますので、受講生にもこの活動の意義は理解されやすいようです。その過程で受講生は、日常生活での言語経験を学術上の問題群として一般化しながら、その問題群を表現するために既存の学術用語・概念が必要・有効であることを認識します。

　調査票の配布は、授業時間外に受講生が行います。調査票はPDFファイルで学内の電子掲示板を介して受講生に渡るようにします。それに先立ち、第6回の授業で、配布・回収の手順を記した文書「調査実施の手引き」をまずは案として配布し、検討、確定します。回答者の匿名性は確保していますし、思想・信条を問うなどのセンシティブな調査項目は含まれませんが、どのように感じるかは個人差があることを説明した上で、相手との上下関係等を利用して回答を強制することのないよう、また、回収した調査票は厳重に管理するよう指導します[6]。

---

[6] 調査票はデータ入力後に回収し、私が管理します。なお、広島大学において、研究倫理審査は、倫理上問題が生じうる研究について希望に応じて受ける定めとなっ

### 2.3　授業の展開2：調査データの入力から結果発表まで

　配布・回収期間を2週間ほど設け、その間の授業（第7〜8回）では、データ入力・分析の方法についての講義・実習を行います。受講生には、予め、架空の調査データを収めたMS-Excelファイル（図2）を配布し、なるべく各自がノート型PCをフル充電して持参するよう指示しておきます[7]。授業では、図2のファイルをプロジェクタで投影しながら、今回の調査でも、このようにExcelを簡易データベースソフトとして利用し、調査票1件分が1行に、各調査項目が1列に対応するよう入力することを示します。

| | A | B | C | D | E | F | G | H | I |
|---|---|---|---|---|---|---|---|---|---|
| 1 | ID | 性別 | 生年 | 都道府県 | 市町村 | (1) 方言好き | (2)a 地元 | b 大学 | (3)a 会話 |
| 2 | 1 | 女 | 1990 | 01.富山 | 富山市 | 1 | 1 | | 今日、暇なんだけど、うちで鍋せん？ |
| 3 | 2 | 女 | 1989 | 02.石川 | 金沢市 | 1 | 6 | 1,5,6 | 今日、暇ねんけど、鍋しん？ |
| 4 | 3 | 女 | 1990 | 03.福井 | 福井市 | 3 | 1 | 1,5 | 今日、わたし暇なんだけど、うちで鍋せん？ |
| 5 | 4 | 女 | 1988 | 03.福井 | × | 2 | 1,で | 1,で | 今日暇なんやけど、うちで鍋せん？ |
| 6 | 5 | 男 | 1990 | 04.岐阜 | 大垣市 | 1 | んで | 5 | 今日、暇やから、うちで鍋せん？ |
| 7 | 6 | 女 | 1989 | 05.静岡 | 静岡市 | 2 | 1 | 1 | 今日暇だからさー、私んちで鍋しよう |
| 8 | 7 | 女 | 1989 | 05.静岡 | 浜松市 | 1 | 7,で | 3,4,5,7 | 今日さ、私暇だけえ、私んちで鍋せん？ |
| 9 | 8 | 女 | 1990 | 06.愛知 | 豊川市 | 3 | 7 | 7 | 今日、暇だで家で鍋しん？ |
| 10 | 9 | 男 | 1989 | 06.愛知 | 岡崎市 | 1 | 1,2,6,7 | 4,5 | 今日、暇なんだけど、うちで鍋せん？ |
| 11 | 10 | 女 | 1990 | 06.愛知 | × | 1 | 1,2 | | 今日暇なんだけどどうで鍋せん？ |

図2　データ分析実習用の架空の調査データ

　さらに、入力や集計に役立つ「フィルタ」「ピボットテーブル」などの機能を紹介し、集計を行う例題を出します。周りと相談して行うよう指示すると、コンピュータに苦手意識を持つ学生も困難がかなり軽減されます。調査項目には、選択式で単独回答の項目、複数回答可の項目、

---

ています。また、諸大学が公開する研究倫理審査規定を見ると、医学・生物学的な情報や個人を容易に特定しうる情報を収集せず、人権を損なう恐れのない研究は、審査不要とするのが一般的です。この授業の調査は、この一般的基準に照らして審査不要な場合に合致すると判断し、審査を受けていませんが、回答者への説明と同意の手続きなど、人を対象とする調査に求められる倫理基準を満たすよう計画し、受講生にも指導しています。

[7] 入学時に購入を推奨していることもあり、ほとんどの学生がノート型PCを所持しています。

自由記述式回答の項目がありますので、それらを一通り扱う次のような例題を準備します。

・性別と出身都道府県のクロス集計
・性別と出身都道府県と問1（選択式・単独回答）のクロス集計
・出身都道府県と問2（選択式・複数回答可）のクロス集計
・問3（自由記述式）の回答を表現類型で分類し、性別とクロス集計

　第9回は、調査データの入力を行います。回収した調査票と、班に1、2台のノート型PCを充電して持参するよう予め指示しています。また、入力フォーマットも私が用意し、前日までに電子掲示板で配布します。調査票はいったん提出させ、その場で通し番号（回答者ID）をふって、受講生に再配布します。入力データは班ごとにとりまとめてメールで私宛に送信させ、私が全体をとりまとめて表記上の不統一等を改め、受講生に渡るようにします。2015年度はフェイスシートを含め44項目・137件分でしたが、ほぼこの1回で入力を終えることができました。

　第10～11回は、各班1、2台のノート型PCを持参させ、調査データの分析を行うグループ活動の時間とします。分析に入る前に、性別・出身都道府県別のクロス集計表はこちらで用意して示すとともに、分析・考察の手順、発表のしかたについて次の点を指示・説明します。

・選択肢を与えた項目は、まず回答の単純集計（各選択肢の回答者数の集計）を行う。出身地・性別など、どの項目とクロス集計するかは項目の性格により判断する。
・計量的な分析が適さない項目、必須でない項目もある。自由記述項目は、まず回答のバリエーション分析に意味がある。
・発表資料作成の注意点
　・発表資料には、調査項目と目的・背景を改めて示す。
　・発表ではプレゼンテーションソフト（パワーポイント）を使うこと

を推奨する。スライドの文字は 20pt 以上。細かなデータ提示は紙の資料を併用して行う。アニメーション機能を多用しない。
・グラフを使うときの注意点
  ・グラフや％だけを示さず、実数を示すこと。
  ・今回のデータには棒グラフが適している。「並列型」「積み上げ型」「100％積み上げ型」のどれが適切かをよく考える。
  ・3D グラフ禁止。

　以上の点は前年度までの反省を生かしたものですが、特に計量的なデータの扱いやグラフの使用については、発表の段階で初歩的な問題に気づくことがまだあり、事前の指示・説明をより具体的にするなど改善の余地があります。
　第 12 ～ 15 回は調査結果の分析・考察の発表とします。各回 2 班ずつですので、発表 15 ～ 20 分＋質疑応答 20 ～ 25 分、計 40 分をめやすとします。司会は私が担当します。調査結果の発表と質疑応答を通して互いが考察を深めるという段階に至るまでには、まだ工夫が必要ですが、発表と質疑応答を通して、言語表現のバリエーションを分析・考察するための概念・用語の有効性を再認識したり、受講生が説明要因どうしの相関に気づいたりする場面もあります。例えば、「出会いのあいさつ」担当班の項目は、「1. こんにちは、ちわーす」「2. アア、オウ、ヨッ、ヨー、オス、オッス」「3. ヤッホー」…といった選択肢から回答させるものでしたが、相手や回答者の属性による回答数の違いは適切に分析・記述できるものの、その結果が何を意味するのかという考察になると、「あいさつ」とはどのような言語行動かの理解や、1 つ 1 つの選択肢の言語表現上の特性について説明する語彙がやや不足していることを再認識しました。一方、この班は、回答者の部活・サークルによる差に見えるものが男女差の反映に過ぎない可能性に分析段階で気づいており、発表を通して他の受講生にも注意が促されました。
　期末にはレポートを課します。受講生は、担当した調査項目について

発表時の不足・反省を生かし、個々人で改めて分析・考察します。

## 3. 授業全体を通じての留意点

全15回でアンケート調査の企画から結果考察までを行うのは、なかなか忙しいものです。また、この演習は受講生全員の共同研究という側面が強く、共同性が学習・研究の意義を高めるために作用しなければ、言い換えれば1人で調査・研究する授業がよかったと受講生が感じるようでは、失敗です。演習を破綻なく、効果的に進めるために、大きく(1) 参加者の対話を促す、(2) 共同作業の負担を軽減し、利点を生かす、という2点に留意しています。

### 3.1 参加者の対話を促す

アンケート調査の実施のためには、教員が一方的に教示・指示するのではなく、受講生1人1人が主体的に調査に関わり、受講生間および受講生と教員間で対話が成立することが求められます。その環境を作るために、具体的には次のことを行っています。

1) 調査方針の検討段階ではプレゼンテーションソフトを使わない。

第2回の調査方針の検討は、要点を記した配布資料と板書で進めます。アンケート調査の特性や大学生という調査対象の特性については、受講生の既存の知識や経験にもとづく議論が十分に成立しますので、提示内容が固定されるプレゼンテーションソフトのスライドより、その場でのやりとりが反映される板書が適しています。調査の全体方針の検討では私の示す原案がほぼ通るのですが、予め用意されたスライドにそれが書いてあるのと、提案→決定という手順をふみながら決定事項を板書するのとでは、主体性の認識において差が出るように思います。

2) ディスカッションのルールを共有する。

調査項目の検討、結果発表における質疑応答では、次のルールを提案

しました[8]。

・司会は教員が務める。
・質問者は挙手し、当てられたら所属コースと名前を名乗る。
・なるべく建設的な意見を述べる。

　過去の演習では、司会を受講生に任せることもありましたが、順に質問者を指名するだけになりがちでした。そこで私が司会を務め、必要に応じて議論を整理したり、方向づけたりしています。
3) ディスカッションの過程・結果を尊重する。
　調査方針やフェイスシート項目など調査の基礎部分は私が提案しますが、その都度、質問・意見を受けて改めることにより、調査主体が受講生自身であるとの認識を促します。実際、受講生の意見で改善されたことが複数あります。例えば、調査項目の検討段階で、当初は調査目的・項目の趣旨などの発表を一通り聞いてから調査項目案に回答していたのですが、受講生から「回答者の立場にたつなら、説明を聞く前に回答すべきではないか」というもっともな意見があがり、従いました。また、「調査実施の手引き」において、当初は、回収時に調査票の全頁に記入漏れがないか確認することにしていましたが、「調査者と回答者は個人的な関係にあるので、回答内容を調査者が確認しないほうがよいのではないか」との意見があり、フェイスシートのみ確認することにしました。議論の進め方や調査・研究方法について、受講生がどうあるべきかを考え、積極的に提案する姿勢は、大いに奨励したいものです。
　また、受講生から提出される調査項目の最終案は、私から見てさらに改めたほうがよいと思われることもありますが、2回の検討を経て提出されたものである以上、よほどの問題がない限り、決定事項を尊重し、

---

[8] もう1つ「質疑の冒頭で『発表お疲れ様でした』と言わない」という事項も設けました。「発表お疲れ様でした」はいつからか本コースの学生の慣用となっているのですが、学外で通用するとも思えないので、少なくともこの授業では用いないよう指示しました。

最低限の語句・表記・レイアウトの統一のみ最後に私が行うこととしています。設問の問題点は、受講生も分析時に気づきますので、結果発表やレポートにその反省も含めるようにと指示しています。

### 3.2　共同作業の負担を軽減し、利点を生かす

　この演習では、調査項目検討から結果分析まで、断続的にグループ活動を強いります。所属コースが異なる学生の混合班も多いので、授業時間外での活動のスケジュール調整もそれなりに苦労していることがうかがえます。そうした共同作業に伴う負担を軽減し、利点が生かせるよう、工夫します。

1）無理のないスケジュールを組む。

　全15回を通して調査の企画から分析・考察までを行うために、教員にも受講生にも無理のない授業計画をたてます。特にこの点に関わるのは、データ入力と分析のためのグループ活動の時間を、授業中に確保していることです。授業中であれば、教員による必要な助言や技術的支援も行いやすくなります。

2）コンピュータや計量的データの扱いにおけるつまずきを取り除く。

　データ分析やプレゼンテーションの技法の基礎を習得することを到達目標に含めていますが、あくまで副次的なものという位置づけで、主とするのは「現代日本語の多様性／均質性を実証的に把握し、その形成要因・形成過程を考察する」こと、そのための視点や概念を獲得することです。授業を通してデータ処理やプレゼンテーションの技能の習得・向上が見られればプラス評価の材料にしますが、それを苦手とする受講生がいても負の評価材料にせず、その点での困難を取り除くようにします。グループ活動は、学生相互で得意・不得意を補い合う機能を果たしますが、限界もあります。授業の中でデータ入力や分析の時間をとるのは、教員がそのつまずきに気づき、取り除く機会を確保するためでもあります。

　過去の演習で、テキストエディタを用いたデータ処理実習を盛り込ん

だこともありますが、時間的な制限もあり、有効に機能しませんでした。そこで、今は、授業で扱うデータの入力・分析に直結するExcelの標準機能の紹介に限定しています。同時に、「他に技術的な問題が生じたときは相談に来るように。文字列の単純な検索・置換作業を大量に行うなどの場合は早めに知らせるように。」と伝え、日本語学に関わらないデータ処理上の問題は、私が解決します。

　また、この授業でのデータ分析は単純な集計に留まるもので、統計学的な仮説検定や推計の知識がある方から見れば、素朴で物足りないものだと思います。しかし、受講生の所属・学問的背景からも、カリキュラム上の要請からも、本格的な計量研究の知識・技能の習得をこの授業で求めることはできません。代わりにこの授業の到達目標としては、日本語学の基礎知識を調査項目の設計や分析に適切に生かすことを重視しています。ただし、データ入力や分析を通じて、行列型のデータベースによるデータ管理が、現実世界の複雑な現象を分析的に理解するための思考類型の1つの顕現であることを、示唆できればとは思っています。その点は現状では十分に達成できていませんが、この演習を履修した学生であれば、どの分野で卒業研究を行おうと、どの職業に就こうと、図1のようなデータ管理はしないと期待できます。

　一般的な表現をするなら、1つの授業での到達目標や評価基準は限定的にし、あれもこれもと欲張らないということです。複数の目標・基準があるならその軽重を明確にし、副次的な目標項目でのつまずきが、主要な目標達成の妨げとならないようにします。

## 4. おわりに：授業の意義の認識と共有

　授業の最終回に、この授業に対する私自身の自己評価の材料を得る目的で、受講生がこの授業をどう意義づけたのかを尋ねてみました。下にその問いと、受講生の回答のいくつかを示します[9]。

---

[9] a〜cの観点は、本書所収の茂木氏の稿を参考にしました。回答は前後を略したものがあります。また、明らかな誤字・脱字や、大学固有の用語を改めました。

問　この授業で行った調査・研究を通して、あなたは何を得られましたか。次の観点を参考に整理し、記述してください。
　　a．日本語学の知識・技能とその応用
　　b．中等国語科教育に関わる知識・技能とその応用
　　c．社会の構成員としての一般的知識・技能とその応用

(1) aの点においては、普段自分たちが何気なく使用している言葉にも様々なカテゴリー（あいさつ、敬語、SNSでの表現など）が存在することを改めて確認することが出来て、その一つ一つについて調査・考察を行うことで、日本語は表現が多様で、個人によって異なる認識を持っているということが分かった。また、cの点においては、データを照らし合わせるということ、そして多方面から様々な組み合わせで考察を行うべきだということ、単純にピボットテーブルなど、エクセルの使い方を学べたと思います。このことは、これから社会に出ても役立つ技能だと思いました。

(2) aという点では、今まで特に意識をせずに用いてきた日本語の表現には、それぞれに差があって自分なりに使い分けてきていたのだということに気づくことができました。そしてその使い分けの観点を知ることができたのがよかったです。使い分けの観点としては、使う相手の親疎や所属団体、地域、上下関係、性別、時間帯、表現媒体（LINE、直接…）などです。bという点では、ことばを扱うことが前提である国語という教科において、そもそもの「ことば」がどういうものかの理解ができたり、関心を持てたりすることは大切で、よい土台（基盤）作りができたのではないかと思います。

(3) aについて、この調査をするにあたり様々な先行研究を探したり、得たデータをてらしあわせて考察したりしました。若者言葉における男女のコミュニケーションの差は非常におもしろかったです。先行研究をどう活かすかということについての技能は得られたと思います。アンケートを作る際の注意事項も簡単ではありますが知ることができました。

(4) aという点では、実際に自分たちで調査項目を考え、調査を行ったことで、国語分野における新しい研究の仕方を学ぶことができました。「国語」と聞くと、文献を読んだり、考察したり、という一般的なイメージがありますが、個々人が話す「言語」となると、育ってきた環境、経歴、場所によって、大きく個人差が出るので、実際にアンケートをとるというのはとても新鮮でした。アンケート結果を様々な項目で分類すると、何らかの傾向があったり、予想した結果とは異なったものが出てきたりして、大変興味深かったです。

(5) aという点では、実際に日本語学の調査を計画から分析まで行うということで、日本語学における調査の方法学の基礎の基礎を学ぶことができたように思います。知識としては、自分や他の班の発表を聞いて「なるほどな」と思う程度で、そこまで学術性は高まらなかった気もしますが、一方、技能や応用面では得られたものは多かったように思います。また、bという点では、中等教育の中でこのような言語の調査を生徒が行うことも想定されるため、どう指導していけばよいか、データの見方や処理のしかたに関する指導の方向性が見えてきた気がします。

(6) bとcに関連すると思うが、今まで何気なく受けてきた「アンケート」というものが、どのような処理・考察を経て結果として示されているのかということがよく分かった。

(7) 何かについて考察して発表するとき、その資料をあっさりとつくってしまいがちなことに気が付きました。聞く人が分かりやすい資料づくりを心がけたいです。

(8) aについては、前期の授業で扱った日本語学の教科書が、程度の差こそあっても、基本的には今回の授業で行ったアンケートや、それに伴う考察など、地道な作業や研究の集成であるという理解を得ることができたと思います。もっとも、それは、理屈としてはわかってはいましたが、実際に自らが経験することで、教科書1ページ毎の裏にある、研究の努力のようなものを実感しました。

（1）〜（5）は、上のa（日本語学における意義）やc（社会生活における意義）において、私がねらいとしていたことを汲み取ったものと言えます。他の受講生からも、「座学で得た知識を応用できた」「データ管理やプレゼンテーションの方法について学べた」という趣旨の回答がありました。一方で（5）の、学術的な知識をあまり得られなかったという回答には反省させられます。確かに授業目標でも既習の知識の応用を掲げ、新しい知識の習得に留意していませんでした。演習の過程で新しい概念・用語も出てきたはずですが、そうと認識しにくかったようです。

b（中等国語科教育における意義）については、授業で直接に触れておらず、答えにくかったはずですが、何名かの回答がありました。（2）は、「国語」という教科を支える基盤領域としての日本語学の意義を述

べたものと解釈できます。（4）は、aの点から述べた回答ですが、教科としての「国語」は書き言葉中心となる一方で、言語の一次的な存在として話し言葉があること、それがより多様性に富むものであることを認識したということでしょう。また、（5）は、中学・高校の授業でアンケート調査を行うことを想定しています。現実にはそうした授業は少ないと思いますが、現行の学習指導要領は、基礎的な知識・技能の習得だけでなく、それを活用した学習活動を重視しており、アンケート調査という学習活動はその趣旨にかなうものです。中学・高校の学習活動としてアンケート調査を実施するにはどのような工夫・配慮が必要か、この演習の発展課題として受講生に考えさせることもできそうです。

（6）は、アンケート調査の性質や過程に対する理解が深まったことを述べています。（7）は、直接にはプレゼンテーションの留意点を述べていますが、より一般的には、情報発信において、受信者の前提知識などコンテクストへの配慮が必要なことを述べていると解されます。（8）は、定まった「知」の背景に多大な時間と労力をかけた研究があることを認識したものです。これらは、情報の発信・受信や、知の蓄積という営為の過程を理解するとともに、自身がそうした知的営為の当事者となる際の姿勢に思いを巡らせたものと言えます。

中等国語科教員養成を主目的とするカリキュラムで、くだけた話し言葉の調査実習を行うことをどう意義づけるべきなのか、私には若干迷いがありました。言語規範を相対化し、現実の日本語の多様性を記述する姿勢やそのための知識・技能を身につけることは、中等国語科教育や、生涯教育を含んだ広義の国語教育に携わる者にとって、十分に意義のあることだと思う一方、「評論や文学作品の読解など、現在の国語科教育の中心的課題に直接に関わる演習を行うべきだろうか」と考えることもあります。ただ、受講生から「もっと中学・高校の国語の授業に直結した内容に」という不満や要望が出たことはありません。また、上に示した回答からも、学生は、大学教育を表層的な職業訓練と捉えず、各学問領域の基礎知識を得ること、および、言語教育の場を含む現実社会の諸

現象の理解にその知識を応用することに、意義と楽しみを見出していることがうかがえます。今回は授業最終日に上の問いかけを行いましたが、来年度以降は、演習で何を得たかについての認識を受講生どうしが共有する機会を作ることも考えています。

**参照文献**

荻野綱男（編著）(2014)『現代日本語学入門』第3版．東京：明治書院．
北原保雄（監修）(2002–2005)『朝倉日本語講座』全10巻．東京：朝倉書店．
計量国語学会（編）(2009)『計量国語学事典』東京：朝倉書店．
言語編集部（編）(1995)『変容する日本の方言　全国14地点2800名の言語意識調査』東京：大修館書店．
小西いずみ (2011)「Word、Excel、テキストエディタで行う日本語データ処理の基礎」荻野綱男・田野村忠温（編）『アプリケーションソフトの基礎』，講座ITと日本語研究2, 95–130. 東京：明治書院．
佐藤和之 (2004)「質問できることと質問できないこと」『日本語学』23 (8)：68–79. 明治書院．
飛田良文・遠藤好英・加藤正信・佐藤武義・蜂谷清人・前田富祺（編）(2007)『日本語学研究事典』東京：明治書院．
安田三郎・原純輔 (1982)『社会調査ハンドブック』第3版．東京：有斐閣．

chapter 10

# 「空から見る日本語」の授業実践
「方言」を通して日本語と日本社会を俯瞰する

日高水穂

## 1. はじめに

本稿では、方言を素材にした日本語学の授業実践について述べます。

方言というと一般的に、東北弁や関西弁といった地域的言語変種を指しますが、一方で現在の方言は、あらたまった場面で使用される標準語（共通語）に対して、くだけた場面で使用される機能的言語変種にもなっています。くだけた場面で使用される言語変種であるということは、書きことばの支えをもたない非規範的な言語変種であるということでもあります。そのため現実社会の方言の位置づけというものは、決して重要度の高いものとは言えません。古典教育、日本語教育で扱われるメインの日本語変種ではもちろんありませんし、そもそも高校までの国語教科が、「規範的な日本語がある」ということを前提に行われているために、大学で方言を扱う授業に出会ったときの学生の反応は、学ぶ必然性を感じにくい、あるいは何か「色物」的な興味で受け止めがち、というところがあります。

ここでは、教育現場における方言の位置づけについて概観したうえで、方言を素材にすることによって拓けてくる人文学教育の可能性について、実際の授業で使用している方言教材を紹介しながら考えていきま

す。なお、紹介する事例は、筆者のかつての所属先であった秋田大学（1997〜2010年度）と現在の所属先である関西大学（2011年度〜）での授業実践に基づくものです。

## 2. 方言の位置づけ
### 2.1 国語教育における方言

国語教育との関わりで見ると、方言は、現行の学習指導要領（2008年改訂）では、以下のような学習内容の中に位置づけられています。

・小学校学習指導要領・国語〔第5学年及び第6学年〕
　共通語と方言との違いを理解し、また、必要に応じて共通語で話すこと。
・中学校学習指導要領・国語〔第2学年〕
　話し言葉と書き言葉との違い、共通語と方言の果たす役割、敬語の働きなどについて理解すること。

上記の文言は、1958年改訂の小学校学習指導要領・国語〔第4学年〕の「全国に通用することばとその土地でしか使われないことばとの違いを理解すること。全国に通用することばで文章を書いたり、また、話したりするように努めることも望ましい。」[1]を踏襲するものであり、実際に戦後の方言研究は、国語教育との関わりの中で進められてきたという側面があります。たとえば、1961年刊行の『方言学講座（全4巻）』では、第1巻に「方言と共通語教育」（執筆：大久保忠利）の章があり、第2〜4巻の地域別各論に全巻「方言の実態と共通語化の問題点」「学校における方言と共通語教育」の2章が設けられています。1982〜1986年刊行の『講座方言学（全10巻）』でも、第3巻に「方言と国語教育」（執筆：佐藤喜代治）の章があり、第4〜10巻の地域別各論に全巻「○○方言と国語教育」の章が設けられています。

---

[1] 1968年改訂で「共通語と方言とでは違いがあることを理解し、また、必要な場合には共通語で話すようにすること。」という文言となり現在に至ります。

国語教育における方言の扱いの問題は、単に共通語の習得に及ぼす方言の影響の問題にとどまるものではなく、指導要領の趣旨にも反して、方言に対する社会的な評価が持ち込まれてしまうところにあります。上記の講座本にはいずれも、それを諌める記述があります。

> ・(特に言いたいのだが) 決して、方言を「悪いコトバあつかい」にしないこと——したがって、生徒に方言をつかうことを「恥」という意識で考えさせないこと。(ところが、事実は、「悪いコトバをやめよう」式にやっている現場が少なくないようだ)
> 
> （大久保 1961: 148）
> 
> ・こういう見地に立って、言語教育の問題を考えるとき、さしあたり必要なことは、方言に対して明確な意識をもつようにするということである。すなわち、方言を単に悪い、卑しいことばとする先入観念を抱かせないことである。　　（佐藤 1986: 212）

　方言は、一つの言語体系であると同時に、「中央語」に対する「地方語」であって、特に近代以降の日本社会の中では、共通語に対して劣位・周辺に置かれる存在でした。学校教育において方言は、本来は、日本社会と日本語の多様性を理解するための絶好の教材であったはずですが、共通語教育を中心に据える「国語」という教科の中では、教材としても劣位・周辺に追いやられるものであったことは否めません。

　こうした問題は、その後、共通語化が加速度的に進んだことにより、表面的には解消されたかのように見えます。おそらく現在の学生たちにとっては、上記のようなかつての日本社会にあった方言蔑視の風潮というものは、実感をもってとらえにくいことでしょう。しかしながら、そうした方言蔑視の風潮が廃れたのは、日本社会に地域的な多様性や異質性を認める視座が浸透したからではなく、むしろ均質性によって特徴づけられる共通語の浸透によるものであることには、もっと自覚的になるべきでしょう。国語教育における方言の位置づけの劣位・周辺性は、共通語と対比されるべき方言が、日常の生活語から遠のいていく現在にお

いては、さらに根深い問題になってきているとも言えるのです。

## 2.2 「方言意識」の地域差

　大学教育において方言を取り上げる際の困難は、こうした高校までの国語教育における方言の劣位・周辺性に加えて、大学の所在地と受講者の出身地構成に応じて、扱う教材を変えていかなければならないところにもあります。

　西日本方言のシヨル（進行相）とシトル（結果相）の区別のような目を引く言語現象であっても、内省のきかない東北出身者からは実感を伴った関心は引き出せません。一方、東北方言の格助詞サの文法化といった言語現象は、関西出身者には実感が湧かず、興味を抱かせることが困難です。前者のような「共通語にはない文法的な意味区別」を扱うのであれば、東北方言ではシタラ（仮説的条件）とシタバ（事実的条件）の区別などがあり、後者のような「方言における文法化の地域差」を扱うのであれば、関西方言ではとりたて否定形由来の動詞否定形などがあります。このように、適切な「代用教材」を地域ごとに練り上げていくことは、方言の授業の要の作業でもあります。

　方言周圏論のような「定番」の教材であっても、「中央」にあたる関西と「周辺」にあたる東北では、受講者の受け取り方が異なることを想定しなければなりません。「かたつむり」（柳田 1927）や「アホ・バカことば」（松本 1993）などの全国分布項目で京都を中心とした同心円状の分布を確認したうえで、関西では動詞否定辞など現在新たに近畿中央部から周辺部に広がりつつある言語現象を取り上げ、東北（秋田）では地方中核都市（秋田市など）から周辺部に広がりつつある言語現象を取り上げるなど、現象の一般化をはかるという工夫が必要です。

　このように、知識を体験と結びつける工夫が、方言の教材化には不可欠なのですが、そうした工夫がことさらに必要である理由は、まさに方言が劣位・周辺の存在であることによっています。若年層の方言への愛着の意識は、「西高東低」である（西日本で高く東日本で低い）ことが

1990年代の方言意識調査（佐藤・米田（編著）1999）によって明らかにされていますが、方言への愛着が薄く（愛着はあっても劣等感が強く）、共通語化の進度が速い東日本では、総じて大学で方言について学ぶことへの意欲が薄い傾向があります。あるいは「方言コスプレ」（田中2011）感覚の興味・関心から受講する学生が大半です。そうした受講者を「小難しい」言語学的な話題に引き込むためには、まずは、彼らの方言に対する固定観念を打ち破るところから始める必要があります。実感を伴った体験的な「気づき」を促すことは、そのための手段です。

一方、方言への愛着意識の高い西日本（特に関西）の学生は、総じて方言について学ぶことへの意欲は高い傾向があります。むしろ、注意するべきなのは、たとえば方言周圏論などの教材が、彼らの「優越感」をあおるだけにとどまり、「関西方言至上主義」に陥らせることです。方言への愛着はあってもそれ以上に劣等感が強く、それ故に共通語化が進んでいる東北などの状況は、関西しか知らない彼らには想像できないことのようです。「方言の社会的な位置づけ」を扱う際には、方言意識に地域差があること、その背景には、日本社会の地域間格差の問題が控えていることを、丁寧に説明していく必要があります。

## 3. 「空」から俯瞰する方言教材
### 3.1　方言を「聞く」「見る」

上述したように、方言を素材とした教材作成において筆者が留意しているのは、「知識を体験と結びつける」ことです。学生が持ち合わせている方言に関する体験とは、自分がある方言を「使用する」もしくは「聞いたことがある」ということですので、授業でもまずは実際に各地の方言を「聞く」体験をしてもらいます。さらに、言語地図の分布を読み取る作業を通じて、方言を「見る」体験も積んでいきます。

言語地図はおそらく、方言を素材とする教材の中でも、もっとも「方言（学）ならでは」の教材でしょう。私たちは、日常生活の中で、方言に触れる機会はあっても、母方言以外のそれは、断片的なものにすぎま

せん。あるいは母方言に固有の特徴が、「方言」であることに気づいていない場合もあります。ことばの分布を「空」から俯瞰して眺める言語地図は、自分のことばの由来を知り、さらには日本語と日本社会の多様性を知ることのできる恰好の教材です。

　言語地図のおもしろさは、既存の分布図を眺めるだけでなく、自分で作図をしてみてこそわかるものです。言語地図を作成するには、同一の質問文で行われた複数地点の調査データというものが必要です。専門教育であれば、実地調査で得たデータを元に作図をするところですが、ここでは、既存の方言資料を用いた簡易版の言語地図作成教材を紹介します。いずれも関西大学の教養教育科目「方言学入門」(4節参照)の序盤で使用している教材です。

　まずは、方言を「聞く」そして「見る」体験のための導入教材として、方言で語る昔話「桃太郎」(方言ももたろう[2])の音声・文字化資料を利用した〔教材1〕をご紹介します。

　〔教材1〕は、「むかしむかしあるところにおじいさんとおばあさんがありました。」の述語部分の「ありました」を聞き取り、語形のバリエーションを分類・整理して言語地図を作成するという教材です(本稿掲載の〔教材1〕では、表に該当形式を記入してありますが、ここは適宜空欄にしておきます)。書き出した言語形式の中には、初学者には語構成のわからないものもありますので、語形を整理する作業の前に解説をします。たとえば、福岡県福岡市中央区のオンシャッタゲナは「おりなさったげな」の転訛形ですので、存在動詞はオルが使用されていること、尊敬語を含む表現であることなどを説明します。

---

2　1989–1992年度科学研究費補助金重点領域研究「日本語音声における韻律的特徴の実態とその教育に関する総合的研究」(代表：杉藤美代子)によって、全国約100地点で収録された昔話「桃太郎」の冒頭部分の音声データ。『ポプラディア情報館　方言』(佐藤監修2007)で公刊、音声CD付き。

chapter 10 「空から見る日本語」の授業実践 | 181

〔教材1〕方言で語る「桃太郎」の音声を聞いて、「(おじいさんとおばあさんが)ありました」にあたる表現を書き抜き、分布図を作成してみよう。

| 番号 | 地域 | 該当形式 | 分類 | 番号 | 地域 | 該当形式 | |
|---|---|---|---|---|---|---|---|
| 01 | 北海道函館市 | イダンデスト | | 24 | 三重県尾鷲市 | オットユーワイ | |
| 02 | 青森県五所川原市 | アッテイダド | | 25 | 滋賀県大津市 | イテハッタンヤテ | |
| 03 | 岩手県花巻市 | イダッタド | | 26 | 京都府京都市 | イヤハッタンエ | |
| 04 | 宮城県気仙沼市 | アッタドッサ | | 27 | 大阪府大阪市 | オッテント | |
| 05 | 秋田県横手市 | イダッタド | | 28 | 兵庫県姫路市 | オッタンヤト | |
| 06 | 山形県東田川郡三川町 | イッダッケドヤー | | 29 | 奈良県吉野郡十津川村 | オッタンヤト | |
| 07 | 福島県大沼郡会津美里町 | イダッダド | | 30 | 和歌山県和歌山市 | イタンヤ | |
| 08 | 茨城県水戸市 | スンデイタンダド | | 31 | 鳥取県米子市 | オーナッタゲナ | |
| 09 | 栃木県さくら市 | イタンダド | | 32 | 島根県松江市 | オッタゲナ | |
| 10 | 群馬県吾妻郡中之条町 | アッツァダッチューヨ | | 33 | 岡山県岡山市 | アリマシタ | |
| 11 | 埼玉県秩父市 | アッタサ | | 34 | 広島県広島市 | オッタンジャゲナ | |
| 12 | 千葉県市原市 | イタダ | | 35 | 山口県山口市 | オッタトイノ | |
| 13 | 東京都港区 | アリマシタ | | 36 | 徳島県阿南市 | アッタンヤト | |
| 14 | 神奈川県秦野市 | イマシタ | | 37 | 香川県高松市 | オッタンヤ | |
| 15 | 新潟県三条市 | イラッタッテヤ | | 38 | 愛媛県西予市 | アッチノ | |
| 16 | 富山県南砺市 | イヤッタトヨ | | 39 | 高知県四万十市 | オッタッツワヨ | |
| 17 | 石川県金沢市 | アリマシタ | | 40 | 福岡県福岡市中央区 | オンシャッタゲナ | |
| 18 | 福井県越前市 | イタンニャト | | 41 | 佐賀県佐賀市 | オンサッタ | |
| 19 | 山梨県南アルプス市 | イテナ | | 42 | 長崎県長崎市 | オットゲナ | |
| 20 | 長野県松本市 | イタッテサ | | 43 | 熊本県熊本市 | オラシタモンナー | |
| 21 | 岐阜県不破郡垂井町 | ゴザッタ | | 44 | 大分県大分市 | オッタント | |
| 22 | 静岡県静岡市 | イテ | | 45 | 宮崎県都城市 | オイヤッタゲナ | |
| 23 | 愛知県名古屋市 | ゴザッテ | | 46 | 鹿児島県鹿児島市 | オイヤッタチワイ | |
| | | | | 47 | 沖縄県那覇市 | メンシェービータン | |

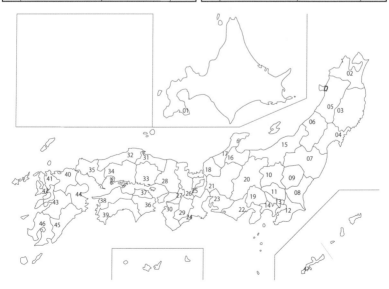

それでは、語形を分類・整理してみましょう。

まずは、存在動詞（本動詞用法）に着目すると、以下のように語形と地点を整理することができます。

 イル類：01・03・05・06・07・09・12・14・15・16・18・19・20・
    22・25・26・30
 オル類：24・27・28・29・31・32・34・35・37・39・40・41・42・
    43・44・45・46
 アル類：02・04・10・11・13・17・33・36・38
 ゴザル類：21・23
 その他：08・47

イル類が東日本、オル類が西日本で使用されていること、アル類が全国的に散在していること、ゴザル類が東海地方に見られることがわかります。存在動詞は、東西対立分布を成す言語項目の代表的なものですので、『日本言語地図』第53図「（あそこに人が）居る」によってその境界線の位置を確認します。なお、『日本言語地図』第53図によれば、存在主体が人である場合にアル類を使用する地域として紀伊半島南部があることがわかりますが、〔教材1〕のアル類はこの地域に現れているものではなく全国各地に散在することから、方言の用法というよりは、昔話の語りに特有の表現が使用されたものと見てよいでしょう。

次に、敬語の使用の有無に着目すると、以下のように回答パターンと地点を整理することができます。

 丁寧語のみ使用：01・13・14・17・33
 尊敬語のみ使用：15・16・21・23・25・26・31・40・41・43・45・46
 丁寧語・尊敬語とも使用：47
 丁寧語・尊敬語とも不使用：上記以外

丁寧語のみを使用している地点は、共通語的な語り口調になっているもののようです。注目すべきは、尊敬語を使用する地点が西日本（特に

九州地方）に広く分布するのに対し、東日本では尊敬語の使用があまり見られないことです。先行研究でも「西日本で尊敬表現が盛んなのに対して東日本ではあまり発達していない」（加藤 1973: 33）ことが指摘されていますが、昔話の登場人物であるおじいさん、おばあさんへの敬語使用も同様の地域差があることがわかります。なお、沖縄県那覇市のメンシェービータンの「メンシェーン」は「いらっしゃる」に相当する尊敬語動詞、「ビータン」は「侍り」に由来する丁寧語の過去形ですので、尊敬語と丁寧語がともに使用されていることになります。

存在動詞も敬語運用も、東西方言で大きく異なる特徴をもつ言語項目なので、この教材は「方言区画」を説明するための導入として活用することができます。

### 3.2 方言分布を「読み取る」

言語地図が「方言（学）ならでは」の教材であるというのは、方言学の一分野である言語地理学の方法論の独自性によっています。

> 言語地理学は言語史の方法の一つである。したがって、言語地理学の目的は言語の歴史を明らかにすることにある。言語地理学が言語の歴史を明らかにするのには、まず一定の意味部分を選び、それを表わす言語形式が地域的にどういう変種を示すかを調べる。その地域的変種を地図に記入することによって地理的分布を見つけ出し、それを中心に、その他の手がかりも加えて、地域的変種の時間的変化とその要因を推定するという手順をとる。　　（柴田 1969: 11）

ことばの歴史をたどるのに（高尚なイメージの）文献研究以外の方法がある、しかもそれが（卑近なイメージの）方言に依っているということは、なかなか画期的なことではないでしょうか。方言を学問の対象にすることが、単なる「骨董品収集」や「懐古趣味」ではないことを示すのに、方言周圏論（柳田 1927）を説明するための教材は欠かせません。

〔教材2〕「かたつむり」の分布図では、次の語類がどのように分布しているか。該当語形が主に分布する地方に○をつけてみよう。そこから、どのようなことばの歴史が読み取れるか。

|  | 沖縄 | 九州 | 中国 | 四国 | 近畿 | 中部 | 関東 | 東北 |
|---|---|---|---|---|---|---|---|---|
| デンデンムシ類 |  |  |  |  |  |  |  |  |
| マイマイ類 |  |  |  |  |  |  |  |  |
| カタツムリ類 |  |  |  |  |  |  |  |  |
| ナメクジ類 |  |  |  |  |  |  |  |  |

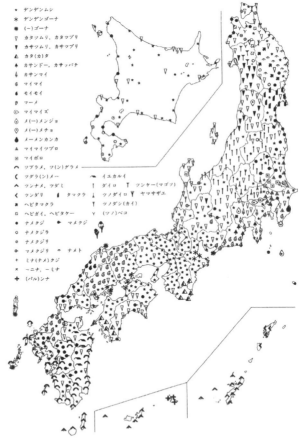

「かたつむり」（佐藤（監修）2002『お国ことばを知る方言の地図帳』）

前ページの〔教材2〕は、柳田国男が「蝸牛考」で取り上げた「かたつむり」の方言分布を読み取る教材です。表は、下記のように○が記入されればよいでしょう（多少異なっていてもかまいません）。この分布から、日本列島の周辺に分布するナメクジ類がもっとも古く中央語（京都語）から伝播してきたもので、カタツムリ類、マイマイ類、デンデンムシが時間差を生じながら中央語に現れ、周辺部に伝播していった、という方言周圏論の解釈を説明します。

|  | 沖縄 | 九州 | 中国 | 四国 | 近畿 | 中部 | 関東 | 東北 |
|---|---|---|---|---|---|---|---|---|
| デンデンムシ |  |  |  | ○ | ○ |  |  |  |
| マイマイ類 |  |  | ○ |  |  | ○ |  |  |
| カタツムリ類 |  | ○ | ○ | ○ |  | ○ | ○ | ○ |
| ナメクジ類 | ○ | ○ | ○ |  |  |  |  | ○ |

　ここで注意が必要なのは、方言周圏論によって読み取ることのできることばの歴史は、地理的に隣接する言語項目の相対的な新旧関係と、ことばの伝播の発信源である中央語に起きた言語変化に限られている、ということです。

　筆者は、学生時代に方言周圏論の説明を受けたとき、なかなか納得できなかった記憶があります。中央からことばが伝播してくる以前には、「周辺」とされる地域には「ことばがなかった」というのだろうか。結局のところ、方言周圏論によって読み取れることばの歴史は中央語のものであって、周辺部のことばの歴史はたどることはできないのです。「歴史」自体がそうであるように、過去の記録は中央に集中しています。人文学の知見の有効性はむしろ、人間の作るもの（社会・文化）には地域間格差がある、ということを知ることなのかもしれません。

　〔教材3〕も、周圏分布を成す言語項目の事例を読み取る教材です。

〔教材3〕「全国アホ・バカ分布図」には、人をののしる（アホ・バカにあたる）方言の全国分布が示されている。この分布にはどのような特徴が見られるか。該当語形が主に分布する地方に〇をつけてみよう。また、この分布から、「アホ・バカことば」の変遷について、どのようなことが推定されるか。

|  | 九州 | 中国 | 四国 | 近畿 | 北陸 | 東海 | 甲信越 | 関東 | 東北 | 北海道 |
|---|---|---|---|---|---|---|---|---|---|---|
| アホ |  |  |  |  |  |  |  |  |  |  |
| アホウ |  |  |  |  |  |  |  |  |  |  |
| アンゴウ |  |  |  |  |  |  |  |  |  |  |
| タワケ |  |  |  |  |  |  |  |  |  |  |
| ダラ |  |  |  |  |  |  |  |  |  |  |
| テレ |  |  |  |  |  |  |  |  |  |  |
| バカ |  |  |  |  |  |  |  |  |  |  |
| ホウケ |  |  |  |  |  |  |  |  |  |  |
| ホンジナシ |  |  |  |  |  |  |  |  |  |  |

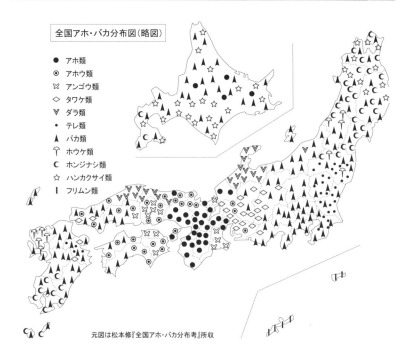

元図は松本修『全国アホ・バカ分布考』所収

表には、下記のように○を記入します（多少異なっていてもかまいません）。近畿地方を中心にした「山」が描ければよいでしょう。

|  | 九州 | 中国 | 四国 | 近畿 | 北陸 | 東海 | 甲信越 | 関東 | 東北 | 北海道 |
|---|---|---|---|---|---|---|---|---|---|---|
| アホ |  |  |  | ○ | ○ |  |  |  |  |  |
| アホウ |  |  |  | ○ |  | ○ |  |  |  |  |
| アンゴウ |  | ○ | ○ | ○ |  |  |  |  |  |  |
| タワケ |  | ○ | ○ | ○ |  | ○ |  |  |  |  |
| ダラ | ○ | ○ |  |  | ○ |  |  |  |  |  |
| テレ | ○ |  |  |  |  |  |  | ○ | ○ |  |
| バカ | ○ | ○ | ○ |  |  | ○ | ○ | ○ | ○ | ○ |
| ホウケ | ○ |  |  |  |  |  |  |  | ○ |  |
| ホンジナシ | ○ |  |  |  |  |  |  |  | ○ | ○ |

　この分布からは、表の下に配置した語形が古く、上に配置した語形が新しい発生のものであるということが読み取れます。
　一方、これらの「アホ・バカことば」に関連する語の文献出現時期を調べた松本（1993）によれば、ホンジナシは室町時代、ホウケは平安時代（後期）、バカは室町時代（前期）、テレは江戸時代（末期）、ダラは奈良時代（後期）、タワケは奈良時代（前期）、アンゴウは室町時代（中期）、アホウは室町時代（末期）、アホは江戸時代（前期）に初出例が見られるようです。つまり、文献出現時期と方言分布から推定される語形の新旧は、必ずしも一致しないということになります。「アホ・バカことば」のような卑俗なことばは文献には記録されにくいため、こうした不一致が起こるものと思われます。あるいは、識字階層（上層階級）と庶民（下層階級）の使用言語の違いを反映したものとしても説明できるでしょう。文献でたどることばの歴史と、方言分布から推定されることばの歴史の不一致は、日本語に位相の異なることばが連綿と存在してきたことを教えてくれます。
　〔教材4〕は、方言分布を読み取る課題の発展教材です。

〔教材4〕「だめ(駄目)」という意味の各地のことばの分布図を作ってみよう。

| 番号 | 都道府県 | ＜駄目＞ | | 番号 | 都道府県 | ＜駄目＞ | | 番号 | 都道府県 | ＜駄目＞ |
|---|---|---|---|---|---|---|---|---|---|---|
| 01 | 北海道 | ワガンナイ | | 16 | 富山県 | アカン | | 32 | 島根県 | イケン |
| 02 | 青森県 | マネ | | 17 | 石川県 | ダチャカン | | 33 | 岡山県 | オエン |
| 03 | 岩手県 | ワガネァ | | 18 | 福井県 | アカン | | 34 | 広島県 | ワヤ |
| 04 | 宮城県 | ワガンネー | | 19 | 山梨県 | ササラホーサラ | | 35 | 山口県 | イケン |
| 05 | 秋田県 | ワガラネァ | | 20 | 長野県 | ダメ | | 36 | 徳島県 | アカン |
| 06 | 山形県 | ワガンネ | | 21 | 岐阜県 | ダシカン | | 37 | 香川県 | イケン |
| 07 | 福島県 | ワガンネ | | 22 | 静岡県 | ダメ | | 38 | 愛媛県 | イカン |
| 08 | 茨城県 | ダメ | | 23 | 愛知県 | ダチカン | | 39 | 高知県 | ワヤ |
| 09 | 栃木県 | ダメ | | 24 | 三重県 | アカン | | 40 | 福岡県 | ツマラン |
| 10 | 群馬県 | ダメ | | 25 | 滋賀県 | アカン | | 41 | 佐賀県 | シミャーナットッ |
| 11 | 埼玉県 | ダメ | | 26 | 京都府 | デケン | | 42 | 長崎県 | ボク |
| 12 | 千葉県 | オイネー | | 27 | 大阪府 | アカン | | 43 | 熊本県 | ボク |
| 13 | 東京都 | ダメ | | 28 | 兵庫県 | アカン | | 44 | 大分県 | イケン |
| 14 | 神奈川県 | ダメ | | 29 | 奈良県 | アカン | | 45 | 宮崎県 | ダメ |
| 15 | 新潟県 | ダメ | | 30 | 和歌山県 | アカン | | 46 | 鹿児島県 | ダメ |
| | | | | 31 | 鳥取県 | イケン | | 47 | 沖縄県 | ナラン |

※『全国方言一覧辞典』(学研)より

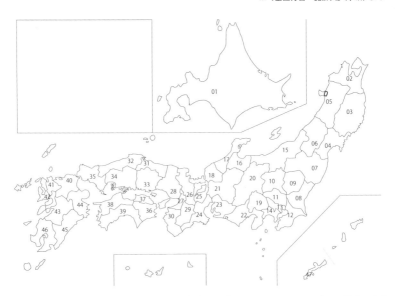

「だめ」に相当する表現は、禁止表現「してはいけない」の後部要素にもなる使用頻度の高い表現です[3]。

---

[3] 詳細な全国分布は、『方言文法全国地図』第226図「行ってはいけない」で確認することができます。

〔教材4〕の方言分布を読み取る際のポイントの一つは、近畿地方に広く分布するアカンと、中部地方に分布するダチャカン（石川）、ダシカン（岐阜）、ダチカン（愛知）との関係を見ることです。アカンは、「「らち（埒）があかぬ」の上を略した表現「あかぬ」の変化した語」（『日本国語大辞典　第二版』）です。つまり、アカンはラチガアカンの前部要素の省略形、ダチャカン類はラチガアカンの縮約形であり、省略形の使用地域と縮約形の使用地域が隣接していることから、両地域がラチガアカン類を使用する地域として連続していることがわかります。また、省略形よりも縮約形のほうが、より元の語形に近い形式であると言えるでしょうから、より変化の進んだ語形が近畿地方に分布し、古い語形が中部地方に分布していることになります。この分布は、近畿地方がこのエリアで強い影響力をもつ「中央」であり、中部地方が「周辺」に位置するという地域間の関係性にも矛盾しません。

## 4.　教養教育科目「方言学入門」の授業展開

　ここで、3節で取り上げた方言教材を活用する授業の展開について説明します。以下に示すのは、関西大学の教養教育科目「方言学入門」の講義概要および講義計画です。

---

【講義概要】
大阪（関西圏）は方言使用の盛んな地域であるが、全国的に見ると伝統方言は衰退しつつあるのが現状である。「大阪弁」も伝統方言がそのまま若い世代に受け継がれているわけではない。そもそも日本の多様な方言差はどのようにして生じたのか。各地方言にはどのような言語的特徴があるのか。各地方言の現在の使用実態はどのようなものなのか。これらを知ることは、「大阪弁」（自らの母方言）をより深く理解することにつながる。さらには、これらの知見を通して、日本語と日本社会の多様なあり方についての理解を深めたい。

【到達目標】
1. 現在の日本の方言差がどのようにして生じたのかを説明できる。
2. 各地方言の言語的な特徴を説明できる。
3. 現代日本における方言の使用実態と社会的機能について説明できる。

【講義計画】
第1回　「方言」から見えてくるもの
　「方言」を見ることを通して、①ことばの変化と伝播のメカニズムを探り、②日本の社会のあり方を読み解く、というこの授業の目的を理解する。
第2～5回　方言分布の解釈
　(1) 伝播と語形の変遷：①物流（「さつまいも」等）、②接触（「しおからい」等）によって方言差が生じるメカニズムを理解する。
　(2) 周圏分布：周圏分布（「かたつむり」「アホ・バカことば」等）から読みとれる方言分布形成のプロセスを理解する。
　(3) 言語地図を作成する：中央からの伝播によって形成される方言分布（周圏論的分布）に加えて、地方での独自変化により生じる方言差（逆周圏論的分布）について理解する。
【小テスト1】言語地図を作成し解説を付す。到達目標1の達成度を見る。
　(4) 新しい方言差：近代以降に発生した事物・事象の名称に見られる地域差の事例を題材に、新しい方言差の発生メカニズムについて理解する。
第6～9回　方言区画
　(1)「方言ももたろう」を聞く：各地の方言音声を収録した「方言ももたろう」を聞いて、主に発音の特徴による地域区分（方言区画）を理解する。
　(2) 方言の東西対立：東西差のある表現（存在動詞、アスペクト表現、断定辞、否定表現、敬語運用等）を取り上げ、主に文法の特徴による地域区分（方言区画）を理解する。
　(3) 近畿地方の方言区画：近畿地方2府5県の「方言ももたろう」を題材に、近畿方言の特徴的な表現とその地域差を理解する。
　(4) 若い世代のことばの地域差：DA.YO.NE 地方バージョン[4]を題材に、若い世代のことばの地域差について理解する。
第10～11回　方言のテキストで学ぶ
　(1)『沖縄語の入門』より：『沖縄語の入門　たのしいウチナーグチ』（西岡敏・仲原穣）をテキストにして、沖縄語の基本的特徴を学ぶ。共通語や隣接方言との比較を通して、一言語体系としての方言を発展的に理解することがねらい。
　(2)『聞いておぼえる関西（大阪）弁入門』より：『聞いておぼえる関西（大阪）弁入門』（真田信治監修）をテキストにして、受講者の使用する言語形式と伝統的大阪方言との異同を見る。伝統方言の言語的特徴への理解を深めるとともに、それが現在の自分たちの世代にどのように継承されているかを考えることがねらい。

---

[4] 1990年代にミリオン・セラーを記録した EAST END × YURI による「DA.YO.NE」と、その便乗曲である札幌版「DA.BE.SA」、仙台版「DA.CHA.NE」、名古屋版「DA.GA.NE」、大阪版「SO.YA.NA」、広島版「HO.JA.NE」、博多版「SO.TA.I」。

> 【小テスト2】方言の会話文を作成し解説を付す。到達目標2の達成度を見る。
> 第12〜15回　方言の社会的機能
> （1）ことばの世代差と場面差：世代別・場面別に収録した方言会話[5]を題材に、地域言語の世代差・場面差について理解する。
> （2）コミュニケーションの要素としての方言：対人言語行動に見られる地域差の事例を題材に、言語生活面にも地域差があることを理解する。
> （3）方言の社会的地位の変遷：国語教育における方言の扱われ方、ステレオタイプ化した方言イメージなどを題材に、近代化のプロセスのなかで方言の社会的地位がどのように変遷してきたかを理解する。
> 【レポート提出】方言の活用事例の写真を添付し解説を付す。到達目標3の達成度を見る。
> （4）地域性のインデックスとしての現代方言：平準化が進んだ現代社会において、地域固有の文化資源として方言が見直されるようになっていることを、前回提出のレポート課題の振り返りを通して理解し、現代日本社会における方言の存在意義について考える。

　授業は、テキスト『方言学入門』（木部ほか2013）を参照しながら、パワーポイントで行います。初回の授業でワークシート形式の配付資料全15回分を配付し、各回の授業では適宜、言語地図の作成や方言音声を聞き取って記入するなどの作業を行います。3節で取り上げた〔教材1〕は「方言区画（2）」（第7回）、〔教材2〕〔教材3〕は「方言分布の解釈（2）」（第3回）、〔教材4〕は「方言分布の解釈（3）」（第4回）の授業で使用する教材です。

　なおこれらは、受講者にとっては上の世代の伝統方言を素材にしたものですが、「方言分布の解釈（4）」（第5回）では、学校方言（通学区域、教室ではく靴、「を」の呼称、号令ことば等）や新しい事物に関する用語の地域差（マクドナルドの略称、自動車教習施設の略称等）を取り上げ、現代のことばの地域差の発生メカニズムについて考えます。この伝統方言を取り上げた後に現代方言を取り上げるという流れは、「方言区画」をテーマとする第6〜9回の授業でも同様で、まずは伝統方言に

---

[5] 筆者がこれまで秋田、京都、沖縄で収録してきた世代別の場面設定の会話および「方言ロールプレイ会話」http://hougen-db.sakuraweb.com/ （JSPS科研費25370539による）を活用しています。

基づく方言区画を示したうえで、現在の若い世代のことばに生じているさまざまな変容が、方言区画上どのような現象としてとらえることができるかを見ていきます。方言を、「今の私」と直接結びつけてとらえてもらうことがねらいです。

この他、出席確認のことばアンケートを実施し、集計結果を授業で取り上げる、言語地図作成とその分析（第 4 回）および方言会話作成とその分析（第 11 回）を小テスト課題とし、方言の活用事例の写真を添付し解説を付すというレポート課題（第 14 回提出）に取り組むなど、「知識を体験と結びつける」ための課題を多く盛り込んでいます。

ここでの方言は、日本語と日本社会の多様性を、体験的に理解するための素材となっています。

## 5. おわりに

方言という素材は、人文科学系の学問分野のみならず、社会科学系の学問分野とも親和性があります。方言学は、日本語学の一領域としての役割をもつ一方、（郷土誌編纂などの）地域学の一領域としての役割も担ってきました。地域社会の維持・発展が課題となっている現在、そうした社会的要請はさらに増してきています。学問領域としての方言学の位置づけ自体が、日本の社会変動と結びついているのです。

現在の大学教育は、必ずしも研究者を養成するために行われるものではありません。いずれかの分野の専門性を身につけることは、適切なデータ収集力と分析力、論理的な思考力を鍛え、物事の全体像を見渡す視野の広さを獲得する手段であり、日本語学もその素材の一つにすぎません。その中で、方言学はどのような人文・社会科学的知見の獲得を促す素材となり得るでしょうか。

方言は、「中央語」「共通語」に対置される存在であるという点で、「周辺性」「ヴァナキュラー性[4]」に特徴をもちます。こうした社会的に軽

---

[4] 土着性。口語性。なお、最近のアメリカフォークロア研究では、「あるコンテクス

視されがちな存在を研究対象とすることを通して、人間の文化・社会の多様性への気づきを促すことができます。その気づきが、自らの「立ち位置」と他者の「立ち位置」を俯瞰する視点の獲得（＝偏見の超克、自文化理解・異文化理解）につながれば、大学の人文・社会科学教育で達成すべき目標の一つに達したと言えるでしょう。

**参照文献**

江端義夫・本堂寛・加藤正信（編）（1998）『最新ひと目でわかる全国方言一覧辞典』東京：学習研究社.
大久保忠利（1961）「方言と共通語教育」遠藤嘉基・平山輝男・大久保忠利（編）『概説』, 方言学講座 1, 143–164. 東京：東京堂.
加藤正信（1973）「全国方言の敬語概観」林四郎・南不二男（編）『現代の敬語』, 敬語講座 6, 25–83. 東京：明治書院.
木部暢子・竹田晃子・田中ゆかり・日高水穂・三井はるみ（2013）『方言学入門』東京：三省堂.
国立国語研究所（編）（1967）「いる（居る）」『日本言語地図 2』東京：大蔵省印刷局（現財務省印刷局）.（『日本言語地図』地図画像 https://www.ninjal.ac.jp/publication/catalogue/laj_map/）
国立国語研究所（編）（2002）「行ってはいけない」『方言文法全国地図 5』東京：財務省印刷局.（『方言文法全国地図』地図画像 https://www.ninjal.ac.jp/publication/catalogue/gaj_map/）
佐藤和之・米田正人（編著）（1999）『どうなる日本のことば：方言と共通語のゆくえ』東京：大修館書店.
佐藤喜代治（1986）「方言と国語教育」飯豊毅一・日野資純・佐藤亮一（編）『方言研究の問題』, 講座方言学 3, 207–227. 東京：国書刊行会.
佐藤亮一（監修）（2002）『お国ことばを知る方言の地図帳：新版 方言の読本』東京：小学館.
佐藤亮一（監修）（2007）『ポプラディア情報館　方言』東京：ポプラ社.
柴田武（1969）『言語地理学の方法』東京：筑摩書房.
島村恭則（2014）「フォークロア研究とは何か」『日本民俗学』278: 1–34. 日本民俗学会.
田中ゆかり（2011）『「方言コスプレ」の時代：ニセ関西弁から龍馬語まで』東京：岩

---

トの中で、個人によって実践、運用される」次元をさす概念としてヴァナキュラー（vernacular）という用語を用います（島村 2014: 26–27）。

波書店.
西岡敏・仲原穣(2000)『沖縄語の入門 たのしいウチナーグチ』東京：白水社.
松本修(1993)『全国アホ・バカ分布考：はるかなる言葉の旅路』東京：太田出版.
柳田国男(1927)「蝸牛考」『人類学雑誌』42 (4–7).(『定本柳田國男集 18』1–136. 東
　　京：筑摩書房(1979)所収.)

chapter 11

# 日本語学教育に
# 英語の多読教育を応用する

もう二度と「日本語学の本を読むと眠くなる」とは言わせない

福嶋健伸

## 1. はじめに

　本稿では、日本語学を学ぶ（教育する）ことの意義について述べた後、卒業論文のテーマ探し等に有効な「多読」の授業をご紹介します。

## 2. 日本語学を学ぶことの意義：3つのエピソード

　日本語学を学ぶことの意義は何でしょうか。この問いには、様々な答えを用意することができるでしょう。実学という側面を極端に強調した例を出せば、「ドラえもんや鉄腕アトムのように、日本語で考えて話すロボットを作るためには、日本語学の知見は必要不可欠」ともいえるでしょう。また、「人間がなぜ人間なのかを知るために学ぶ」という意義もあります。言語を操る能力を詳細に学ぶことで、人類の有する特徴は、「象の鼻やキリンの首が長い」等とは一線を画するものなのだと実感する人も多いと思います。

　しかし、ここではもっと身近な、日本語と日本文化に根ざした意味での「日本語学を学ぶことの意義」について考えてみたいと思います。

　議論のきっかけとして、まず、私の実体験に基づいたエピソードをご紹介しましょう。

## 2.1 日本語の素朴な疑問に日本語母語話者が答えられなくてよいのか

　私が小学校1年生だった時のことです。「ぼくは」の「は」が、[wa]と発音するにもかかわらず、「は」と書くことが、非常に不思議でした。以下の会話は、小学校1年生の私と、小学校の先生との会話です。

（1）　私：「ぼくは」の [wa] は、どうして、「は」って書くの？
　　　先生：福嶋くん、それはね、くっつきの「は」だからよ。
　　　私：くっつきの「は」は、どうして、「は」って書くの？
　　　先生：福嶋くん、くっつきの「は」はね、「は」って書くのよ。
　　　私：だから、くっつきの「は」は、どうして、「は」って書くの？
　　　先生：（少しイライラした様子で）福嶋くん、いいから黙って覚えなさい。「は」を書く時は、きれいな字で書いてね。

　先生の回答に全く納得がいかず、およそこのような会話があったことは、30年以上たった今でもはっきりと覚えています。子供の頃、誰でも一度は、「「ぼくは」「わたしは」の「は」は、[wa] と発音するにもかかわらず、なぜ「は」と書くのか」と疑問に思ったことでしょう。しかし、この問題に、きちんと答えられる人は、実は、ほとんどいないのです[1]。このようなことでよいのでしょうか。

　同様の問題は、日本語教育においても生じています。小学校1年生の私が持った疑問と同様の疑問を、多くの日本語学習者が初期的段階で持ちます。しかし、日本語学をきちんと学ばない限り、この素朴な問いに答えることができないのです。

## 2.2 言語に関する誤解は研究者の想像をはるかに超えている

　私が、国立大学付属の中学校に、教育実習に行っていた時のことで

---

[1] （1）のような質問に対して、「ハ行転呼」を正確に説明する必要はないと思います。また、この場合は、「何がくっつきか」という疑問ではないので、品詞や仮名遣いの話をしなくともよいでしょう。「昔の言葉のなごり」というようなことを簡単に説明するだけでも、小学校1年生には興味深い回答になったのではないでしょうか。

す。国語科の責任ある立場の先生から、卒業論文のテーマを聞かれ、「現代日本語の文法で卒業論文を書いている」と答えたところ、次のような会話に発展しました。

（2） 先生：でもね、英語には、確かに文法があるけれども、残念だけど日本語には文法なんてないんですよ。だから、本当は、日本語の文法を研究しても意味はないと思いますよ。
　　　私：（かなり驚いて）どうして、日本語に文法がないと分かるのですか？
　　　先生：日本語のポエムや、歌の歌詞を見ると、文法的に間違っている、いわゆる破格がたくさんあるけれども、とても感動するものがあるでしょう。だから、日本語に文法なんてないんです。
　　　私：（丁寧に質問しないとまずいな、という雰囲気を感じながら）文法がないのに、どうして、文法的に間違っているとか、破格とかが、分かるのですか。文法があるからこそ、文法的に間違っているとか、破格とかが分かるのではないでしょうか。

　この時、「英語のポエムや、英語の歌の歌詞には、文法的に間違っているものはないのでしょうか。それとも、英語のポエムや、英語の歌の歌詞で、破格のものには、感動するものがないのでしょうか」という質問もしたかったのですが、さすがにそれを聞いたら怒られるだろうと、危険を感じて質問しませんでした。残念なことに（そして、ご想像の通り）、私の読みは見事にはずれ、上記の質問だけでも、教員の怒りを買うのに十分でした。

　「文法的に間違った表現をしても意味が通じる場合がある（感動する場合すらある）」からといって、「日本語には文法がない（だから研究しても意味はない）」ことにはなりません。研究者にとっては議論するまでもないことでしょう。しかし、ここで強調したいことは、「研究者にとっての常識が、一般的な常識とは限らない」ということです。

　もちろん、国語科教員の中には、きちんとした学術的な常識を持って

いる方が多いと思います。しかし、一方で、かなり大きな誤解をしている方もいないわけではないのです。

　これが一般の方になると、その誤解の度合いは、さらに大きくなるでしょう。調査をしたわけではありませんが、「日本語のポエムや、歌の歌詞を見ると、破格がたくさんあるが、それでもとても感動するものがある。だから、日本語に文法なんてないし、研究しても意味はない」というようなことを考えている日本人は、一定数、存在すると思われます。もし、文部科学省の方や、この国の教育方針に影響力を持つ方が、このような誤解をしていたらどうなるでしょうか。想像するだけでも恐ろしくなりますが、現実的には、十分に考えられることです（（2）は誤解の一例に過ぎません）。

　このような誤解が生じることの責任をどこに帰すかは難しい問題ですが、私は、日本語学や言語学の教育方法にも、責任の一端があると考えています。誤解をしている方も、好きで誤解をしているわけではないので、初期的段階で日本語学や言語学の基礎をきちんと学んでいれば、避けられる誤解も多いのではないかと思われます[2]。

## 2.3　「英語はそれほど流暢でなくても、日本のことをしっかりと説明できる」というタイプの国際人も必要ではないか

　「日本語学」というと、何やら国際化社会と縁遠い気がしますが、それは逆だと思います。私は、2011年度、海外研修のためアメリカのシアトルに滞在していました。僅か1年の滞在ですが、「国際化社会こそ、日本語学の出番」ということを確信するには十分でした。日本語学を学ぶことの意義として、最後にこの点を述べたいと思います。

　日本語（特に古い時代の日本語）に詳しい人は、どうしても英語に苦手意識がある場合が多いようなのですが、これと同様に、英語が流暢な

---

[2] 例えば、「規範文法」と「記述文法」の概念をしっかりと理解していれば、（2）の会話のような誤解はなくなる（少なくなる）と思います。「規範」という概念と「文法」を同一視したことが、この場合の誤解の根源と考えられるからです。

人たちも、実は、日本の言葉や文化の歴史的なことに苦手意識がある場合が多いようです。このためか、現在、日本人の国際人は、「英語は流暢だが、日本の言葉や文化の歴史的なことは苦手」というタイプに大きく偏っているといえます[3]。

人間の能力や学習時間には限りがありますから、これは仕方がないことでしょう。極端な例になりますが、日本国内においても、『平家物語』と『源氏物語』の違いが説明できない（読んだこともない）人が増えているくらいですから、海外で『平家物語』と『源氏物語』の説明ができる人が少なくても不自然なことではないといえます。

しかし、この状況を前向きに受け止めれば、「英語はそれほど流暢でなくても、日本のことをしっかりと説明できる」というタイプの国際人が、今後は必要になってくるといえるでしょう。「わたしは」の「は」をめぐる疑問について、日本の古い言葉や文献について、きちんと説明できる人は非常に限られているのです。まさに、「日本語学」の出番ではないでしょうか。

これらの意義を押さえた上で、次は教育について述べたいと思います。

## 3. 教育の背景：伝統的な文学部国文学科のカリキュラム

まず、私がどのような環境で教育を行っているのか説明させて下さい。勤務校のカリキュラムは伝統的なもので、私は文学部国文学科の中の国語学を担当するという立場です。本学科は、上代・中古・中世・近世・近現代の各時代文学と、日本語教育・国語学・中国文学の計8つの分野で構成されています（専任教員は助教を含め13名です）。1年次では幅広く全ての分野について学び、2年次から徐々に選択が始まります。3年次で指導教員を選んで卒業論文のゼミを決定し、4年次で卒業論文を執筆します。

本稿では、次節より、3年次の国語学演習1（半期2単位）の実践を

---

[3] 当然、「日本の歴史的なことに詳しく、英語も流暢」という方もいらっしゃいます。

ご紹介します。この科目は、3年次の選択必修科目です。本学科の学生は、「演習」を8単位（4科目）履修する必要がありますので、履修する4つの演習科目のうちの1つということになります。

## 4.　「国語学演習1」のねらい：「3年次の壁」を乗り越える！

　大学教員をしていますと「3年次の壁」を感じることがあります。2年次までは講義科目が中心で、知識の吸収や概念の理解等がほとんどなので、ある意味で高校の延長といえるでしょう。まじめに授業を受け、教員のいうことをよく聞いていれば、基本的には何とかなるわけです。しかし、3年次の「演習」系の科目が本格的に入ってくると、こうはいきません。問題点を発見し、自分で対応策を考えることが求められます。自ら何かを生み出さなければならないのです[4]。また、本学では、3年次の前期には、卒業論文を書くゼミを決定し、論文執筆の準備をしなければなりません。3年次の学業では、「演習」の本格化に加えて、「卒業論文」に関係する作業が入ってくるのです。

　変化があるのは学業面だけではないでしょう。3年次の前期には就職活動の準備もしなければなりません。例えば、この時期にはいわゆる自己分析等を意識することになります。これまで社会との繋がりといえばアルバイトくらいだった学生達が、多くの業種と職種を把握した上で、自分がどのような仕事に向くかを考えるわけです。また、エントリーシート・就職試験・面接の対策も必要ですが、より本質的なこととして、自分の年収や生涯賃金、人生設計等にも真剣に向き合う必要が出てきます。壁があるのは当然といえます。

　本稿で紹介する「国語学演習1」は、基本的に、3年次の前期に履修することを前提としており、この「3年次の壁」を乗り越えるためのスキルを身につけることをねらいとしています。

---

[4] 本学科でも、1年次に実践入門セミナー、2年次に基礎演習を設け、スムーズに3年次に進めるよう十分な配慮をしています。しかし、それでもなお、「3年次の壁」に苦しむ学生がいるのは事実です。

## 5.「国語学演習1」のシラバス

「国語学演習1」のシラバスを示します（2016年度のものを適宜改変して示します。学生に余計なプレッシャーを与えないよう、シラバス中では敢えて「壁」という言葉を使用していません）。次節以降では、シラバスの第6週目の多読の授業を紹介したいと思います。

### 「国語学演習1」のシラバス

| 授業のテーマ・目標 |
|---|
| 　3年次では、大学での研究（演習や論文執筆等）が本格化すると同時に、就職活動が始まる。両者をうまく両立させるために、本授業では、次の5点を目標とする。<br>1：卒業論文執筆と就職活動を、うまく両立できるスケジュールを組める。<br>2：卒業論文のテーマを探す方法が分かり、先行研究を探して、入手できる。<br>3：卒業論文の体裁を理解する。<br>4：先行研究を読む際に注意するべき点が分かり、先行研究では分からないことは何か検討できる。<br>5：卒業論文で行う調査をデザインできる。 |

| 授業の内容 |
|---|
| 第1週　本授業の目標を確認する＋上手な意見交換の方法を学ぶ |
| 第2週　実際の卒業論文を読んでイメージをつかむ |
| 第3週　有意義な計画の立て方入門：逆算して計画を立てる |
| 第4週　卒業論文執筆と就職活動をうまく両立できるスケジュールを考える |
| 第5週　堅実で安全な卒業論文執筆計画を立てる |
| 第6週　卒業論文のテーマの探し方を学ぶ：多読の実践 |
| 第7週　先行研究の探し方を学ぶ：検索する際のありがちなミスとは？ |
| 第8週　先行研究の探し方を実践する：「お得な」検索方法と図書館の利用<br>　　　　※図書館とのコラボ授業になります。 |
| 第9週　リサーチリテラシーを学ぶ：信用できるデータと、信用できないデータの見分け方 |
| 第10週　卒業論文の体裁を学ぶ：どこに何が書いてあるか |
| 第11週　先行研究を読解する |
| 第12週　先行研究の内容をまとめる |
| 第13週　先行研究では分からないことを明らかにするための調査を考える：ブレーンストーミング |
| 第14週　現実的な調査をデザインする：非現実な調査とは？ |
| 第15週　アンケートの取り方を学ぶ＋まとめ |

> **テキスト・教材**
> 福嶋健伸・橋本修・安部朋世著『大学生のための日本語表現トレーニング 実践編』(三省堂、2009年) 1900円＋税、適宜、プリントを配布する。

「国語学演習1」では、2回目の授業から「就職活動と卒業論文執筆をうまく両立させるためのスケジュール作成」という作業に入ります。就職活動の本と論文執筆の本は、それぞれ星の数ほどありますが、この二つを組み合わせて授業を行える本は、管見の限り『大学生のための日本語表現トレーニング 実践編』しかありません。多くの学生は、就職活動と卒業論文執筆を両立させる必要があるわけですから、このような視点は学生の立場に立てば重要なことです。

スケジュールを作成した後は、「卒業論文に取り組む方法」を学びます。「テーマ探し」に始まり、「先行研究の見つけ方」「先行研究の取り寄せ方」「論文の読み方（問題点の見つけ方）」「解決案の見つけ方」「調査方法の決め方」「調査の行い方」等を学ぶわけですが、これらを、学生が「自律的にできる」ようにする必要があります。教員の指示でしか動けないということになると、「3年次の壁」を乗り越えることが難しくなるからです。

次節では、第6週目の授業、「卒業論文のテーマの探し方を学ぶ：多読の実践」をご紹介します。卒業論文の「テーマ探し」に力を発揮するだけではなく、学生の英語学習や読書生活をも一変させる魅力を持つ、「多読」の授業です。読書というと受動的な印象がありますが、本授業は「自律的に学生が動いていく」内容になっています。

## 6. 多読の授業：もう二度と「眠くなる」とは言わせない！

まず、学生が陥りやすい（悪い）読書パターンを確認しましょう。

## 6.1 学生が陥りやすいパターン：難しい本を読むと眠くなる

卒業論文のテーマを見つけるためには、読書をする必要があります

が、なかなかうまくいかないようです。次のようなパターンの学生は、少なくないでしょう。

（3）① 卒業論文のテーマを見つけようと意気込んで図書館に行き、「日本語学〜」「国語学〜」とタイトルにある本を適当に選んで、読み始める。
② 難しくてよく分からない、あるいは、興味を持てない。しかし、頑張って読む。
③ つまらないので、次第に眠くなって寝てしまう。
④ 気がつくとアルバイトの時間である。自己嫌悪に苛まれながら、慌てて図書館を後にする。
⑤ 上記①〜④を何度か繰り返し、図書館に行くこと自体、いやになる。

このパターンに陥ると、結局、ほとんど読書をせず、何も分からないまま、安易に卒業論文のテーマを決めることになります。このため、論文執筆のモチベーション自体が低く、最初からやる気がない状態になってしまうのです。

### 6.2 多読3原則：眠くならない読書の方法

そこで、多読の出番です。この多読の考え方は、もともと英語教育で提案されていたものです[5]が、私の授業では、これを日本語学の学習に応用し、それなりの成果を挙げています。

次の「多読3原則」が、この授業の最も重要なポイントになります。

（4） **多読3原則**
① **分からなかったら、とばす**（用語等は調べないようにしましょう）。

---
[5] 英語の多読に関しては、酒井 (2002) をはじめとする酒井邦秀氏の研究を参考にしました。また、本稿で示す「多読3原則」「多読を教える側の3原則」も同氏のアイディアです。ただし、筆者（福嶋）が、若干のアレンジを加えています。なお、多読（あるいは、Free Voluntary Reading）については、Krashen (2004) 等もご参照下さい。

② つまらなかったら、読むのをやめて、別の本を選ぶ（無理に読むと眠くなります）。
　③ 最初の①に戻り、面白い本に出会うまで繰り返す（途中で読むのをやめた方が、結果的に、多くの本にあたることになります）。

　この「多読3原則」を、初期的段階で、徹底的に教えることが重要です。「分からなかったら、とばす」「つまらなかったら、読むのをやめる」という方向は、これまで学生が受けてきた教育（「精読」あるいは、「読書百編」的思想）とは反対のものです。特に、「つまらなかったら、読むのをやめる」という行為は、「何かに負けた気分になる」という学生が多く、少なからぬ抵抗があるようです。このため、「多読3原則」を受け入れてもらうためには、かなりしつこく強調する必要があります。
　一見、不真面目・不誠実に見える「多読3原則」ですが、この原則を守った方が、結果的には、図書館の中で起きている時間が長く、自律的により多くの本にあたることができるのです。つまり、（3）のパターンを回避できるわけです（本を選ぶために身体を動かすので、この点も眠気防止に効果があるのだと思います）。
　日本語学関係の書籍には、分野・難易度ともに、様々なものがあります。たまたま手に取った本が、自分の興味関心やレベルにあっているという確率は、相当低いと考えられるでしょう。しかし、「多読3原則」を守れば、自分の興味関心やレベルにあわない本は、次々とパスしていくわけですから、かなりの確率で、自分にあった書籍を（自分で）見つけることができます（興味関心や理解力は学生によって大きく異なりますから、面白いと思える本は、自分で見つけてもらうのが一番です）。
　この多読の作業を繰り返すうちに、学生は、次第に、自分が何に興味を持っているのかが分かってきます。「指示詞のところは面白いと思う」あるいは「古い文献に出てくる文字の形に心をひかれる」等のようになるわけです。こうなればしめたものです。例えば、指示詞に興味を持った学生は、入門書の中でも指示詞の部分だけを読んだり、指示詞の入門

的な文章（『言語』や『日本語学』等に掲載されているもの等）を読んだりするようになります。何度も読んでいくうちに、概念や議論のポイント等がはっきりしてきます。概念や議論のポイントがはっきりしてくると、好奇心が働き、早く論文を読みたいという気分になります。「この先は、どうなっているんだ」と気になるわけです。もうすでに、高いモチベーションで、先行研究にあたれる準備が整ったといえるでしょう[6]。なお、この多読の授業は、1年次で行った後、3年次で再び行うとより効果的です。

### 6.3　多読の授業の流れ：多読を教える側の3原則

多読は、学生に図書館で実践してもらうものですが、私の授業では、「多読3原則」を理解してもらうために、90分1コマを多読授業の実践にあてています（実際に、「実践する」ことがコツといえます）。

授業前に、日本語学関係の書籍（10～20人前後のクラスですと、100～200冊くらい）をブックトラックに入れます。以下に写真を示します。

（5）

※2列に本を入れていることが分かりやすいように、前面の本と大型の辞書や辞典類を一部除いて撮影しました。

---

[6] 言うまでもないことですが、「難解な本（論文）を精読する能力や最後まで諦めないで本（論文）と向き合う姿勢は必要ない」と主張しているわけではありません。ただ、順序として、多くの場合、多読でモチベーションを上げてから精読に入った方が効果的であるという印象は持っています。なお、難解な本（論文）を精読する能力の育成にもコツがあると思うのですが、紙幅の都合で述べることができません。また、当然、多読が必要ない学生もいると思います。この辺りのご判断は教授者次第でしょう。

本授業では、『問題な日本語』シリーズ（大修館書店）、『日本人の知らない日本語』シリーズ（メディアファクトリー）、『ことばの探検』シリーズ（アリス館）、『日本語の歴史』シリーズ（武蔵野書院）、『新解さんの謎』（文春文庫、なお、『新明解国語辞典』もあわせて用意すると効果的です）、『古典文法総覧』（和泉書院）、『煩悩の文法』（ちくま新書）、『ヴァーチャル日本語　役割語の謎』（岩波書店）、『やさしい日本語のしくみ』（くろしお出版）等の書籍や文庫本、『言語』『日本語学』『国文学　解釈と鑑賞』『国文学　解釈と教材の研究』等の雑誌、『日本俗語大辞典』（東京堂出版）、『擬音・擬態語辞典』（講談社）、『くずし字用例辞典』（東京堂出版）の辞典類等、様々な分野・レベルのものを用意します[7]。様々な本を用意し、学生と本の出会いの場を作ることが成功の鍵の一つでもあります。

　図書館から借りるものもありますが、基本的には、私の研究室の中にあるもので十分でした。最近は、工夫を凝らした入門書が多数出ているので、本を集めること自体は、それほど大変ではないと思います。予め、多読用のコーナーを研究室内に設けておけば、10分前後で、授業準備が完了します（多読用としてブックトラックに乗せっぱなしでよいのであれば、授業準備の時間はいりません）。

　このブックトラックを教室に持っていきます。まず、学生が陥りやすいパターン（先ほどの（3）です）を学生に示します（「私のことだ」というつぶやきが、毎回聞こえます）。その後、「このパターンを回避する方法、さらには読書生活を大きく変えるかもしれない方法を教えます」と宣言した上で、多読の方法を講義し、「多読3原則」を強調します。その後、多読の実践に入ります。

　学生に本を手に取ってもらい、実際に読書をしてもらうわけですが、この時に大切なことは、「多読を教える側の3原則」です。「多読を教える側の3原則」とは次のものです。

---

[7] 微妙な問題ではありますが、学生が喜びそうな内容であっても、学術的な観点からみて、明らかに問題があると思われる書籍は外しています。

(6) 多読を教える側の3原則
① **特定の本を薦めない**（教員が面白いよといってしまうと、学生はその本を途中でやめにくくなります。また、教員の興味と学生の興味が一致しない場合も多いようです）。
② **テストをしない**（授業の最後に、興味を持った本のタイトル等とその理由を書いてもらいますが、それ以外のことはしません。よってこの授業（90分間）の評価では、学生間に大きな差はつきません）。
③ **我慢してはいけないことを強調する**（「自分にあわない本だったらやめる」ということが、この方法のポイントであることを強調します）。

　教員が積極的に動くとこの授業はうまくいきません。学生の動向を注意深く観察し、何を読めばよいか迷っている学生がいたら声をかけて興味を聞き出し、その興味に沿った本を数冊（必ず複数冊）紹介するという程度にとどめ、アドバイザーに徹することが成功の鍵だといえます。その際も、「つまらなかったら、別の本に移っていい」ということをしつこく強調しておきます。

　大体、60〜70分前後、読書に費やし、残り10分くらいになったら、一番面白かった本のタイトル・出版社・著者の情報と、当該の本が面白かった理由を書くように指示し、それを提出してもらいます。また、本の続きが読みたい場合は図書館で借りられることをアナウンスし、タイトルをメモしておくように指示します。最後に、この作業を図書館で行うことが重要であること、日本語学関係の書籍だけではなく、英語学習や読書全般にも適用できる方法であることを確認して授業を終了します。

## 6.4　学生からの評価：無記名アンケートで感想を聞く

　この授業がうまくいくと、教壇に立つ者としては、少々ショッキングな光景が繰り広げられます。普段の講義では、日本語学にさほど興味を

示さない学生が、食い入るように日本語学の本を読んでいるのです。中には、「初めて日本語学を面白いと思った」という学生まで出てきます。もう二度と「日本語学の本を読むと眠くなる」とは言われないでしょう。眠くなる前に、別の本に移るわけですから。

　なお、多読の授業では、隔年で無記名のアンケートを行い、学生側からのコメント（多読授業90分に関するコメント）を確認しています。学生が気兼ねなくコメントできるよう、毎回、「無記名」にしています。また、教員の目を気にせず意見を書けるよう、コメント記入中、私は教室の外に待機しています。コメントの回収等も学生に任せています。

　以下のものは最も新しい2014年度の回答です（回収率は100%です。授業に関するコメントを全て示します。基本的に原文ママです）。本授業のねらいは、これらのコメントに全て反映しているといえます。

**学生からのコメント**

> ・コツを聞いても実践せずにおわることは多いので、実際やってみるのは新鮮ではじめてみようという気持ちになりました。
> ・おもしろい本に巡り会うまで、読んで止めてを繰り返そうと思います。これからも本を読む機会は多くなると思うので、実践してみようと考えています。
> ・実際にやってみることでやり方や本の探し方がわかったのでよかった。
> ・多読のコツが少し分かった。この読み方をすれば、いつもの倍は本を読むことができるので、自分に合った本を見つけやすいと思った。
> ・テーマを決めるための一つの参考になった。ゼミを決めないといけないこの時期に、卒論について授業でやってくれるのは嬉しい。
> ・本を探さなくてはと思っていても中々実行できていませんでした。今回の授業で様々な本にふれて、少しだけ内容がしぼれたような気がします。また是非今回のような授業をやってほしいです。
> ・本が読みたくて図書館や本屋さんに行く時はもちろん、調べ物があって図書館に行く時は、ぱーっと見ておもしろそうな物を選んでいるので、たまに当たる「つまらない本」には悩まされていました。とばし読みとか、つまらなかったら途中でもやめる、ということがなかなかできない（負けた気分になる）ので、怖がらずに挑戦してみようと思いました。新しい「本の読み方」を学べて良かったです。

・テーマを決める重要なヒントになるのが多かったので、今回の授業はすごく自分のためになりました。本から情報を得ることの重要さに気づかされました。興味ある分野の範囲だったり、はばを広げていきたいと思いました。
・「難しいところは飛ばしてもいい」と思いながら読むのは気が楽で、短時間でたくさんの本が読めるのでとても勉強になった。
・自分では選ばない本が読めてとても良かったです。多読の方法が実際にできて良かったです。
・自分で面白い本を探すと、自然に活字が少なく絵が多い本を選んでしまうということが分かった。しかし今回は自分が知りたい内容の本にひかれ、読んでいくと、今まで分からなかった語句や日本語が沢山載っていて勉強になりました。すぐ飽きてしまう本は自分にとって興味がないものなのだと分かりました。
・今まで本をとりあえずたくさん読まなくてはいけないと思っていたのでつまらない本でも、嫌々読んでいることがあった。全然面白くないので、途中で挫折することがよくあって、自分は本当に本を読むのが好きじゃないんだな〜と思っていたけど面白くない本は無理して読まなくてもいいのを知って自分の好きなジャンルのものをたくさん読んでいこうと思った。
・自分は難しいと思ってしまった本でも無理矢理最後まで読んで、結局時間を無駄に使ってしまう典型的なタイプなので、この授業で、本を読むことをあきらめてもいいんだ、ということが分かってよかった。こういった事は、他の授業ではなかなか教えてくれないのでためになるし、助かることが良くある。
・今までは、どんなに難しい内容でも「読まなければ。」という気持ちで読んでいたので、続けて読むことができない悪循環に陥っていました。しかし、今回の講義において、「つまらなかったらやめる」「むずかしかったらとばす」ということを学んだので、今後、同じパターンに入りそうになった時は、これらのことを実行しよう、と思いました。
・題名で騙されて手に取ってみたら、中身がおもしろくない、という体験は日頃よくしてしまうので、やめるって大事だな、と実感しました。また、つまらないと思った本の内容は本当に記憶に残らないな、と感じました。
・今回は研究とかの本が多かったので読みとばしても大丈夫だったが、物語的なものだと内容がわからなくなりそうだと思った。また、今回のやり方なら、読みたいコラムだけ読めて、読む本の数も増やせるので、便利だと思った。
・図書館の OPAC などで検索すると分野に偏りがあるため、授業で色々な分野の本を多読できるのは助かりました。本の良い点をノートにまとめるうちに、興味のあるテーマについても分かりそうです。
・毎回ためになります。

> ・最近あまり本を読めていなかったので、久しぶりに読書をしました。自分では選ばないジャンルの本にも触れることで、興味がわき、もっとちゃんと読んでみたいと思いました。日本語について考えるきっかけにもなる良い授業でしたが、ずっと本を選びながらしゃべっている人もいたので、少し残念でした。（福嶋注：そのような学生は全くいなかったので、よく分からない指摘でした）
> ・授業の時間ほとんどを使って本を読むというので少しおどろきましたがおもしろいなと思いました。多読の考えは、中学生の時先生につまらなかったり内容がむつかしくても調べながら最後まで読むべきだと言われたのですが、無理に頭につめこむよりも自分にあった本を探す方が自分にはあっているようです。
> ・図書館などで読んでみたくてもどう探せば見つかるかわからないような本が読める良い機会だった。普段読むときに難しいと飛ばしていたり本を変えていたけど正直これでいいのだろうかと不安になっていた。けれど今日の授業でつまらなかったら他の本に、その方が多くの本にふれられると気づけて良かった。
> ・一つの本でねばらず次々と変えるのはあまりよくない事なのかと思っていたので、そうした方が良いと聞いて気が楽になった。

　無記名のアンケートでこれだけ好評なのですから、学生にとっても、有意義な時間であると判断しています。

## 7. 「日本語学教育」の提案、及びメタ日本語学の必要性

　本稿では、日本語学を学ぶことの意義について述べ、授業実践の一つをご紹介しました。最後にまとめにかえて、「日本語学教育」の提案と、メタ日本語学の必要性について述べたいと思います。

　これまでは、教員が授業について工夫することはあっても、その情報が共有されることはほとんどありませんでした。しかし、今後は、もっと教育について話し合う機会があってもよいのではないかと思います[8]。そこで「日本語学教育」を提案します。「日本語学を教える」ことについて話し合い、情報の共有化が進めば、より効率よく授業準備ができ、

---

[8] もちろん、教育においては独力で試行錯誤する時間も非常に大切だと思います。しかし、だからといって、情報の共有をしなくてよいということにはならないでしょう。

教育の質を高めることができると思うのです。

　例えば、日本語学概論等で教えるべき内容を、（ある程度）ピックアップし、教える順序を考え[9]、効果的な教授法を共有するということがあってもよいのではないでしょうか。それぞれの職場により学生のタイプや事情は様々でしょうが、それらを考慮したとしても、情報を共有していくことには、十分な価値があるでしょう。

　また、私は、本稿で述べてきたことは、メタ日本語学（メタ言語学）の一環として位置付けられると考えています。

　メタ日本語学とは、日本語学の研究教育活動をメタ的にとらえ、よりよい研究教育を行うためにはどうすればよいかを考えるというものです（漆田他（2012）等参照のこと）。

　メタ日本語学の対象としては、具体的には、「より公正なレフリーシステムの模索」「より能率的な英語論文の執筆方法の模索」「より能率的で手堅い調査方法の模索」「学界水準に関する検討（例えば、統計的検定の有意水準を何％にするか等）」「教育内容に関する検討」等が考えられます。

　このような視点は国内の文系の学問では珍しいものかもしれませんが、すでに、福嶋（2014a）では、「より公正なレフリーシステムの模索」を行い、福嶋（2011）、漆田他（2012）、小野他（2013）等では、「より能率的な英語論文の執筆方法の模索」を行っています。また、福嶋（2014b, 2016）では、くずし字を学ぶための教材開発を試みています。

---

[9] 本稿冒頭で触れたハ行音の問題は、概論的知識として重要だと思いますので、「ハ行子音の変遷・ハ行転呼音」を例として説明したいと思います。これらの現象を理解するには、少なくとも、「音声と音韻の違い」「両唇破裂音などの調音方法や調音部位の基礎知識」「五十音図」「助詞の概念」「親族名称のパターン」「方言周圏論」等を理解している方が望ましいでしょう。さらに「コンニッタ」等のt入声と連声を学ぶ段階では、「ハ行子音の変遷・ハ行転呼音」に加え、「音素文字・音節文字（・表語文字）の違い」「開音節構造と閉音節構造」等を理解している方がよいと思われます。このように分解していきますと、「何をどのような順序で教えるべきか」等が見えてくる気がするのです。

本稿もメタ日本語学の一環として、教育内容の問題を扱ったものと位置付けられるでしょう。

　日本語学（ひいては人文科学）を取り巻く状況には、厳しいものがあります。現状を踏まえ、よりよい研究教育活動とはどのようなものか、日本語学（者）が生き残るためにはどうすればよいのかを、自覚的、かつメタ的に考える必要があるのではないでしょうか。

　最後に、このようなメタ日本語学の必要性を強調して、本稿を閉じたいと思います。

**参照文献**

漆田彩・北見友香・竹原英里・小野真依子・福嶋健伸（2012）「日本語学の研究を英語論文の参考文献欄に書く場合その1：Journal of East Asian Linguisticsでは、どのように単行本を引用しているか」『實踐國文學』82：（左）1–20. 実践女子大学実践国文学会.

小野真依子・漆田彩・北見友香・竹原英里・福嶋健伸（2013）「日本語学の研究を英語論文の参考文献欄に書く場合その3：Journal of East Asian Linguisticsでは、どのように論文を引用しているか」『實踐國文學』83：（左）1–19. 実践女子大学実践国文学会.

酒井邦秀（2002）『快読100万語！　ペーパーバックへの道』東京：筑摩書房.

福嶋健伸（2011）「時代名を含む日本語学の論文の英文タイトルについて：日本語学の成果を海外に発信するために」『實踐國文學』80：（左）71–78. 実践女子大学実践国文学会.

福嶋健伸（2014a）「日本語文法学会誌『日本語文法』の査読システムの改善をお願いする：「学界水準が弱者を守る」という思想」『實踐國文學』85：（左）21–35. 実践女子大学実践国文学会.

福嶋健伸（2014b）「くずし字を楽しく学ぶための教材の開発：第二言語習得理論を参考に『定家本　○○』を作成する」『實踐國文學』86: 75–84. 実践女子大学実践国文学会.

福嶋健伸（2016）「「くずし字が大嫌いな学生」を「くずし字が大好きな学生」にするための研究：面白くて挫折できない教材の開発」『月刊　国語教育研究』3月号：50–57. 日本国語教育学会.

Krashen, Stephen D.（2004）*The power of reading: Insights from the research*. 2nd edition. Westport, CT: Libraries Unlimited.

chapter 12

# 教養としての「役に立つ日本語」の授業実践

保幼小教員養成現場における「日本語学」の意義

森　篤嗣

## 1. はじめに

　本稿では、私立大学の保育士・幼稚園教諭・小学校教諭養成課程における教養としての「役に立つ日本語」の授業実践について紹介したいと思います。私の授業を受講している学生にとっては、「日本語学を学んでいる」という明確な意識はないかもしれません。しかし、「役に立つ日本語」の背景には日本語学があります。ただし、そのあり方は学問としての「日本語学」と少し異なります。本稿では、私の保幼小教員養成現場における授業実践を通して、「実学としての日本語学」のあり方と、その意義について述べていきたいと思います。

　私の現勤務校は、小学校教員需要の高まりを受け、2006年度に定員抑制を撤廃したことによる小学校教員の教職課程を持っています。そして、多くの新設学科と同様に、中高ではなく、小学校＋幼稚園・保育士という組み合わせです。奥田 (2010) は、2008年時点で小学校教員の教職課程を持つ私立大学は118校と、1998年時点 (40校) に比べて3倍になっていると述べています。さらに2015年現在では、178校に及んでいます (文部科学省 2015)。

　このような流れの中、教科という枠組みを持たない保幼との組み合わ

せの場合、いわゆる教科専門科目の位置づけは、多くの国立大学の教員養成系学部とは大きく変わります。国語学ないし日本語学というよりも、まさに日本語の授業として、身近な日本語をメタ的に捉え、さらに「役に立つ（立ちそう）」という側面を押しだしていく必要があると考えています。

　私学であるが故に受講者も多いため、演習型も難しく、形態としては従来通りの講義型で、「役に立つ日本語」の授業をどのように作っていくかという一つの試みを紹介したいと思います。

## 2.　私の担当科目とカリキュラム

　まず、私の担当科目を全て示すこととします。国語科系統の科目には下線を引きました。全て所属学科での担当科目であり、全学共通科目や学部共通科目での授業は担当していません。

表1　担当科目（下線は国語科系統科目）

| 学年 | 担当科目 |
| --- | --- |
| 1年生 | こども学概論（リレー）、基礎演習Ⅰ、基礎演習Ⅱ |
| 2年生 | <u>国語科研究Ⅰ（2クラス）</u>、応用演習Ⅰ、応用演習Ⅱ |
| 3年生 | <u>国語科教育法（2クラス）</u>、教育実習事前事後指導（小学校）、教育実習（小学校）、ゼミナールⅠ、ゼミナールⅡ |
| 4年生 | <u>国語科研究Ⅱ</u>、保育・教職実践演習、ゼミナールⅢ、ゼミナールⅣ |

　国立大学の教員養成系学部では、国語科教育講座に国語科教育・国文学・国語学・漢文学・日本語教育などを担当する教員が所属して運営されます。しかし、私が所属しているような私立大学の小学校教員教職課程では、学科の規模にもよりますが、各教科1人で担当することが多いと思われます。ちなみに私の所属学科は、定員100人で、私立大学の小学校教員教職課程としては一般的な規模と思われます。

　したがって、国語科系統の科目は、上に示した私が担当する「国語科研究Ⅰ」「国語科教育法」「国語科研究Ⅱ」の3科目しかなく、他の教員が担当する科目はありません。

また、学科内で教職課程の役割も完結させるため、教育実習系統の科目も、複数名での担当ではありますが、学科の教員で担当します。事務系統の「実習センター」は存在しますが、教職課程などが別途あるということはありません。

　このように、初年次教育から実習科目、ゼミナールも担当しつつ、3科目の国語科系統科目を担当しています。まず、2年次後期の「国語科研究Ⅰ」では、小学校における国語科の内容について概説します。読むこと（物語文、説明文、詩、短歌・俳句など）、書くこと（作文）、話すこと・聞くこと、国語の特質に関する事項、伝統的な言語文化などを扱います。次に3年次前期の「国語科教育法」では、教育実習が3年次9月に実施されるため、具体的な国語科での指導法について扱います。授業の時間配分、発問、板書、物語文や説明文の指導、作文指導、伝統的な言語文化教材（古典教材）の指導、討論や発表の指導、漢字指導、書写指導、机間巡視、評価などを扱います。

　そして、本稿では主に4年次前期の「国語科研究Ⅱ」を扱いたいと思います。上記のとおり、2年次後期の「国語科研究Ⅰ」と3年次前期の「国語科教育法」は小学校の教育実習に行く学生たちが、教育現場に出る前に最低限の国語科教育の知識を得るためにおこないますので、いわゆる教養的なことを扱う時間がありません。4年次になってようやくというか初めて教養としての日本語の授業をおこなうことになります。つまり、一般的には1年次などにおこなうような教養的な日本語学科目ですが、私の所属する学科ではカリキュラムの関係上、4年次前期におこなうという状況になっているということです。

　4年次となりますと教員採用試験を控えていることになります。日本語に関する雑学は、教員採用試験の一般教養や小学校全科（国語）で役立つこともありますので、その点も意識しながら「国語科研究Ⅱ」の授業をおこなっています。

## 3. 伝えたいメッセージ

　前節でも述べたとおり、本稿では4年次前期の「国語科研究Ⅱ」を取り上げます。「国語科研究Ⅰ」と「国語科教育法」の2科目は小学校教員免許必修科目でほぼ全員（定員100人）が履修するのに対し、「国語科研究Ⅱ」は小学校教員免許選択科目です。4年になってようやく初めての選択科目となります。それでも定員100人の約半数が履修します。履修者は2012年度が48人、2013年度が52人、2014年度も52人、2015年度は36人でした。受講生は保育士・幼稚園教諭志望者も多く、小学校の教科専門の内容だけでは興味を引きつけられません。そこでこの授業では、日本語やコミュニーションを題材に「役に立つ日本語」について学ぶことを目的にしています。

　そして、私がこの「国語科研究Ⅱ」で伝えたいメッセージは、次の2つであることを初回の授業で示すようにしています。

（1）　保育士も幼小教員も、大切なのは教養です。「先生っていろんなことを知ってるね！」と子どもに思ってもらえるから、先生は尊敬されるのです。日本語という身近な題材について、うんちくが語れる先生になりましょう。

（2）　授業に代表される先生の「お話」は、何よりも先生自身が「面白い！」と思っていないと、子どもも面白がってくれません。本授業では、いままでみなさんに「国語科教育」を教えてきた私が、自分がもっとも面白いと思っている日本語の話を全力でするので、「先生自身が面白がるって大切だな」ということを感じ取ってほしいと思います。

　上記の2つ、特に（2）が大切ではないかと思い、自分自身が全力で面白がることをモットーにしています。（1）については、上に書いたとおり「子どもたちに対して」という側面もありますが、教員採用試験や公務員試験（保育士・幼稚園教諭）に「教養として」役立つという側面も考慮して進めています。

## 4. 授業における実践の工夫

　ここまで述べてきたように、私の授業実践の環境は、文学部や国立大学の教員養成系学部とは大きく異なります。しかし、教養としての「役に立つ日本語」の授業は、専門的な日本語学の授業とはまた別の需要があると思われます。こうした教養としての「役に立つ日本語」の授業実践において、私が工夫していることを三つ挙げてみます。いずれも私自身が小学校での授業実践から学び、応用していることです。

（3）　**実物にこだわる**：歌詞を考えるときには動画を見せる、入力変換を学ぶときにはスマホを出させて実際にやってみるなど、教科書の中だけにとどまるのではなく、実物をできるだけ使うようにする。

（4）　**類例を作成させる**：変換ミス、ねじれ文、妙なカタカナ語など、身のまわりの日本語を観察して面白い現象を取り上げたら、自分たちでも似たような例が作れないか試してみる。そして、作った類例を相互に示し合って交流する。

（5）　**現実場面で役立つ**：小学校の教師として、子どもを持つ親として、また、面接場面での話し方や、日常の家族や友人とのコミュニケーションなど、「現実場面」とつなげて「役に立つ」と実感させる機会を作る。

　上記の三つの工夫は、小学校の授業場面では、取り立てて珍しいものではなく、よく見られるものだと思います。しかし、高校や大学になるとこうした工夫は置き去りにされがちです。保育士や幼小教員を目指している学生だからこそ、（3）から（5）のような工夫が受け入れられやすいということも考えられますが、昨今の大学教育でも中央教育審議会（2008）など、アクティブ・ラーニングが推奨されています。したがって、（3）から（5）で挙げた三つの工夫は、大学教育における授業実践でも、特別な工夫ではなく、スタンダードの一つになっていくと思われます。

3節で述べた「教養として」と「面白がる」というメッセージと、本節で述べた「実物にこだわる」「類例を作成させる」「現実場面で役立つ」は、一見するとつながりがわかりにくいかもしれません。「教養」「面白がる」は学習内容や学習対象に対するもので、「実物」「類例」「役立つ」は教育方法に関わるものです。学習内容は興味を引くものを優先して選び、それを教育方法で「役立つ」ものに仕立て上げるという関係にあります。

## 5.　「国語科研究Ⅱ」のシラバス

　本節では、「国語科研究Ⅱ」のシラバスを示したいと思います。

表2　「国語科研究Ⅱ」のシラバス

| 授業概要 |
| --- |
| 本講義は、コミュニケーションという観点から日本語全体を俯瞰することによって、言葉について客観的に見つめ直し、国語科の目指すべきことを捉え直す機会を得るための科目である。 |
| 到達目標 |
| ○自身のコミュニケーションを多角的かつ論理的に分析できるようになり、そして「ことばについて考える」楽しさを知ることができる。<br>○日常生活を送る中でふと気になるような「身近な日本語」を具体例として、国語科で扱われるあらゆる教材について、日本語という観点から分析的に見ることができるようになる。 |
| 関連する授業科目 |
| 国語科研究Ⅰ、国語科教育法 |
| 授業方法 |
| 講義形式をとるが、随時、発問をおこなうので、それを契機とした参加者同士の討論によって考えを深めることを目指す。 |
| 履修および予習・復習についての指示 |
| 発問に対しては積極的な反応を期待する。 |

| 成績評価の方法と基準 |
|---|
| 平常点（50％）、期末テスト（50％）の割合により評価を行う。平常点には、授業態度及び授業での発言を含む。 |
| **テキスト** |
| 定延利之（編著）、森篤嗣・茂木俊伸・金田純平（著）『私たちの日本語』朝倉書店 |
| **授業計画** |
| 第 1 回　文法と方言<br>第 2 回　文法と自然言語処理 1（機械翻訳）<br>第 3 回　文法と自然言語処理 2（形態素解析）<br>第 4 回　ことばとジャンル（書きことば・話しことば）<br>第 5 回　ことばとメディア 1（漢字・ひらがな・カタカナ）<br>第 6 回　ことばとメディア 2（文字・音声）<br>第 7 回　文法とキャラクタ<br>第 8 回　文法と自然言語処理 3（コーパス）<br>第 9 回　電子コミュニケーション<br>第 10 回　コミュニケーションと丁寧さ<br>第 11 回　コミュニケーションと会話<br>第 12 回　コミュニケーションと文法<br>第 13 回　コミュニケーションとキャラクタ<br>第 14 回　ことばの記述的研究と規範的教育<br>第 15 回　国語と日本語 |

　テキストは私自身も執筆している定延ほか（2012）です。実は上記のシラバスの授業計画は、テキストの「まえがき」に例えばということで提示してある「（建前的な）かたい見出し」です。ただし、テキストは第 14 課までしかありませんので、第 15 回のみ独自に設定しました。授業名が「国語科研究Ⅱ」なのに、「日本語」のことを扱っていますので、最後のまとめと振り返りを兼ねて、「国語と日本語」の定義や異同について説明するようにしています。

　次に、「（建前的な）かたい見出し」と比較するために、このテキストの実質的な内容を示している各課のタイトルを以下に示します。

**表3　『私たちの日本語』各課のタイトル（下線は筆者の執筆課）**

| タイトル |
|---|
| 第1課　看板から始まる日本語観察 |
| 第2課　直訳日本語ロックに見る日本語の特徴 |
| 第3課　<u>誤変換はなぜ面白い？</u> |
| 第4課　破格から考える日本語 |
| 第5課　「チョー恥ずかしかったヨ！」なカタカナの不思議 |
| 第6課　文字表現の音声学 |
| 第7課　文末の小宇宙 |
| 第8課　<u>ググると正しい日本語がわかる？</u> |
| 第9課　「レポート提出しました\(^o^)/」のすれ違い：顔文字の謎 |
| 第10課　挨拶のマナー |
| 第11課　断り方 |
| 第12課　かっこいい〜はずかしいしゃべり方 |
| 第13課　キャラクタの悩みあれこれ |
| 第14課　ことばの専門家が言うこと |

「（建前的な）かたい見出し」と比べると、非常に身近でくだけたタイトルになっています。このテキストの「まえがき」には、編著者である定延利之氏から著者たち（茂木俊伸氏・金田純平氏・私）に与えられた「要求」が、次のように書かれています。

> 日本語学の授業といっても、受講者の大半は、日本語学の専門の道に進まない学生さんであろう。その人たちにも面白く感じられる、身近でわかりやすい今日的な題材を取り上げてほしい。そして、その人たちが大学を卒業して社会に出た後も、楽しい記憶として永らく残るような、インパクトのある原稿を書いてほしい。
>
> 　　　　　　　　　　　　　　　　　　　（定延ほか 2012: ii）

上記のような「要求」に基づいて「面白がること」をモットーに執筆したため、くだけたタイトルと内容になっています。先にも述べたように、先生自身が「面白がること」がこの授業で伝えたいメッセージですが、実はテキストを執筆する段階から「面白がること」という方針があったということになります。

そして、「日本語学の授業といっても、受講者の大半は、日本語学の専門の道に進まない学生さんであろう」の部分は、私の所属学科のような保幼小教員養成に限らず、全国のあらゆる大学、あらゆる学部でも、本稿のタイトルでもある教養としての「役に立つ日本語」の授業が必要であることを示唆していると言えます。

## 6.「国語科研究Ⅱ」の授業の実際

本節では、全15回の「国語科研究Ⅱ」の授業のうち、四つの回（第1回・第3回・第4回・第10回）を取り上げ、授業展開と、先に見た三つの「授業における実践の工夫」を具体的にどのように組み込んでいるかについて紹介していきます。なお、本節のタイトルについては実質的な内容をあらわしている『私たちの日本語』各課のタイトルで示すこととします。

### 6.1　第1回 看板から始まる日本語観察

第1回は「教師自身が全力で面白がること」をアピールするのにうってつけの題材です。教材としては、テキストをそのまま使うとネタバレしてしまいますので、パワーポイントにあらかじめテキストや日頃から撮りためた画像を貼り付けて準備をしておきます。

まず、導入部分では、授業初回の「つかみ」として、いかに私自身が日頃から看板などの日本語観察に興味を持っているかについて熱弁します。この熱弁が「興味があるふり」だと効果が薄いと思われますが、日本語学を専門とする研究者であれば誰しも「興味があるふり」など全く必要なく、熱弁できるのではないかと思います。「つかみ」は極めて重要で、それに欠かせないのは熱弁です。

1回目の「つかみ」のポイントは、いきなりテキストの画像を使って授業を始めるのではなく、自身が撮影した地元の画像を使って「私はいつもこのような看板や貼り紙の写真を撮りためています」ということをアピールすることだと思います。三つの「授業における実践の工夫」の

うち「**実物にこだわる**」に当たります。例えば、図1は私が導入で使用している私自身が撮影したものです。

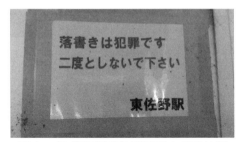

**図1　JR阪和線東佐野駅構内の貼り紙**

　まず教員は何も説明せず、画像だけ示して学生に考えさせます。そこで出た意見を拾いつつ、出なければ「言いたいことは大変によくわかるのですが、この貼り紙を読む人の99.99%（犯人以外の人）は「以前に落書きをしていない人」です。そうであるのに、いきなり「二度としないで下さい」と言われると、「してないよ！」とツッコミ返したくなります」と解説します。この貼り紙は、第1回のテーマである「文法」とはあまり関係はありませんが、「教師自身が日本語観察に興味がある」ことを示す導入としては、いまのところ効果的なようです。普通の人なら通り過ぎるような看板や貼り紙に、私が興味を示し、立ち止まり、必死でツッコんでいるという姿が学生には面白いようです。

　また、面白がるだけではなく、この授業が「**現実場面で役立つ**」ようにするためには、看板や貼り紙を見る（読む）側としてだけではなく、自分たちが書くときにはどのような点に留意しなければならないか（例えば、図1の「配慮の欠落」など）を考えさせることも大切です。

　その後はテキストに沿い、表記（「進人禁止」「人間ドッグ」）、文法（助詞「と」の複数解釈、「許可なく立ち入りを禁じます」）、語構成（「早め」か「早いめ」か）について講義をおこないます。いずれも、画像を見せてまずは自由に考えさせ、議論の後に解説をするという議論先行型で進めます。このとき、類例を見たことがあるという学生に積極的に発

言・発表をさせるようにしています。三つの「授業における実践の工夫」のうちの「**類例を作成させる**」に当たります。「見たことがある」だけでは、作成にはならないので、改案も考えさせるようにしています。例えば、学生から「いつもトイレを綺麗に使用していただきありがとうございます」という貼り紙が見たことがある例として出た場合なら、「勝手に御礼を言う」ことの類例を考えさせます。この場合、「買ってくれてありがとう」だと、「まだ買ってないよ！」とツッコミたくなり、うまくいきません。「買う」のようなはっきりした行為では駄目で、「綺麗に使用する」のようなはっきりしない行為の方が向いていることに気づかせます。その結果、「(自転車置き場で) いつも整理にご協力ありがとうございます」や「(ゴミ捨て場で) いつも分別にご協力ありがとうございます」のような類例が作成されます。

　最後に時間の許す限り、私自身が撮りためた看板・貼り紙画像を紹介して議論をします。日本語学者の友人たちから送られてくる面白い画像が増えすぎて90分で紹介しきれないのが目下の悩みです。講義の最後には、「みなさんも面白い看板や貼り紙を見つけたら私に送ってください」とお願いすることにしています。このように呼びかけることで、身のまわりの日本語観察を通して、彼らが教養と考えるくせを身に付けることを願っています。もちろん、画像が増えることも願っています。

## 6.2　第3回　誤変換はなぜ面白い？

　第3回は「**実物にこだわる**」に最適な題材です。学生にとって非常に身近なスマートフォンを活用して授業を進めます。授業が始まる前に、iPhoneなどiOSを持っている学生と、Androidを持っている学生をペアにしておくと、変換結果が異なるときに見比べて議論ができるのでより効果的です。ガラケー (従来型携帯電話) やノートPCを持っている学生もいるかもしれませんので、それも使わせると比較対象が増えます。もちろん、どれも持っていない学生もいる可能性がありますので、その学生への配慮も必要です。

導入では、「今年から貝が胃に棲み始めました（今年から海外に住み始めました）」を使って誤変換の面白さを伝え、漢字変換システムや形態素解析について説明していきます。コーパスが盛んになった現在においては、形態素解析も日本語学の重要な知識の一つですが、ここではあまり深入りせず、あくまでユーザー目線で、コンピュータがこのようなルールで動いているということを理解させることにしています。ただ、小学校教員養成という観点から言えば、同音異義語や品詞識別など、国語科の言語の特質に関する事項の知識にもつながりますので、むしろそのあたりを中心に解説をしています。このときに「貴社の記者は汽車で帰社した」を実際に手持ちのスマートフォンで変換させます。Androidでは正確に変換されますが、iOSではうまく変換されないことも体験させます（2015年12月現在）。

　次に、日本漢字能力検定協会による「変漢ミスコンテスト」の受賞作品（例えば「5季ぶり快勝（ゴキブリ解消）」など）についてクイズ形式で進めていきます。誤変換を推測させる手順としては、まず自分で考えるように指示し、わからない場合は一定の時間がたってから教師の指示によりスマートフォンで変換してよいことにします。この際に、自分で考える段階でわかった人から、教室の前に出てきて正解を黒板に書くように指示しておくと、競争的に取り組むことができます。自分で考えてわからなかった人は、わかった人が黒板を書いている間にスマートフォンで変換して確認します。なお、テキストの問題は「変漢ミスコンテスト」の受賞作品なので、正解があるのですが、正解とは別の答えを考える学生もいると思われますので、ルールさえ合っていれば幅広く受け入れるようにします。むしろ、「他にある人！」のように聞いてみたり、机間巡視で面白い答えを探して奨励します。これは、三つの「授業における実践の工夫」のうちの**「類例を作成させる」**に当たります。これまでに授業で作成された類例として、「車の廃車（配車）が完了しました」「自転車、腐り（錆）かけた？」「子どもを奈良バス（並ばす）」「書く女子（格助詞）」などがあります。

最後に、「言いまつがい」（糸井 2005）を扱います。主に「どるのヨライブ（夜のドライブ）」（糸井 2011: 67）などの文字や音声の逆転現象を中心に扱いますが、コンピュータとちがって人間の間違いの可能性は無限大である点にも注目させます。また、私の所属学科では保幼小養成ということを考慮し、「エベレーター（エレベーター）」など、子どもの言い間違いについても必ず取り上げるようにしています。子どもに関わる仕事に就く学生にとっては、**現実場面で役立つ**工夫の一環となります。

### 6.3 第 4 回 破格から考える日本語

第 4 回はいわゆる「ねじれ文」を扱います。ねじれ文は国語科でも重要な指導事項の一つです。テキストでは、矢澤（2010: 154–155）を参照して、平成 21 年度全国学力・学習状況調査の中学校国語 A の問題文から下記が示されています。

（6）　この絵の特徴は、どの角度から見ても女性と目が合います。

国立教育政策研究所（2009a: 1）を参照してさらに問題を詳しく確認すると、「「この絵の特徴は」と「目が合います」との言葉の関係が不適切です。この文の内容を変えないように、「合います」の部分を適切に書き直しなさい」というものです。矢澤（2010: 154–155）では、この問題の正答率は 50.8% で、予想よりも低かったと紹介されています。この問題の趣旨について、国立教育政策研究所（2009b: 12）では、「この問題は、主語と述語が対応しているかという観点から、自分が書いた文章を推敲することができるかどうかをみるものである」と述べていますが、(6) はねじれ文であることを明示して書き直しなさいという指示であることを考慮すると、「ねじれ文がどこにあるか探し出して適切に修正する」というような推敲は、もっと困難であることが予想されます。こうした現状を踏まえ、この回では、学生自身が書いた文章を推敲できること、子どもの作文がねじれていることに気づき適切に修正できることを目指して取り組みます。

導入では、先に挙げた（6）などを例として取り上げ、ねじれ文（破格）について説明します。「**現実場面で役立つ**」と実感させるために、JRのような身近な例や、全国学力・学習状況調査のような教員養成に関わる題材を扱っています。

　続いて、野田（1996）の分類に従い、ねじれ文を「過剰型」「不足型」「漠然型」に分類して理解を進めます。「**類例を作成させる**」工夫として、テキストの例文を参考にしながら、学生自身にもねじれ文を作成させて理解を深めるようにします。

　ねじれ文の理解が概ねできたところで、「**実物にこだわる**」と「**現実場面で役立つ**」工夫として、二種類の課題を与えます。1つ目は児童の作文です。教師として適切な添削ができることを目指します。2つ目は連絡帳や学級通信です。「教師や保育士であるみなさんが書く連絡帳や学級通信の文がねじれていたら困りますよね」と脅かし、自身の推敲の練習として、連絡帳や学級通信の実物を加工したプリントからねじれ文を探して修正させる課題を与えます。ただ、課題に取り組ませるだけでなく、一定時間の後にペアワークにして、見逃した点を指摘し合うようにします。自身で十全に添削・推敲できることが理想ですが、人間ですのでどうしても見逃しはあります。したがって、相互チェックが効果的であることを、身をもって知ってほしいと思うからです。

　テキストではさらに「うなぎ文」と「話しことばと書きことば」が続きますが、時間があれば扱うということにしており、上記の添削・推敲課題に時間がかかることから、簡単に触れて終わることが多くなっています。ただ、うなぎ文（「新聞は小銭をご用意ください」（野田 1996: 76）など）は現象として非常に興味深いですし、話しことばと書きことばも、国語科教育で扱うべき重要なテーマですので、できるだけ触れることができるように、テキストを改めてコンパクトにまとめたものを準備しています。

### 6.4 第10回 挨拶のマナー

テキストの第10回以降は、主にコミュニケーションを扱います。第10回は挨拶が題材になっており、題材そのものが**「現実場面で役立つ」**ということと直結していると言えます。とりわけ、保幼小養成においては、挨拶は重要です。

導入では、友だちへ「おはよう」とメールしたら「うん、おはよう」と返ってきたときにどう思うかという例を挙げて、「挨拶の同時性」について考えます。続いて「挨拶の即時性」へと話を進めます。「長い廊下を歩いていたら、廊下のずっと向こうに先生を見かけたときにどのようなタイミングで挨拶をするか」という問題は、学生自身にとっても非常に身近な例として理解しやすいようで、大変に盛り上がります。テキストでは類例として、「向かい合うプラットホーム」や「信号機付きの横断歩道」が示されています。この問題について**「類例を作成させる」**ことをしますが、学生自身が多くの類例を挙げてくれます。例えば、「挨拶されたときに誰か思い出せなかったので、曖昧に挨拶を返した後、名前を思い出したときにもう一度声をかけるかどうか迷う」や、「ラーメン屋の行列の二人後ろに微妙な知り合いがいたときに、挨拶しようと思ったけど、その後、大して話すこともないのに並び続けるのは気まずい」といった体験です。これらは割と趣旨を踏まえた体験談ですが、その一方で、「すぐにメールやLINEの返事を出すと暇だと思われたら癪だからしばらく待つ」といった類例になっているような、なっていないような例を挙げてくれることもあります。

そして、「挨拶の内容」で「若い女性二人がケーキを食べながら『美味しいねー』を連発して盛り上がる話（情報伝達ではなく共感）」をした後に、「挨拶の相手」で個人と集団への挨拶の異質性などに触れた後、**「実物にこだわる」**と**「現実場面で役立つ」**を兼ねて、ペアになって模擬面接の練習をおこないます。教員採用試験など面接場面を想定した「子どもに挨拶指導をすることの意義は」や「挨拶しない子どもが、思わず挨拶をしてしまうためにはどのように仕掛けるとよいか」のような

模擬質問に答える練習をします。「国語科研究Ⅱ」は4年次前期の授業なので、教員採用試験や公務員試験などを控えた時期であるからです[1]。模擬質問の課題は複数用意しておきます。例えば、受講生が50人なら25ペアあるので、5題ほど用意しておき、5ペアずつ異なる課題に取り組ませ、各課題から1ペアずつ発表させると複数の課題について共有できます。

## 7. 「役に立つ日本語」の背景にある日本語学

　本稿のメインタイトルには日本語学という言葉を入れず、サブタイトルにしか入れていませんが、これは意図的なものです。私は「日本語学」という看板を前面に出さず、「日本語やコミュニケーションについて考えよう」という授業をしています。しかし、その背景には当然ながら、日本語学が存在します。小学校教育において、小学生に教える教科内容だけしか知らずに教育ができないのと同様に、教養としての「役に立つ日本語」の授業をするために、日本語学の知見は欠かせません。

　「日本語学教育」の第一の目的が、次世代の日本語学研究者の養成にあることは間違いないでしょう。しかし、その一方で、正面を切って日本語学を教えることのできる大学教育現場が多くない現実を考えると、日本語学の素養を持ちながらも、教室の背景に合わせて、教養としての「役に立つ日本語」の授業ができる柔軟性が現場では求められているように思います。

　日本語学という研究分野に誇りを持つことは非常に大切なことだと思いますが、その一方で、他分野の研究者や社会から見たときに、日本語学が世の中に貢献できることを具体的にわかりやすくアピールしていくという見方も大切だと思います。もちろん、「役に立つ」といった実益主義ばかりが重要視される風潮はよいものではありませんが、国公立大学はいうまでもなく、私立大学においても私学助成金という巨額の税金

---

[1] 私の所属学科では少数派ですが、一般企業の場合はもっと就職活動の時期が早いと思いますので、4年次前期では遅いかもしれません。

が投入されている現実を考えれば、国公私立を問わず大学における公益性について無視することはできません[2]。「役に立つ日本語」の背景には日本語学があります。ただし、それは大学教員が大学院生時代に専門としてきた学問としての日本語学そのものではなく、「実学としての日本語学」です。公益性を考慮するならば、ここに教育の意義を見いだしてもよいのではないでしょうか。

　したがって、日本語学研究者の生き残りの方法としては、自身の専門分野については他の追随を許さないほど真剣に取り組むのは当然で、そのこととは別に、研究でも教育でも「役に立つ」という公益性の側面を考慮しながら担当できる幅を広げておくことが不可欠だと私は考えています。とりわけ教育面においては、日本語学の隣接分野として代表的であると思われる日本語教育はもちろんのこと、本稿では国語科教育も対象となり得る例として挙げました。さらには「文書表現法」や「日本語表現法」など日本人に対する文章指導、ワードやエクセルを扱う情報処理基礎などでも、幅広い領域の担当科目を、日本語学の知識を活かして「役に立つ」授業ができる柔軟性がなければ、昨今の大学教育から「必要とされる」ことは難しいのではないかと思う次第です[3]。

## 8.　おわりに

　本稿では、日本語学の知見を活かした教養としての「役に立つ日本語」の授業実践について紹介してきました。本稿は副題として「保幼小教員養成現場における「日本語学」の意義」を掲げました。日本語学の主な隣接領域といえば、日本語教育であることは間違いありませんが、

---

[2] こうした考え方は教育だけではなく、研究にも言えることだと思います。

[3] もちろん、研究のみに集中して極めて優れた業績を挙げ、研究大学に残って次世代の日本語学研究者を養成するという使命を負う優秀な大学院生もごく希にいることも確かです。しかし、このようなタイプ以外の大学院生が多いことも事実なのです（私もそうでした）。本稿では、あくまで私個人の経験から、若手日本語学研究者の生き残りの可能性を少しでも高める方策を述べているに過ぎませんが、似た境遇の研究者には、ある程度、共有できる情報なのではないかと考えています。

学校教育や国語科教育も十分に日本語学の提携先になり得ることを提案したいと思い、筆を執った次第です。もちろん、私自身、本稿で述べた日本語学の教育実践がベストと考えているというわけではありません。もし、私に別の教育実践現場が与えられたら、その現場に合わせた別の「日本語学教育」を考えるでしょう。与えられた教育実践現場で最大限の成果を発揮するために、柔軟に対応すべきであるということこそが、本稿で伝えたかったことです。

　しかし、先にも述べたように、定延ほか (2012) の「まえがき」にある「日本語学の授業といっても、受講者の大半は、日本語学の専門の道に進まない学生さんであろう」という点は、ある意味、「日本語学教育」にとって非常に重い課題であると思います。保幼小教員養成に限らず、日本語学を専攻する学生が多く所属する文学部であっても、受講生の大半は日本語学の道に進まないのです。もちろん、1 人でも日本語学の道に進む学生が増えるように、「日本語学教育」は邁進していかなくてはならないでしょう。しかし、その一方で人文・社会科学の見直しという社会的要請にも対応していくために、本稿で提案した教養としての「役に立つ日本語」の教育実践が一助になれば幸いです。

**参照文献**

糸井重里 (2005)『言いまつがい』東京：新潮社.
糸井重里 (2011)『金の言いまつがい』東京：新潮社.
奥田祥子 (2010)「[教育ルネサンス] 教員養成　私大も小学校教職課程」読売新聞東京本社 2010 年 1 月 14 日朝刊〈http://www.heu-le.net/yomi3/feature/jiji/01kiji/a/08.html〉(2016 年 3 月 30 日確認)
国立教育政策研究所 (2009a)「平成 21 年度全国学力・学習状況調査　中学校第 3 学年　国 語 A」〈http://www.nier.go.jp/09chousa/09mondai_chuu_kokugo_a.pdf〉(2016 年 3 月 30 日確認)
国立教育政策研究所 (2009b)「平成 21 年度全国学力・学習状況調査解説資料　中学校国語」〈http://www.nier.go.jp/09chousa/09kaisetsu_chuu_kokugo.pdf〉(2016 年 3 月 30 日確認)
定延利之 (編著) 森篤嗣・茂木俊伸・金田純平 (著) (2012)『私たちの日本語』東京：

朝倉書店.
中央教育審議会（2008）「学士課程教育の構築に向けて」中央教育審議会大学分科会制度・教育部会〈http://www.mext.go.jp/component/b_menu/shingi/toushin/__icsFiles/afieldfile/2013/05/13/1212958_001.pdf〉（2016年3月30日確認）
野田尚史（1996）『「は」と「が」』東京：くろしお出版.
文部科学省（2015）「平成27年4月1日現在の教員免許状を取得できる大学：小学校教員の免許資格を取得することのできる大学〔1〕通学課程（1）一種免許状（大学卒業程度）」〈http://www.mext.go.jp/component/a_menu/education/detail/__icsFiles/afieldfile/2015/12/14/1287044_1.pdf〉（2016年3月30日確認）
矢澤真人（2010）「国語教育の文法と日本語教育の文法」砂川有里子・加納千恵子・一二三朋子・小野正樹（編）『日本語教育研究への招待』141–157. 東京：くろしお出版.

# chapter 13

# 大学での日本語史入門
## 私はこんな授業をしている

金水　敏

## 1. 授業の概要と狙い

　1998年4月以来、大阪大学全学共通教育の1年生の授業として「国語学」を担当しています。私はこの授業を、日本語史の入門を中心に構成しています。

　授業の枠は「専門基礎」と言い、専門課程に上がる学生のための入門授業ということになっていますが、文学部進学の学生だけでなく、経済学部、法学部、人間科学部、外国語学部など人文・社会科学系の学生が多く受講し、最近では概ね100名を越える受講生が履修します。

　したがって専門的な内容をたたき込むというよりは、広く一般教養として、日本語を例にとり、言語を科学的に見るということはどういうことか、歴史と言語はどのような関係にあるかなど、学生の「言語観」を広く豊かにするような内容にしたいと心がけています。「日本語と中国語は同源だと思っていた」「言語は人種・民族によって生まれたときから決定されている」「母語教育よりは英語教育に力を入れて、バイリンガルを増やすべき」など、間違っていたり多く問題を含んでいたりするような信念や知識を持って臨んでいる学生も少なくないので、そういった受講者に言語や言語政策について幅広く深く考える材料を提供できれ

ばと考えています。

## 2. 授業の進め方

　毎年配布している教材がほぼ固まってきたので、ここ10年ほどは学期始めに冊子として綴じたものを準備し、実費で受講者に渡しています。授業全体は、次の4つのブロックに区分されます。

1. 言語概論：言語とは何か、言語と方言、言語の研究法、言語と歴史
2. 日本語の起源と系統
3. 政治・社会・文化の歴史から見た日本語の変遷：日本史の政治的区分に従いながら、重要な日本語資料の政治的・社会的・文化的背景と、日本語史的意味について紹介する。
4. 言語内部の構造から見た日本語の変遷：語彙、文字・表記、音韻、形態、構文等の各観点から日本語の変遷について説明する。

　目次ページおよび本文のページの一部のイメージを、図1（次ページ以降）として掲げておきます。ただし、現在使用している教材では巻末にさまざまな資料を増補しています。

　3、4の説明の具体例として、できるだけ多くの日本語史資料の断片を翻字して教材に収録しています。内容は少しずつ改訂して、新資料の発見等にもできるだけ対応するようにしています。

　毎回、教材冊子に沿って進めますが、要所要所でスライド、録音・画像・動画資料を織り込んで興味をつなぐように工夫しています。能・狂言、文楽、歌舞伎等古典芸能の動画もほんの数分ずつですが、見せています。

　各授業最後の5分〜10分をリアクションペーパーの記入時間に当て、毎回提出させています。用紙はA4判を4つ切りにしたものを使用しています。このリアクションペーパーは、それ自体が成績物であるとともに、受講者の理解度をはかる目安として重視しています。リアクションペーパーに書かれた重要な疑問に対しては必ず次の授業の冒頭で答えるようにしています。14回の講義の後、ペーパーテストを課します。リ

アクションペーパーとペーパーテストの評価を総合して最終評価を決めます。評価については、7節で再び詳しく述べます。

図1　教材イメージ

【目次】
第1章　言語、日本語、国語、歴史　……1
　本当かな　……1
　1・1　言語とは何か　……2
　1・2　日本語とは何か　……2
　　1・2・1　遺伝と個別言語　……3
　　1・2・2　日本語の個別性と特殊性　……3
　　1・2・3　日本語の多様性　……4
　1・3　国語とは何か　……4
　1・4　日本語の歴史　……5
　1・5　言語の研究対象と研究法　……6
　この章の参考文献　……8

第2章　日本語の起源と系統　……8
　本当かな　……8
　2・1　言語の系統と起源　……9
　2・2　日本語の起源　……11
　2・3　歴史以前の日本　……12
　参考文献　……12

第3章　日本語の政治・文化史と文献資料　……12
　ほんとかな　……13
　3・1　時代区分　……13
　3・2　上代　……13
　3・3　平安時代　……13
　　3・3・1　平安時代の細分　……13
　　3・3・2　漢文と漢文訓読文　……14
　　3・3・3　漢文訓読文　……14
　　3・3・4　記録文・仮名交じり文　……15
　　3・3・5　漢文と漢文訓読文　……15
　3・4　鎌倉・室町時代　……16
　　3・4・1　中世の政治動向と時代区分　……16
　　3・4・2　仏教の日本的展開　……16
　　3・4・3　社会の構造変化と文化の大衆化　……17
　　3・4・4　外国との交渉　……17
　3・5　江戸時代　……18
　　3・5・1　江戸時代の政治動向と時代区分　……18
　　3・5・2　江戸時代前期　……18
　　3・5・3　江戸時代後期　……19
　　3・5・4　方言や社会階層によるヴァリエーション　……19
　3・6　近代　……20
　　3・6・1　近代の概観　……20
　　3・6・2　国語問題　……20
　　3・6・3　言文一致運動　……21
　　3・6・4　東京の話し言葉の変化　……21
　　3・6・5　「標準語」普及と共通語化の流れ　……22
　参考文献　……23

第4章　資料編　……24
　4・1　上代

4.1.1 金石文 … 24
4.1.2 写本 … 25
4.2 平安時代 … 27
4.3 鎌倉・室町時代 … 32
4.4 江戸時代 … 40
4.5 近代 … 49

## 第5章 言語構造から見た日本語史

5.1 語彙 … 60
　5.1.1 上代以前 … 60
　5.1.2 平安時代の漢語 … 61
　5.1.3 漢文訓読特有語、歌語 … 61
　5.1.4 中世・近世の漢語 … 61
　5.1.5 呉音・漢音・唐音 … 61
　5.1.6 近代漢語の発達 … 62
　5.1.7 外来語 … 62

5.2 音声・音韻と表記 … 64
　5.2.1 現代語の音声 … 64
　5.2.2 上代特殊仮名遣い … 65
　5.2.3 平安時代の音素と表記 … 67
　5.2.4 発音と表記の対応 … 69
　5.2.5 ローマ字 … 71

5.3 形態論 … 73
　5.3.1 活用形の整理・統合 … 73
　5.3.2 形容詞・形容動詞活用の変化 … 77
　5.3.3 助動詞の整備 … 78

5.4 統語論 … 79

Further Reading … 81

[コラム] ピジンとクレオール…9　アイヌ語とはどんな言語か…9　二千円札の『源氏物語絵巻』…14　右横書きか、左横書きか…20　標準語と共通語…22　助動詞の接続…66　五十音図といろは歌…69　「母」の発音…69　現代仮名遣いと歴史的仮名遣い…58　ラ行変格活用の広がり…73　なぜ形容「動詞」か…77　テンス・アスペクト・モダリティ…78　疑問文の歴史…80

第5章 言語構造から見た日本語史

### 「母」の発音

「川」「庭」はもともと「かは」「には」であったが、八行音がワ行音に合流した結果、「かわ」「にわ」となった。では、「母」はどうであったか。「母」もやはり一旦「はわ」となった（キリシタン資料では「faua」）。「は」の同音連呼という意味があったためか、江戸時代には「はは」に復した（あるいは、中世にもFaFaという発音が並行して行われていた）。同様の来歴を持つ語に「頬」があるが、こちらには「ホオ」という「ハ行転呼」の形もある。

によって直接古典作品から仮名遣いを帰納するべきであると主張した。これが歴史的仮名遣いの出発である。歴史的仮名遣いの研究は本居宣長ら、一部の国学者の間で進められたが、明治時代に文部省によって正書法として採用されたことにより、初めて社会的な規範になった。

歴史的仮名遣いは、平仮名成立時の古代の音韻にまで遡って表記を決定する、極めて保守的な規範である。それ故、現代語との乖離は甚だしく、学習に多大なエネルギーを要する。しかし一旦、規範として社会に受け入れられると、これを改めるには大変なエネルギーを要する。結局、太平洋戦争での敗戦という社会の根底を覆す事件の助けを借りてはじめて、「現代仮名遣い」[7]という新たな規範に置き換えることが可能になったのである。現代仮名遣いは現代語の発音に基づく表記を原則とするが、一部に慣習を重んじて歴史的仮名遣いを継承している部分がある。どの時代にあっても、表記は完全に表音的ではあり得ないのである。

練習問題 「ありがとうございます」「おいしゅうございます」など、形容詞の「ございます」形の接続を、語幹末音節（例「ありがた」「おいし」）との関係から整理しなさい。またこのような接続になる理由を、連母音の歴史的変化から説明しなさい。

しかし、発音の変化はただちに表記に反映されるわけではない。なぜならこれらの変化は徐々に進行するものである一方で、表記は発音記号ではなく、意味を担った語を表すものだからである。すなわち、表記は語の意味が同じである限り不変であることを要求される。このような理由で、表記は発音の変化に対し、常に保守的にならざるを得ない。表記が発音と乖離した段階で、表記は規範として学習されなければならなくなる。これが、仮名遣いである。

中世に藤原定家の権威を借りて定められた定家仮名遣いは、近世まで、和歌に携わる人々にとって規範となり得たが、一般には一貫した原理に基づく仮名遣いの規範は存在しなかった。江戸時代の国学者である契沖は、根拠の薄弱な定家仮名遣いに疑いを持ち、実証的な手法

7 一九四六年、国語審議会が「現代かなづかい」を答申、内閣訓令並びに告示をし、新たに「現代仮名遣い」が告示された。一九八六年には国語審議会が小幅の修正を施した答申をし、新たに「現代仮名遣い」が告示された。

二千円札の『源氏物語絵巻』

平成一一年に発行された二千円札には、表面に「守禮之門」(沖縄県那覇市)、裏面に五島美術館蔵『源氏物語絵巻』鈴虫の巻の絵柄がデザインされている。五島本『源氏物語絵巻』は徳川美術館本とともにもと一巻をなす絵巻物で、平安時代末期の傑作である。二千円札に採られた文字は鈴虫の巻の冒頭から一〇行目までの、上から七字程度を切り取った部分である。一方絵柄は鈴虫の巻の第二枚目で、文字とは場所が異なる。テキストは次のとおりである(お札で欠けている部分は括弧に入れて示す)。すゝむし/十五夜のゆふ(くれに佛のおまへ)に宮おはしては (しちかくなかめ/)たまひつゝ念珠(したまふわかき/)あまきみたち二(三人はなたてま/)つるとてならす(あかつきのおとみつ/)のけはひなとき(こゆさまかはりたる/)いとなみにいそき (みたる〻ゆふへかなと/)てわれもしのひやかに念珠へるいとしけく(たりたまひてむしのね/)るにれいのわ(あきのおとみつ/)したまふ)

ただし『枕草子』『源氏物語』のような普遍的、一般的な価値と流通性を持っていたのではない。これらは、ごく一部の貴族とその周辺の女性によって愛好された、趣味的な嗜好品でしかなかった。それを如実に物語るのが、一部の和歌集や絵巻等の美術品を除き、平安時代に作成ないし書写された和文資料がほとんど今日に残されていない、という事実である。すなわち、清少納言自筆の『枕草子』、紫式部自筆の『源氏物語』が残っていないどころか、それらの平安時代の書写さえ現存しない。このことは、和文の文化が平安時代にあってはサブカルチャーに過ぎなかったということを物語っている。平安時代の和文作品が今日に生き延びたのは、藤原定家を代表とする鎌倉時代以後の「歌の家」(和歌)の文芸の技法や作法を伝える平安貴族の末裔)が、和歌とともに平安時代の作品の収集・書写・保存・伝承に勤め、近世において国学者がそれらの作品に再評価を与えた(例えば本居宣長の『源氏物語』に対する「もののあはれ」論)からに他ならない。

必ず平仮名で書かれた。この平仮名の完成が、『枕草子』『源氏物語』を頂点とする、平易な日常語を自由に使用した女流文学の発展を促したのである。平仮名によって書かれる消息、日記、物語など、日常に近い言語で書かれた文書を和文と称する。なお、平仮名は単に日常的な実用に供されるのみならず、貴族趣味にそった書芸術の方面でも発展を見た。

### 3・3・2 平仮名の効力

中期以降の「和風」文化の発展を促した重要な要素として、仮名の発生と発達という点は見逃せない。平安初期、万葉仮名による日本語の筆記が日常化していくなかで、万葉仮名が連綿体(続け書き)の草体(崩し書き)によって書きやすく崩され、字体として固定化したものが平仮名である。平仮名は、日常的な文書、消息(手紙)、和歌などを書くために用いられた。ことに女性は漢字・漢文の素養を求められていなかったので、女性が書き手または読み手になる文書・消息は、あくまで漢文を中心とするメイン・カルチャーの地位を占めていたのが平安時代においてもメイン・カルチャーの地位を占めていた漢字の世界である。例えば、律令官僚

### 3・3・3 漢文と漢文訓読文

一方、平安時代においてもメイン・カルチャーの地位を占めていたのが漢文を中心とする漢字の世界である。例えば、律令官僚

## 4・3 鎌倉・室町時代

### 一念多念文意

- 親鸞著。西本願寺蔵。「／」は改行を表す。

ヰナカノ・ヒトノ・文字ノ・コヽロモシラス・アサマシキ・愚・癡・キワマリナキ・ユヘニ・ヤスク・コヽロエサセムトテ・オナシコトヲ・トリカヘシ〳〵・カキツケタリ・コヽロ「アラムヒト・オカシク・オモフヘシ・アサケリヲ・ナスヘシ・シカレトモ・ヒ「トノソシリヲ・カヘリミス・ヒトス「チニ・オロカナル・ヒトヽヲ・コヽロヘ「ヤスカラムトテ・シルセルナリ

二同シトコロモカハラ「ヌ人モヲホカレトイニシヘ見シ人ハ二三十人カ中ニワツ「カニヒトリフタリタリナリ朝ニ死ニタニ生ル、ナラヒ「水ノアハニ似タリケル不知ウマレ死ル人イツカタヨリ「キタリテイツカタヘカ去ル又不知カリノヤトリタカ「為二カ心ヲヤマシナニ、ヨリテカ目ヲロコハシムル「ソノアルシトスミカト無常ヲアラソフサマイハ、アサカホ「ノ露ニコトナラス或、露ヲチテ花ノコレリノコル「トイヘトモアサ日ニカレヌ或ハ花シホミテ露ナオキ「エスキエストイヘトモタヲマツ事ナシ

此レヲ思フニ、怨ヲ恨ケルニコソハ有ラメ。此ナム語リ伝ヘタルヤ。（一二四〜一二五頁）

### 方丈記

- 大福光寺本。「／」は改行を表す。

ユク河ノナカレハタエスシテシカモ、トノ水ニアラスミニウカフウタカタハカツキエカツムスヒテヒサシクトマリタルタメシナシ世中ニアル人ト栖ト又カクノ（ごとし）マシキノミヤコノウチニ棟ヲナラヘイラカヲアラソヘルタカキヤシキ人スマヒハ世々ヘテ「ツキセヌ物ナレトコトシ（これ）マコトカト尋レハ昔シアリシ（イエ）家ハマレナリ或ハ「家ホロヒテ小家トナルスム人モ是テコトシツクレリ或ハ大ヤマトカト（この）

### 徒然草

- 正徹本（『方丈記 徒然草』新日本古典文学大系）による

悲田院の堯蓮上人は、俗姓は三浦のなにがしとかや、またなき武者也。ふるさとの人きて物がたりすとて、「あづま人こそ、いひつる事はたのまるれ、都の人はことうけのみよくて、まことなし」といひしを、聖、「それはさこそおぼすらめども、をのれは宮に久しくなれて見侍に、人の心おとりとは思侍らず。なべて心やはらかに、なさけあるゆへに、人のいふほどの事、けやけくいなびがたくて、よろづえいはなたず、ひよはくことうけしつゝ、いつはりせんとは思ねど、ともしく、かなはぬ人のみあれば、をのづからほいとほらぬことおほかるべし。あづま人は我かたなれど、げにはは心の色なく、なさけおくれ、ひとへにすくよかなる物なれば、はじめより、「いな」といひてやみぬ。にぎはゆたかなれば、人にはたのまる、ぞかし」と、ことはられ侍しこそ、此ひじり、武者也とはみえず、心にくゝおぼえて、此宗の法師のていは、かくこそあらまほしけれとぞおぼえし。

以下、各ブロックの内容について少し詳しく説明します。

## 3. 言語概論

まず、「言語とは何か。それはどこにあるか。」という問いを立てて、

言語研究には「心理学的接近法」「生物学的接近法」「社会学的接近法」「政治学的接近法」があることを述べます。次に「日本語とは何か」という問いに対して、"日本人"（いわゆる"人種"、"民族"、"国籍"として）であることと日本語を話すことは直接の関係がなく、遺伝とも無関係であること、音節構造、語順、省略その他の音韻論的、文法的特徴から見たとき日本語はむしろありふれた言語であること、ただし現代の文字・表記体系については、世界に類を見ない複雑さを持っていて、文字・表記体系は言語内的というよりむしろ文化・社会・政治的（さらに歴史的）産物であることを述べます。

次に、一口に「日本語」と言っても実は思いがけないほどの多様性がそこにはあることを述べます。それは地域方言、社会方言、またさまざまなスタイル、さらには役割語としての多様性であったりします（なお、日本語の地理的多様性を実感する一つの手立てとして、受講者全員の言語形成地をアンケートするということをやっています。結果は地図上にマッピングして示すなどしています）。

そして、多様性を生み出す日本語の歴史を探ることの有効性と限界について述べます。日本語史資料は1400年ほど前までほぼ連続的に遡ることができるという点で、世界でもまれな資料群であると言えるが、その目的や文体、また反映されている言語の主体は時代やジャンルによってさまざまであり、資料の本質を理解しながら読み解かなければ、その底に流れる言語の変化を見極めることはできない、といったことを説明します。

最後に、言語研究のジャンル（音声学・音韻論、形態論、文法論、意味論、語用論、社会言語学、歴史言語学等）や、研究の方法（文献探査、コーパス検索、フィールドワーク、実験、内省、談話分析等）について説明します。

## 4. 日本語の起源と系統

まず、比較言語学の言語系統の考え方について説明し、併せて、さま

ざまな条件によって、比較言語学的方法が必ずしもすべての言語に適用できるわけではないことを述べます。次に日本語の周辺の言語として中国語、朝鮮語（韓国語）、アイヌ語、琉球諸語について検討し、この中で比較言語学の対象となりうるのが琉球諸語だけであることを確認します。アイヌ語、琉球諸語（例として、沖縄語・那覇方言）については、音声も聞かせます。

続いて、歴史以前の日本語の痕跡として、『魏志倭人伝』の地名・人名・役職名や、その他金石文について説明します。

## 5. 政治・社会・文化の歴史から見た日本語の変遷

このブロックでは、日本語の主な文字資料と、それを生み出した文化的・社会的・政治的背景について考えます。高校で習う日本史とかなり内容が重なるが、日本史未習の学生も少なくないので、おさえておく必要があります。まず、政治的な画期に基づいた時代区分（前上代、上代、中古、中世、近世、近代、現代）を説明し、次にそれぞれの時代の政治、文化、社会、海外との交渉について説明しながら、関連する文献を紹介し、できるだけその一部を実際に読み、また原資料の画像も見ていきます。主に取り上げる資料は次の通りです。

**前上代**：稲荷山古墳出土鉄剣銘
**上代**：法隆寺薬師如来像後背銘、古事記、日本書紀、万葉集、続日本紀宣命、出曜経第四巻断簡「光明皇后願文」
**中古**：土左日記、源氏物語、枕草子（附・桃尻語訳枕草子）、金剛寺蔵仏説観無量寿経、御堂関白記、今昔物語集
**中世**：一念多念文意、方丈記、徒然草、却廃忘記、平家物語、湯山三吟百韻、能「井筒」「隅田川」、和泉流狂言「附子」、天草版平家物語、湯山聯句鈔
**近世**：西鶴諸国はなし、猿蓑「市中は」の巻、奥の細道、心中天網島「河庄」、雨月物語「浅茅が宿」、開巻驚奇俠客伝、浮世風呂、東海

道四谷怪談「隠亡堀の段」、夢酔独言、御預米置場拝借金願書（静岡市史料編さん資料）
近代：五箇条ノ御誓、大日本帝国憲法、教育ニ関スル勅語、日本国憲法、文世界国尽（福沢諭吉）、小学唱歌「見わたせば」、怪談牡丹燈籠、一読三嘆 当世書生気質、浮雲、吾輩は猫である、多情多恨、太陽と木銃「あめふり」、お伽歌劇「茶目子の一日」、怪人二十面相

　下線を付した資料については、ビデオ資料も視聴することにしています。
　このブロックのポイントは、個々の日本語資料、特にその文字・表記体系がどのような来歴によって形成されたか、その地政学的・文化史的経緯を考えていく点にあります。例えば、なぜ日本語はもともと固有の文字を持たなかったのか、なぜ漢字・漢文を受け入れ、学習したのか、なぜ漢文を和化したり、漢字から仮名を作り出したりしたのか、なぜ平安時代に女流文学が興隆したのか、その女流文学の自筆本が今日ほとんど現存しないのはなぜか、なぜ候文が生まれたのか、といったような問題意識を共有していく、ということです。

## 6. 言語内部の構造から見た日本語の変遷

　このブロックは、「語彙」「音声・音韻と表記」「形態論」「統語論」に区分して、それぞれの歴史に関わるトピックを取り上げています。それぞれの区分の下で論じられる具体的な細目は下記の通りです。

**語彙**：上代以前、平安時代の漢語、漢文訓読特有語、歌語、中世・近世の漢語、呉音・漢音・唐音、近代漢語の発達、外来語
**音声・音韻、表記**：現代語の音声、上代特殊仮名遣い、平安時代語の音素と表記、発音と表記の対応、ローマ字表記
**形態論**：動詞活用形の整理・統合、形容詞・形容動詞活用の変化、助動詞の整備
**統語論**：係り結びの構造と係り結びの衰退

このブロックで述べたいことは多数あります。この部分こそ日本語史そのものであり、各区分がそれぞれ1冊の本になるほどの研究の厚みを持っているわけですが、半期の授業でここまで述べてくるとたいてい時間が不足気味になり、ブロック全体で90分授業を2回程度しか割けないというのが実情です。「専門基礎」の基礎たる所以として、そこは割り切るしかないとも言えるでしょう。

## 7. 評価の考え方と実際

　この授業の狙いは、先にも書いたように、細かい日本語学や日本語史上の知識を問うのではなく、科学的思考に基づいた言語観や、歴史資料に立脚した言語の歴史へのまっとうな認識を涵養する、ということを主眼としています。そのために考えた授業の基本方針は下記の通りです。

1. リアクションペーパーを重視し、時間の許す限り、受講者の疑問や意見に答えていく。その際、教師の狙いを理解してもらえるよう、大事なことは繰り返しをいとわず伝えていく。
2. 知識を問う試験は課すが、最小限の確認程度にとどめる。

　実際のリアクションペーパーのイメージを図2として提示します。比較的素朴な感想や疑問を書いたものもあれば、大変鋭い問題意識を提示したものもあり、さまざまです。カードを回収した翌週の冒頭で、カードに対する回答や説明をしていますが、よい質問があると、答える方も乗ってきますし、インタラクティブにやっているという実感が得られて楽しいものです。

図2　リアクションペーパーの例（日付、所属、学籍番号、名前は省略）

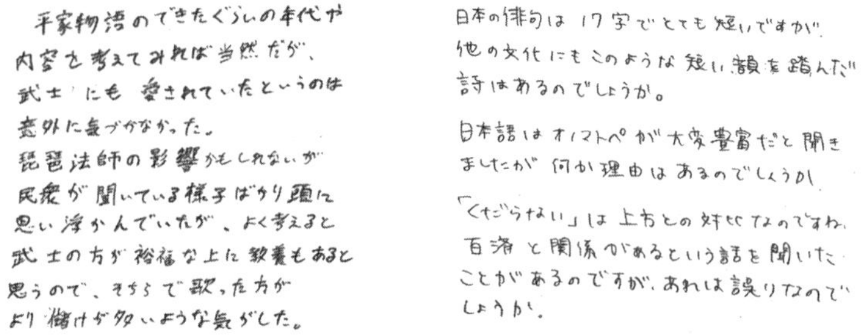

> 平家物語のできたくらいの年代が
> 内容を考えてみれば当然だが、
> 武士にも愛されていたというのは
> 意外な気づきだった。
> 琵琶法師の影響かもしれないが
> 民衆が聞いている様子ばかり頭に
> 思い浮かんでいたが、よく考えると
> 武士の方が裕福な上に教養もあると
> 思うので、そちらで聴いた方が
> より儲けが多いような気がした。

> 日本の俳句は17字でとても短いですが、
> 他の文化にもこのような短い韻を踏んだ
> 詩はあるのでしょうか。
>
> 日本語はオノマトペが大変豊富だと聞き
> ましたが何か理由はあるのでしょうか。
>
> 「くだらない」は上方との対比なのですね。
> 百済と関係があるという話を聞いた
> ことがあるのですが、あれは誤りなので
> しょうか。

　さて、試験はだいたい図3に示したような形式で出しています。日本語史の大まかな流れを2択形式で問う問題のほか、特定の資料に関する設問や、文法事項、音韻事項に関する問題などを適宜織り交ぜて出しています。

図3　期末試験（抜粋）

## 国語学　試験問題

二〇一五年七月二三日

一　次の設問 ［一］〜［四］ に答えなさい。解答は別紙解答用紙に書きなさい。

［一］ 次の1〜16について、aまたはbの文のうち、歴史的に見て正しいと思われる方の記号を答えなさい。

1
a SVO語順（目的語が動詞の前に来る）、助詞「が」と「は」の区別（に相当する区別）がある、要素をかなり自由に省略できるなどの特徴は世界の言語の中でも極めてめずらしい、日本語独自の特徴といってよい。
b SVO語順（目的語が動詞の前に来る）、助詞「が」と「は」の区別（に相当する区別）がある、要素をかなり自由に省略できるなどの特徴は世界の言語の中では特にめずらしいとは言えず、そういう意味では日本語はごくありふれた言語の一つと言える。

2
a 上代・中古の文献が多く漢文、あるいは和化漢文で書かれていたのは、中国語と日本語とが同源の言語だからである。
b 上代・中古の文献が多く漢文、あるいは和化漢文で書かれていたのは、古代の東アジア社会で中国語が圧倒的に優位な言語だったからである。

3
a 『万葉集』に収められた短歌・長歌に含まれる漢語の割合はごくわずかであり、和語のみで作られたものがほとんどである。
b 『万葉集』に収められた短歌・長歌には、かなりの割合で漢語が含まれており、平安時代以降徐々に漢語の割合が減少していった。

4
a 『万葉集』巻第一・一番歌の冒頭「籠毛與美籠母乳布久思毛與美夫君持」のうち、「乳」字は訓仮名である。
b 『万葉集』巻第一・一番歌の冒頭「籠毛與美籠母乳布久思毛與美夫君持」のうち、「乳」字は正訓字である。

1

16
a 現代東京方言に見られる「はし（箸）」と「はし（橋）」(傍線部は高い拍を表す。以下同様)の区別など、語アクセントの区別は古代から存在し、アクセント資料によって歴史的にその変遷を追うことができる。

b 現代東京方言に見られる「はし（箸）」と「はし（橋）」の区別など、歴史資料にはアクセントは反映されていない。

二　次の資料を読んで後の問いに答えなさい。（句読点、濁点を補っている。踊り字はすべて仮名に換えている）。

いづれの御時(おほん)にか。女御・更衣あまたさぶらひ給ひけるなかに、いと、やむごとなき際(きは)にはあらぬが、すぐれて時めき給ふありけり。はじめより、「われは」と、思ひあがり給へる御かたぐ〜、めざましき者におとしめそねみたまふ。おなじ程、それより下臈の更衣たちは、まして、安やすからず。あさゆふの宮づかへにつけても、人の心をこゝろのみ動かし、恨(うらみ)を負ふつもりにやありけむ、いと、あつしくなりゆき、もの心ぼそげに里がちなるを、いよく〜「あかずあはれなるもの」に思ほして、人の謗(そし)りをも、えはゞからせ給はず、世の例ためしにもなりぬべき御もてなしなり。

問一　この文献の名称は □a□ 物語である。作者は □b□ である。a、bに当てはまる固有名詞を正しく漢字で書きなさい。

問二　歴史的仮名遣いについて、「四つ仮名」「ハ行転呼音」の例を示し、説明しなさい。

問三　歴史的仮名遣いと、日本語史における発音の歴史的変化の関係について、資料中の実例を示しながら説明しなさい。

4

三　例にならって、次のa〜tに当てはまる用語・単語を書きなさい。古文（平安時代文法）の終止形・連体形はすべて平仮名で、かつ歴史的仮名遣いで書きなさい。

| 現代語終止形 | 現代語 活用の型 | 古文 活用の型 | 古文 終止形 | 古文 連体形 |
|---|---|---|---|---|
| （例）書く | カ行五段活用 | カ行四段活用 | かく | かく |
| はべる | ラ行 a 活用 | ラ行 b 活用 | c | d |
| 似る | ナ行 e 活用 | ナ行 f 活用 | g | h |
| 呼ぶ | バ行 i 活用 | バ行 j 活用 | k | l |
| 冷める | マ行 m 活用 | マ行 n 活用 | o | p |
| 減る | ラ行 q 活用 | ラ行 r 活用 | s | t |

四　次の資料を読んで、次の問いに答えなさい。

伊右衛門　ア丶もう、入相か。どりや、こゝへおろして。火をかりましよう。

《ト釣(つり)ざを二、三本、川へおろし、きせるを出し、思入(おもいいれ)有。直助が、たばこのみゐるを見て、》

《ト両人すいつけるとて、直助、かさの内を伺みて、》

モシ、伊右衛門さま。お久しうござります。

伊右　ヤ、そう言手めへは直助か。

直助　アイ。その直助も今では改名。うなぎかきの権兵衛。モシ、伊右衛門様、いはゞおまへは、わしが為には、姉のかたきという所だネ。

伊右　しやれかむだかはしらねへが、何で身共が手めへのかたき。

直助　ハテ、忘れなすつたか。わしが女房の姉と言うは、四谷左門が娘のお岩。そんならまんざら、わしとおまへはかたき同士、愛ここで逢うたがうどんげの、女房があねのお岩のかたき、民谷伊右衛門、イザ、立上つてせいぶなせ〇。と言所だが、そこをいわねへの。其代わりにはわしが又、出世する咄が出来ると、今のおまへのもらわしつた、師直さまの書物を、わしがかりに行やす。その時、必しらねへかほを、被成ますなよ。

問一　これはある古典演劇の脚本である。その演劇のジャンルを漢字で示しなさい。

問二　この脚本が書かれた時代を次から選び、記号で答えなさい。
　　a　一六世紀前半　　b　一七世紀前半　　c　一八世紀前半　　d　一九世紀前半

問三　この脚本に用いられていることばは主にどこの地域のものか。現在の都道府県名で答えなさい。正しく漢字で表記すること。

大学で教えられる先生方には、教えることは楽しくても、評価の段になって悩まれるという方が多いのではないでしょうか。授業の狙いをどのように数値化するかということに関して、なんら教えられたこともなく学んだこともない方が大部分で、自分が行う採点に自信が持てないという方も多いのではないかと想像します。かくいう私もそうですが、この授業に関しては、リアクションペーパー30％、期末テスト70％程度の割合で評価するということをここ10年以上シラバスに書いて公表しています。

リアクションペーパーの評価は、一学期を通して受講者が誠実に授業に取り組んでしっかり書いているかということを10点きざみの100点満点で評価し、さらに出席率をそれに掛けて素点を求めます。人並みに毎回紙面を埋めていれば、100点を与えていますが、白紙が混じっていたり、いかにもやる気のない書き込みが目立つ受講者の場合は、90点〜70点などと減点します。さらに出席率が悪いと、もちろん総点が減ります。

次に期末のペーパーテストは、先ほど示した問題を90分以内で解かせて、その素点を100点満点で求めます。さらにそれぞれの点数を、3:7の比率に案分して、総合点を求めるということを行っています。これを数式で表現してみましょう。

総合点 ＝（RP × 出席日数 ÷ 授業日数）× 0.3 ＋ 期末テスト素点 × 0.7
　　　　［RPはリアクションペーパーの評価。小数点以下は四捨五入］

毎年、100人以上の受講者がいて、多くて3, 4名は受験しても落ちるということがありますが、途中ドロップアウトしなければ受験したものは全員合格という年の方が多いです。

## 8. さいごに

10年以上も同じ授業をしていますが、飽きることはありません。むしろ、話したいことはいくらでも涌いてきます。ただ、思うままに気持

ちよく一人でしゃべっていても、学生は置いていかれて退屈しているかもしれません。毎回のリアクションペーパーで、理解度や疑問点を把握して微調整するように心がけてはいますが、受講生は成績がかかっているのでリアクションペーパーにはたいていいいことしか書きません。常に細かく授業の組み立てを考えて、クイズも要所要所に盛り込み、理解度を高めつつ学生の興味を途切れさせないようにする努力が必要だと、2015年の日本語学会秋季大会のシンポジウム「「日本語学」をどのように教えるか」(パネリスト：小田勝、日高水穂、山内博之、司会：福嶋健伸)を聞いて気づかされました。テキストの全面改定も含めて、さらに講義を洗練させていきたいと思います。

# おわりに

　2015年7月、日本学術会議幹事会は「これからの大学のあり方―特に教員養成・人文社会科学系のあり方―に関する議論に寄せて」と題する声明を発表しました。その前月、文部科学大臣が国立大学法人に対し、教員養成系や人文・社会科学系の学部・大学院の組織見直しを求める趣旨の通知を行ったことを受け、その通知が科学研究や大学のありかたに及ぼす影響について懸念を表明したものです。この声明は、人文・社会科学の重要性を主張していますが、この声明ですら、「人文・社会科学に従事する大学教員は、変化が著しい現代社会の中で人文・社会科学系の学部がどのような人材を養成しようとしているのか、学術全体に対して人文・社会科学分野の学問がどのような役割を果たしうるのかについて、これまで社会に対して十分に説明してこなかった」と認め、「人文・社会科学に従事する大学教員には、社会の変化と要請を踏まえつつ、自らの内部における対話、自然科学者との対話、社会の各方面との対話を通じて、これらの点についての考究を深め、それを教育と研究の質的な向上に反映するための一層の努力が求められる」としています。

　本書が試みたのは、この「対話」の第一歩だと思っています。日本語学者の考える教育の意義や実践を、日本語学界や日本語学を学ぶ学生に向けて発信することで、まずは、「自らの内部における対話」を呼びかけたということになるでしょう。

　「はじめに」に記したように、執筆者の専門領域や所属機関・部局は多様です。しかし、日本語学教育の意義や実践方法については、複数の章に共通するものがいくつもありました。例えば、「日本語を、客観

的・相対的に捉える姿勢を養う」という教育の目的と意義です。本書で何度も説かれたように、日本の大学で日本語学を学ぶ学生の多くは日本語母語話者ですから、「日本語を使える」ことと、「日本語について説明できる」こととは別だということをまず理解した上で、「日本語について説明する」ための知識を学ぶことになります。どうも、この辺りに、日本語学の醍醐味と強みがあるといえそうです。

　授業形態や方法に関しては、「アクティブ・ラーニング」、すなわち、学生の主体的・能動的な学習（学修）活動を重視した授業実践が、多くありました。さらに、演習の授業では、グループによる活動を課すものが多いようです。受講生の数も一因でしょうが、執筆者は共同で課題解決にあたる意義をむしろ積極的に認めています。講義形式の授業でも、受講生数や教養科目／専門科目の別を問わず、受講生の背景知識や関心に幅があることを考慮し、一方的な知識の教示とならないように工夫していることは、共通しています。また、授業の組み立て方についていえば、育てたい人材のイメージが明確であり、カリキュラム全体を通してどうやってそのような人材を育成するかということから逆算して授業を組み立てている点も、複数の執筆者に共通していました。「大きな目標から逆算して、一回一回の授業を大切にする」という発想です。これらの考え方は、多くの授業に応用可能なものだと思います。

　読者の皆さんは、どのような感想を持ちましたか。

　欲をいえば、本書を一つの契機として、日本語学界全体が、「自らの内部における対話」だけではなく、他領域の研究者や社会との対話も意識していこうということになるのなら、編者としてこれ以上の喜びはありません。日本語教育学、国語教育学、文学の研究者とは、日ごろの研究・教育活動を通じて交流のある人が多く、対話の機会を持ちやすいと思います。所属や研究テーマによっては、民俗学、歴史学、哲学、心理学などの他の人文・社会科学や、物理学や生物学などの自然科学と関わりのある人もいるでしょう。また、日本語教育や国語教育の現場とはも

ともと深い関わりがありますが、より広く一般社会において、日本語学の知をどのように役立てることができるのか、意見・批判も受け入れながら問い直すことが必要です。これらの「対話」の中では、「学問の領域を、人文科学／社会科学／自然科学と区分けすることは、本当に有効なのか」「多様化する社会の中で、虚学／実学という観点から高等教育を割り切ることができるのか」等も問われることになるでしょう。

　研究と教育を取り巻く環境は、さらに厳しくなることが予測されます。事態を好転させるためには、日本語学界が諸学界と連携して、大学教育の意義を社会に発信していかねばなりません。そうした連携や発信の機会を作る役割は、学会等の学術団体や、その上位組織である日本学術会議などに、期待したいところです。一方、それを机上の空論に終わらせないためには、やはり学界を構成する個々人の思索と行動が必要です。日本語学に関わる一人一人が、日本語学の存在意義を見つめ直すとともに、周囲との意見交換を重ね、その対話で得られた知見を授業に反映していくことで、活路が見出せるのではないでしょうか。

　「はじめに」で述べた通り、本書の目的は、「日本語学の教え方」について皆で話し合うきっかけを作ることです。そして、この目的の背景には、今述べたような、「ゆくゆくは、他領域の研究者や社会と対話したい」という思いがあります。この思いを踏まえた上で、皆さんにもう一度呼びかけたいと思います。

　**「日本語学の教え方」について、皆で話し合っていきませんか。**

　最後にお礼を申し上げたいと思います。本書の刊行は、くろしお出版の荻原典子氏と池上達昭氏のご尽力で実現しました。お二人が本書の意義を認め、出版を引き受けてくださったこと、常に建設的なご意見をくださったことに深く感謝申し上げます。

2016 年 4 月<br>
小西いずみ、福嶋健伸

# 執筆者紹介

**前田直子（まえだ　なおこ）**
【学　歴】東京大学文学部卒業、東京外国語大学大学院外国語学研究科修士課程修了、大阪大学大学院文学研究科博士後期課程修了、博士（文学）
【職　歴】東京大学留学生センター講師・助教授、学習院大学文学部助教授・准教授・教授
【主要業績】『日本語の複文：条件文と原因・理由文の記述的研究』（くろしお出版、2009）、「現代日本語における「～とも」の意味・用法：「～ても」と比較して」（『日本語複文構文の研究』ひつじ書房、2014）など

**山内博之（やまうち　ひろゆき）**
【学　歴】筑波大学第三学群社会工学類卒業、筑波大学大学院修士課程経営・政策科学研究科修了、大阪大学大学院博士課程経済学専攻単位取得退学
【職　歴】岡山大学文学部専任講師、実践女子大学文学部助教授・教授
【主要業績】『誰よりもキミが好き！　日本語力を磨く二義文クイズ』（アルク、2008）、『プロフィシェンシーから見た日本語教育文法』（ひつじ書房、2009）など

**小田　勝（おだ　まさる）**
【学　歴】國學院大學文学部第二部文学科卒業、國學院大學大学院文学研究科博士課程前期修了、同課程後期単位取得退学、博士（文学）
【職　歴】岐阜聖徳学園大学外国語学部講師・助教授・教授、同教育学部教授、國學院大學文学部教授
【主要業績】『実例詳解古典文法総覧』（和泉書院、2015）、「古典文法の学習参考書を読む：古典文法研究者の立場から」（『岐阜聖徳学園大学国語国文学』35、2016）など

## 金　愛蘭（きむ　えらん）

【学　歴】大阪大学大学院文学研究科博士後期課程修了、博士（文学）
【職　歴】国立国語研究所特別奨励研究員、早稲田大学日本語教育研究センター専任講師、東京外国語大学留学生日本語教育センター専任講師、広島大学大学院教育学研究科専任講師
【主要業績】「外来語『トラブル』の基本語化：20世紀後半の新聞記事における」（『日本語の研究』2-2、2006）、『20世紀後半の新聞語彙における外来語の基本語化』（大阪大学大学院文学研究科日本語学講座、2011）など

## 茂木俊伸（もぎ　としのぶ）

【学　歴】筑波大学第二学群日本語・日本文化学類卒業、筑波大学大学院博士課程文芸・言語研究科修了、博士（言語学）
【職　歴】鳴門教育大学学校教育学部専任講師・大学院学校教育研究科准教授、熊本大学文学部准教授
【主要業績】「文法的視点からみた外来語：外来語の品詞性とコロケーション」（『外来語研究の新展開』おうふう、2012）、『私たちの日本語研究：問題のありかと研究のあり方』（共著、朝倉書店、2015）など

## 中俣尚己（なかまた　なおき）

【学　歴】京都教育大学教育学部卒業、大阪府立大学大学院人間社会学研究科博士後期課程修了、博士（言語文化学）
【職　歴】京都外国語大学嘱託研究員、実践女子大学文学部助教、京都教育大学教育学部講師・准教授
【主要業績】『日本語並列表現の体系』（ひつじ書房、2015）、『日本語教育のための文法コロケーションハンドブック』（くろしお出版、2014）など

## 高田三枝子（たかだ　みえこ）

【学　歴】東京都立大学人文学部卒業、東京外国語大学大学院地域文化研究科博士前期課程修了、同後期課程単位取得退学、博士（学術）
【職　歴】愛知学院大学文学部専任講師・准教授
【主要業績】『日本語の語頭閉鎖音の研究：VOTの共時的分布と通時的変化』（くろしお出版、2011）、「大正期演説のピッチ：ピッチレンジおよび大隈演説のfinal loweringについて」（『SP盤演説レコードがひらく日本語研究』笠間書院、2016）など

### 高山知明（たかやま　ともあき）
【学　歴】筑波大学第一学群人文学類卒業、筑波大学大学院博士課程文芸・言語研究科中退、博士（言語学）
【職　歴】香川大学教育学部助手・講師・助教授、金沢大学文学部助教授、金沢大学人間社会研究域歴史言語文化学系教授
【主要業績】『日本語音韻史の動的諸相と蜆縮涼鼓集』（笠間書院、2014）、「連濁と濁音始まりの付属形式：個別言語研究の意義」（『日本語研究とその可能性』開拓社、2015）など

### 小西いずみ（こにし　いずみ）＊
【学　歴】東京都立大学人文学部卒業、東京都立大学大学院人文科学研究科修士課程修了、東北大学大学院文学研究科博士課程後期修了、博士（文学）
【職　歴】東京都立大学人文学部助手、広島大学大学院教育学研究科専任講師・准教授
【主要業績】『富山県方言の文法』（ひつじ書房、2016）、「広島市方言の対格標示：談話資料による計量的把握」（『国語教育研究』56、2015）など

### 日高水穂（ひだか　みずほ）
【学　歴】大阪大学文学部卒業、大阪大学大学院文学研究科博士後期課程修了、博士（文学）
【職　歴】秋田大学教育文化学部講師・助教授・准教授・教授、関西大学文学部教授
【主要業績】『方言学入門』（共編著、三省堂、2013）、『授与動詞の対照方言学的研究』（ひつじ書房、2007）など

### 福嶋健伸（ふくしま　たけのぶ）＊
【学　歴】横浜国立大学教育学部卒業、筑波大学大学院博士課程文芸・言語研究科修了、博士（言語学）
【職　歴】日本学術振興会特別研究員（DC2）、実践女子大学文学部助手・専任講師・准教授
【主要業績】『大学生のための日本語表現トレーニング』（スキルアップ編・実践編・ドリル編、共著、三省堂、2008・2009・2010）、「従属節において意志・推量形式が減少したのはなぜか：近代日本語の変遷をムード優位言語からテンス優位言語への類型論的変化として捉える」（『日本語複文構文の研究』ひつじ書房、2014）など

## 森　篤嗣（もり　あつし）

- 【学 歴】兵庫教育大学学校教育学部卒業、兵庫教育大学大学院学校教育学研究科修士課程修了、大阪外国語大学大学院言語社会研究科博士後期課程修了、博士（言語文化学）
- 【職 歴】チュラロンコン大学講師、実践女子大学文学部助手・助教、国立国語研究所研究員・助教・准教授、帝塚山大学准教授・教授
- 【主要業績】『日本語教育文法のための多様なアプローチ』（共編、ひつじ書房、2011）、『授業を変えるコトバとワザ』（くろしお出版、2013）など

## 金水　敏（きんすい　さとし）

- 【学 歴】東京大学文学部卒業、東京大学大学院人文科学研究科博士課程中退、博士（文学）
- 【職 歴】大阪女子大学助教授、神戸大学文学部助教授、大阪大学大学院文学研究科教授
- 【主要業績】『ヴァーチャル日本語　役割語の謎』（岩波書店、2003）、『日本語存在表現の歴史』（ひつじ書房、2006）など

（論文掲載順。2016年4月現在。*は編者）

# 日本語学の教え方

### 教育の意義と実践

2016年6月1日　初版第1刷発行

編　者　福嶋健伸・小西いずみ

装　丁　庄子結香（カレラ）

発行所　株式会社　くろしお出版
　　　　〒113-0033　東京都文京区本郷 3-21-10
　　　　TEL: 03-5684-3389　FAX: 03-5684-4762
　　　　URL: http://www.9640.jp　e-mail: kurosio@9640.jp

印刷所　シナノ書籍印刷株式会社

©Takenobu FUKUSHIMA and Izumi KONISHI 2016　Printed in Japan
ISBN 978-4-87424-698-6　C3081

● 乱丁・落丁はおとりかえいたします。本書の無断転載・複製を禁じます。